民法
Visual
Materials

第3版

池田真朗 ［編著］

石田　剛・田髙寛貴・北居　功・曽野裕夫
笠井　修・小池　泰・本山　敦 ［著］

有斐閣

第3版はしがき

　本書第2版は2017年4月の刊行であった。周知のように，その年の5月に，民法典の債権関係部分について，約120年ぶりの大改正が成立し，同年6月2日に公布され，2020年4月1日に施行された。その改正によって，多くの契約書のひな型等が改訂されることになった。さらに相続法分野でも，時を同じくしていくつかの重要な改正がなされ，施行時期を迎えるに至っている。したがって，本書もそれらの民法改正に対応する修正を施して改訂をすることが，必須の課題となっていたのである。2021年度の学年初めにこの第3版を世に送れることは，著者一同として，いわば当然の義務を果たせたという思いである。しかし，この第3版の意義は，実はその「義務の履行」にとどまるものではない。表紙デザインまで一新して第3版を世に送る理由を述べておきたい。

　ことは法律学教育の根幹のコンセプトに関わる。本書初版は，2008年に，『目で見る民法教材』（淡路剛久，池田真朗ら7名の編著，有斐閣，1988〜2001）の後継書として上梓された。その旧書は，「法律学は言葉によって成り立つ学問ではあるが，登記簿や契約書式などの，さらには概念図や現場写真などの『目で見る』要素によって，言葉だけでは説明の困難なことを容易に理解させることができるであろう」という発想のもとに出版され，当時は斬新な企画として多くの読者を得た。

　それに対して，本書初版は，2004年の法科大学院開設等，法律学教育の変革により良く対応するものとして，企画され，世に送られた。初版はしがきでは，「法律学は，机上の空論を学ぶものではない」と述べ，「法律学の教育も，社会の取引実務や紛争形態などをよりリアリティのある形で示しつつ実践されなければならないはずである」と述べて，「資料集的なイメージの強かった旧書よりも，解説を増やして，Visual な要素をとりかかりとして法制度の相当な内容までが学べる，『民法を使いこなすための入門書』としての性格も付与することにした」のである。

　しかしながら，その後の法律学教育の主流は，法科大学院進学者のためのより精緻な解釈論の教授に向かい，他方では，法律専門家になるわけではない多数派の法学部生のための，実際に「民法を使いこなす」ための教育は十分に発達してこなかったようである。さらに2018年頃からは，分野によっては現行民法と改正後の民法の両方を教えることに追われて，本書を副教材として活用するような授業が少なくなっていたようにも感じられる。

　しかし，2021年の今，ようやく時代は，「知識偏重ではない実践の法学教育」に向かってきたようである。法曹養成のための教育だけでなく，多数派法学部生のための（いたずらに判例・学説の知識の集積を求めるのではない）基本的な法律学教育の再構築が論じられるようになってきている。また，文部科学省は実務家教員の養成に力を入れているが，弁護士，司法書士，不動産鑑定士，企業の法務部出身者などの実務家教員がその優位性を発揮できる教育法の教材としても，本書は非常に適切なのではなかろうか。本書がいわば現代の法律学教育イノベーションに貢献できる教材として，これまで以上に，多様なステージにある民法学習者のニーズに応えて，広く法学部・法科大学院の教育から企業や地方公共団体等の研修教育にまで活用されることを願ってやまない。

　第3版の完成には，有斐閣書籍編集部の渡邉和哲氏，藤原達彦氏，荻野純茄氏に大変にお世話になった。ここに心からの感謝の意を表したい。

　　2021年2月

池　田　真　朗

初版はしがき

本書は，1988年に出版され，2001年まで多くの版を重ねた，『目で見る民法教材』（淡路剛久，池田真朗ら7名の編著，有斐閣）の後継書として企画されたものである。法律学は「言葉」によって成り立つ学問ではあるが，登記簿や契約書式などの，さらには概念図や現場写真などの，「目で見る」要素によって，言葉だけでは説明の困難なことを容易に理解させることができるであろう，というのが，その企画の狙いであった。幸い，類例を見ない試みであった同書は，大学生から社会人まで，多くの読者をえた。実務の変化等を受けて増刷休止となった後も，再刊の要望が多数寄せられていたという。

本書も，基本的な狙いとするところは同様であるが，法律学教育における本書の位置づけは，当時とは明らかに異なってきていると思われる。

現在，法律学教育は変化の時を迎えている。法科大学院制度が創設され，法学部から法律を学んだ学生と，社会人あるいは法学部以外の学卒者で法科大学院で初めて法律を学ぶ学生が混在するようになり，法律学の導入教育は必然的に多様性を持たなければならなくなっている。法学部教育についていえば，法学部を卒業して社会人となる者と，法科大学院進学者との双方のニーズに応えなければならないのである。さらに，法科大学院修了者が受験する新司法試験も，旧来の司法試験よりも，視点を現実の紛争の解決処理に近づけて出題をする方向に向かっているようである。

一方，民法は，いうまでもなく私法分野の基本法であり，民事諸法の発想の基準となっているものであるが，現代は，民事大立法時代と呼ばれる立法変革期であり，社会の情報化（電子化），国際化，高齢化などによって，その民法典までが修正変容を迫られる時代になっている。したがって，学生も社会人も，最新の法情報とその実務対応を正確に学ぶことが重要になっている。

以上の諸点を踏まえて，次のように述べたい。法律学は，机上の空論を学ぶものではない。何よりも，人間社会の現実の紛争を直視し，それらを解決し，人々に幸福な生活をもたらすものでなければならない。それならば，法律学の教育も，社会の取引実務や紛争形態などをよりリアリティのある形で示しつつ実践されなければならないはずである。

そのような観点からすれば，本書は，単なる補助教材の域を超えて，現代の法律学教育の核心の一部を担うものであるべきであろう。その意味で，資料集的なイメージの強かった旧書よりも，解説を増やして，Visual な要素をとりかかりとして法制度の相当な内容までが学べる，「民法を使いこなすための入門書」としての性格も付与することにしたのである。

幸い，本書の共著者には，資料の選定から解説執筆までを託するに足る，民法各分野の最も脂の乗り切った世代を代表する方々を得ることができた。10年後にはこの皆さんがわが国の民法学界をリードしていることと私は確信している。

本書が，法律学教育のさまざまなステージにいる諸君に役立つ，多様な価値のある教材ないし自習書として，さらに，社会人の研修教育などで，一冊で民法をある程度完結的に学び切れる教材としても，大いに活用されることを念願している。

最後に，本書の企画から完成まで，一貫して熱意を持ってお世話をいただいた，有斐閣書籍編集第一部の高橋俊文氏と大原正樹氏に心からの感謝の意を表したい。

2008年5月

池 田 真 朗

目　次

本書で用いる略語

〔判　例〕

大判　大審院判決

最（大）判（決）　最高裁判所（大法廷）判
　　　　　　　　決（決定）

高判　高等裁判所判決

地判　地方裁判所判決

〔判例集・雑誌〕

民集　大審院民事判例集／最高裁判所民事
　　　判例集

新聞　法律新聞

判時　判例時報

判タ　判例タイムズ

金判　金融・商事判例

金法　旬刊金融法務事情

〔法　令〕

一般法人　一般社団法人及び一般財団法人
　　　　　に関する法律

会社　会社法

家事　家事事件手続法

家事規　家事事件手続規則

学教　学校教育法

割賦販売　割賦販売法

供託　供託法

区分所有　建物の区分所有等に関する法律

景表　不当景品類及び不当表示防止法

刑　刑法

建設業　建設業法

戸　戸籍法

公証人　公証人法

公選　公職選挙法

裁　裁判所法

児福　児童福祉法

児童虐待　児童虐待の防止等に関する法律

借地借家　借地借家法

住宅品質確保　住宅の品質確保の促進等に
　　　　　　　関する法律

住民台帳　住民基本台帳法

商　商法

商業登記　商業登記法

消費契約　消費者契約法

人訴　人事訴訟法

精神　精神保健及び精神障害者福祉に関す
　　　る法律

倉庫業　倉庫業法

相税　相続税法

宅建業　宅地建物取引業法

知的障害　知的障害者福祉法

仲裁　仲裁法

鉄営　鉄道営業法

動産債権譲渡特　動産及び債権の譲渡の対
　　　　　　　　抗要件に関する民法の特
　　　　　　　　例等に関する法律

道路運送　道路運送法

特定商取引　特定商取引に関する法律

独禁　私的独占の禁止及び公正取引の確保
　　　に関する法律

任意後見　任意後見契約に関する法律

配偶者暴力　配偶者からの暴力の防止及び
　　　　　　被害者の保護等に関する法律

不登　不動産登記法

不登則　不動産登記規則

保険業　保険業法

民施　民法施行法

民執　民事執行法

民訴　民事訴訟法

旅券　旅券法

旅行　旅行業法

老福　老人福祉法

は じ め に

　令和 2（2020）年 4 月 1 日に施行された民法債権関係の大規模な改正は，いわゆる市民法の改正というよりは，取引法の改正という色彩が鮮明なものとなった。民法が人の一生を対象範囲とする最も基本的な法律であることに変わりはないが，保証や債権譲渡など，個人対企業，企業対企業の取引の整序を引き受ける部分がクローズアップされたのである。後述する，ほぼ同時期に段階的に施行された相続法の改正も，高齢化社会の生活設計と紛争予防に対応したものになっている。このように，私法の基本法である民法が変容する時代にあって，民法教育も当然，新しい変革を遂げなければならない。

　この総論では，最先端の民法とその教育の在り方を述べるとともに，民法の意義や民法典の構成を概観し，民法典の成り立ちから今日までの歴史を概観しておくことにしたい。

I　新しい民法教育と本書の意義

　これまでの法学教育は，所与のルールである法律の条文に関する，判例の紹介，学説の提示，という，いわゆる条文解釈学を中心になされてきた。私法体系の基本法である民法の教育においては，それは特に詳細になされてきたように思われる。

　しかしながら，本来の法律の役割を考えると，それは果たして適切な教育であったであろうか。法律は，人間社会の現実の紛争を直視し，それらを解決し（あるいは回避し），人々に幸福をもたらすものでなければならない。とりわけ我々の日常生活に密接にかかわる民法の場合は，そのような役割を果たすことが強く要求さ

れるのである。

　それならば，民法教育は，まずその使い手であり受け手である市民に対して，民法というルールの具体的な使い方・使われ方を教授するものでなければならないはずである。そう考えると，教えるべき重要なことは，細かい学説の対立などではなく，契約書はどう書くべきなのか，登記簿はどのように構成されているのか，取引の相手方に対する各種の通知はどのようにされるべきなのか，また家族関係の届出は何をどう記載するのか，などという，「民法を理解し，使いこなす」ための知識なのではなかろうか。つまり新世代の法学教育は，これまでの解釈学偏重の態度を改めるべきなのである。

　さらにいえば，これからの法学教育は，たとえば従来の研究者教員ばかりでなく，弁護士，司法書士，不動産鑑定士等の各種士業の人々や，企業の法務部の出身者など，いわゆる実務家教員に委ねられる部分も出てこよう。それらの実務家教員が行う授業の独自性は，まさに，本書の扱う契約書式や登記簿等の活用の中に示されるのではなかろうか。

　したがって本書では，民法典の編別の順序に従い，民法の概要を概説しつつ，適切なMaterials を掲げて解説を付して，その具体的な適用のイメージを示していくこととする。単なる資料集的なものではなく，これ一冊で生きた民法の理解ができるような構成を取っているのである。

　そしてこの総論では，民法総則以下の具体的な解説に入る前に，民法とは何かを概説し，次いで日本民法典の歴史をたどっておくことにしたい。

II　民法とは何か

1　民法の意義

　民法は，人が社会生活を営む上での基本法である。民法は，人が生まれてから死ぬまでのあらゆる段階にかかわり，しかも財産関係，取引関係，家族関係のすべてを対象とする，我々の日常生活に最も密着した身近な法律である。そしてそれゆえに大変重要な法律ということができる（実際，どの大学の法学部も，設置科目の単位数が一番多いのは民法である）。

　近代民法の始まりは，1804年のフランス民法典である。王権の支配を脱する市民革命を経て制定されたこの法典に象徴されるように，近代民法は，自己の意思によって他者との生活関係を形成していけるという，近代市民社会に望まれる「自立した市民」を支援することを目的とする法律である。したがって，民法には原則として罰則規定がない。民法ももちろん法としての規範性を持ち，後述の物権法の分野などでは，周囲の人々に迷惑を及ぼさないために強行規定（当事者の意思によって変えることのできない規定）とされているものも多いが，債権法の契約の分野を中心に多くの任意規定がある。つまり，民法のルールよりも当事者が定めたルールのほうが優先するという，意思自治の世界が広がっているのである。

　民法は，出生した人に基本的な権利を享受する能力を与えるところから始まり，未成年のうちは親権者の庇護を受け，やがて成人して家族を持ち，晩年には遺言によって最終の意思を実現し，相続に至るという一生をすべて規律し，その間の隣人との生活関係などの基準も与えるという，「生活の法」としての意義を持つ。しかしまたその一方で，契約によって不動産を売買したり，債権や動産を担保に資金を調達したりする場面なども扱う，「取引の法」としての性格も持っており，ことに後者の意義が現代では相当に重要になってきていることに注意したい（後述III 6債権関係部分の大改正を参照）。

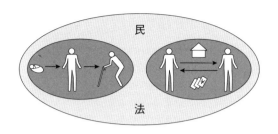

2　法体系の中の民法の位置づけ

　次に，法体系の中の民法の位置づけをみておこう。この世の中には，たくさんの法律があるが，憲法や行政法のような法律は，おおまかにいうと，国の体制や，国と個人の関係に関するもので，公法と呼ばれる。これに対して，個人と個人の生活関係を中心として規定するものを，私法と呼ぶ。もっとも，法律の世界では，会社などの団体のことは，その活動を法が人になぞらえるという意味で法人と呼ぶ。それゆえ，商法や会社法なども，私法に入る。この私法分野に多数の法律がある中の，一番基本になっているのが民法なのである。

　それは実際にどういうことを意味しているのか。たとえば我々が売買契約をした場合を考えてみよう。売買契約の規定はまず民法にある。しかし，その人が商人あるいは会社であり，その営業のために売買をしたというときは，同じ売買契約でもまずは商法や会社法の問題になる。また，買主が市民でも，たとえばセールスマンが我々の家をたずねてきて売買契約をした，というときは，まず特定商取引法（旧訪問販売法）という法律の適用対象になる。このような関係がある場合に，売買契約に関して，民法を商法や特定商取引法に対する一般法であるといい，商法や特定商取引法を民法の特別法であるという。そして，特別法が一般法に優先して適用されるのが，法の世界全体に存在するルールであるが，特別法に規定がなければ一般法の規定を用いる。したがって，上の例でも，商法に規定がないときは民法の原則に戻り，特定商取引法に規定のない部分は民法の売買の規定を使う，ということになる。この例でもわかるように，民法は，私法の基本法として，ちょう

ど大樹の幹のように，私法分野に属する多くの法規（労働法や消費者法もここに含まれる）の基礎ないし考え方の出発点となっているのである。

3　民法典の構成

わが国の民法典（大部の法律を法典と呼ぶ）は，総則，物権，債権，親族，相続，という5編からなっている（民法は上述のように我々の社会生活を広範に対象とするゆえ，千条を超える多数の条文を持つが，ひとつひとつは常識的な規定が多い）。このうち，前の3編を学習上の呼び方として財産法，後の2編を家族法と呼んでいる。まず総則は，名称からすると民法全体に共通する規則のようだが，実際の内容は，ほぼ後続の物権・債権の2編にかかわるもので，実際には財産法に共通な規則と表現するのが適切である。

上述のように，「総則」では，「物権」編と「債権」編に共通する規則が定められている（たとえば，時効は，物権の取得時効も債権の消滅時効も存在するので，総則に置かれる）。そして「物権」編では，「人の，物に対する直接の支配権」を規定している。物権は世の中の誰に対しても主張できる絶対的・対世的権利であるので，物権の種類は民法で定められている（物権法定主義）。また「物権」編の後半部分は単なる「物に対する支配権」ではなく，人が，人に対する債権を保全するための手段として物の交換価値のみを支配する，いわゆる「担保」としての物権について規定している（担保物権法）。続く「債権」編では，前半で債権の持つさまざまな性質や，債権の発生から消滅までのプロセスについて規定し（この部分が債権編の「総則」であり，ここを講

義するのが債権総論である），後半でその債権の発生原因について規定している（この部分は講学上債権各論と呼ばれる）。債権とは「特定の人が特定の人に対して一定の行為などを請求できる権利」であるが，債権の発生原因は四つあり，その最大のものが契約である（他に不法行為等がある）。債権は当事者間だけに有効な相対的な権利であり，我々は自由な契約によって，さまざまな内容の債権を（公序良俗に反しないかぎり）自由に作りだすことができる（契約自由の原則，債権の自由創設性）。したがって，契約書の書式や内容も千差万別ということになる。

家族法分野は，婚姻，親子，養子縁組等を規定する「親族」編と，死者の財産の承継の問題を扱う「相続」編がある。この分野は，たとえば婚姻可能年齢等，社会秩序を維持するために当事者意思によって変更できない強行規定も多い。また，この分野は一般に，財産法分野と比較すると，世界各国の特殊性を反映した規定が置かれていることが多い。

4　条文と判例

わが国は，フランスやドイツと同様に，明文化された各法典を持つ，成文法の国である（大陸法系という）。したがって，紛争解決にあたってはまずは事案に対する条文の当てはめということが問題になる。そして，その条文の詳細な解釈を確定するために，裁判所の判例が機能する。さらに，法律ができた後の社会の進展変化によって，条文のルールを補う判例法理が形成されてくる。したがって，大陸法系の国においても，判例の重要性は高い（先例拘束性があるのは最高裁判所の判例であり，地方裁判所，高等裁判所の判決は裁判例と呼んで区別することが多い）。

III　日本民法典の歴史と変遷

1　民法典編纂前史

明治政府の民法編纂事業は，最初は江藤新平によって明治3（1870）年から始められた。江藤は当時世界に大きな影響を与えていたフラン

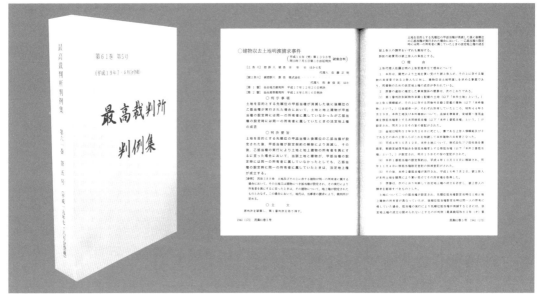

　最高裁判所の判例委員会が選定した最高裁判決が収録される公式判例集。一冊の中が民事判例集，刑事判例集と分けられており，図書館等ではこれらを別製本して保存するのが通例である。判例の引用で「民集」とあるのは，この最高裁判所民事判例集を指す。現在は，裁判所のウェブサイトhttps://www.courts.go.jp/app/hanrei_jp/search1からこの最高裁判所判例集にも入ることができ，無料で閲覧することができる。ただし，そこで見られるのは主文と理由だけで，紙ベースのものに記載されている，当事者名や「判示事項」「判決要旨」は見られない。なお，市販の判例検索データベースでは，当事者名以外は，「判示事項」等も含めて収録されている。紙ベースのものとデータベースでは収録されている情報に違いがあることに注意したい。

ス民法典（1804年）を範として日本民法典を急ぎ作成することを企図したが，十分な成果を得られないままに終わる。その後参議大木喬任（たかとう）が司法卿を兼ね，民法編纂作業を担当するが，大木の命を受けて箕作麟祥（みつくりりんしょう）らが作成した明治11年草案も，ほとんどフランス民法と変わらない内容のもので，全面的に不採用となる。そこで大木は，明治12（1879）年，司法省御雇法律顧問ボワソナードに，仏文による民法典草案原案の起草を付託した。

2　旧民法典の編纂

　そして完成したのが，わが国における最初の近代民法典である，明治23（1890）年公布の旧民法典である。この旧民法典は，ボワソナードが原案を起草し，司法省の法律取調委員会での審議を経て成立するのだが，旧民法典のうち，ボワソナードが依頼されたのは，民法典の財産法の部分，現行民法でいえば前3編の部分である。現行民法の後2編（親族・相続）にあたる部分は，当初から日本人委員の起草によるものとされていた（実際には熊野敏三，光妙寺三郎，黒田

綱彦，高野真遜の各法律取調報告委員が起草者と推定されている）。

　完成した旧民法典のうち，ボワソナード草案

⬇ ボワソナード（Gustave Emile Boissonade）

　パリ大学アグレジェ（正教授の指名を待つ地位）であった明治6年に来日し，司法省法学校で教鞭をとりつつ，民法，刑法，治罪法（刑事訴訟法）などの起草にあたり，帰国までの22年間を日本政府法律顧問としての活動に捧げた。

に基づく民法財産編，同財産取得編，同債権担保編，同証拠編の部分は，枢密院の決議を受け，明治23年3月に公布が閣議決定され，上奏・裁可を経て同年4月21日に公布された。人事編と財産取得編後半は同年10月7日に公布され，ここで旧民法典全部の公布が完了する。施行期日は明治26（1893）年1月1日とされた。

しかし，この後いわゆる法典論争が起こり，その結果，この旧民法典は，公布後そのまま施行延期となった。法典論争は，仏法学派と英法学派の争いなどと言われるが，日本の伝統的な社会に近代市民法を根付かせる段階での拒絶反応であったといってもよい。明治25年，第3回帝国議会に提出された民法商法施行延期法律案は，貴族院・衆議院の両院で可決されて内閣に提出された。内閣（総理大臣伊藤博文）では，閣内の意見も分かれ国論も二分されていたことから，民法商法施行取調委員会（委員長西園寺公望）を設けて審議させた。しかしここでも断行・延期は6名対6名の同数となり，最終的には内閣が施行延期を決断した。同年11月，旧民法典は「其ノ修正ヲ行フカ為明治二十九年十二月三十一日マテ其ノ施行ヲ延期ス」ることとなったのである（明治25年法律第8号）。

3 現行民法典の編纂

そして穂積陳重，富井政章，梅謙次郎の3名（いずれも帝国大学法科大学教授）が新たに民法典の起草委員に任じられたが，彼らに課された作業は，新民法典の起草ではなく，旧民法典の「修正」であったことにまず注意したい。明治26（1893）年3月，内閣総理大臣伊藤博文に召集されたのは，上記3名のほか，西園寺公望，箕作麟祥，村田保らであった。彼らにより，法典調査会（勅令である法典調査規則に基づく内閣直属の機関。当初主査委員18名，査定委員21名。総裁伊藤博文首相，副総裁西園寺公望）が組織されてここで民法編纂事業が行われることとなる。

この編纂事業の方針は，上掲民法商法施行延期法が，民法典は「其修正ヲ行フカ為」施行を延期するとしたのを受けて，法典調査規程（明治26年4月）1条では，「法典ノ修正ハ単独起草

↓ 起草委員の三博士（明治28年）

左から富井政章，梅謙次郎，穂積陳重。最年長（当時41歳）の穂積はイギリスに留学し，その起草担当部分にはイギリスの判例までを取り入れた比較法的な姿勢が見られる。富井と梅はともにフランス留学者であるが，富井の起草部分には比較的ドイツ法の影響が強く見られ，対して梅の起草部分にはフランス民法の影響が濃い部分が多い。

（目で見る民法教材〔第2版〕3頁より）

合議定案ノ方法ニ依ル」とされた。また，三起草委員が作成した原案（旧民法典の修正案）を審議した法典調査会における法典調査の目的は，「既成ノ法典ニ就キ各条項ヲ査覈シ必要ノ修補刪正ヲ施ス」（「法典調査ノ方針」1条）こととされたのである。したがって，現行民法典編纂において，旧民法典が重要な役割を果たすことになり，民法典にフランス法の強い影響が残ったのは当然のことである。

しかしながら，三起草委員は，当時最新の民法草案であったドイツ民法第一草案を十分に参照し，ことに新民法典の編別については，「法典調査ノ方針」2条において，総則，物権，人権（droit personnel の明治中期までの伝統的な訳語で，今日の債権のこと），親族，相続の5編構成とすることを定めた。これは，ザクセン民法の編別構成と同一であり，当時のドイツ民法草案の構成に近似する。これは，旧民法典が採用していた，人事編を先頭とするフランス民法典型の編別（インスティテュティオネス式などと呼ばれる）を捨てて，いわゆるパンデクテン方式を採用する

ことを明らかにしたもので，少なくとも編別上の外観からは，ドイツ型の法典ないし草案の影響を受容する姿勢が見て取れるのである。

したがって，日本の民法典は，その編纂の最初の方針段階から，仏独両国の影響を混在させることが措定されていたものとみてよかろう。

なお，「法典調査ノ方針」13条は，「法典中文章用語ニ関シ立法上特ニ定解ヲ要スルモノヲ除ク外定義種別引例等ニ渉モノハ之ヲ削除ス」とした。これは，旧民法典に教科書的な定義規定が多いことに対して向けられた批判ともいわれる。ただ，この趣旨による旧民法典の規定の削除作業の結果，民法典には本来必要な原則規定であって書かれていないものも多いという今日的評価にもつながっている。

法典調査会における起草委員の趣旨説明では，旧民法典を「既成法典」と呼んで，それとの対比で説明がなされている。また，旧民法典の条文に続き，フランス民法，ドイツ民法第一草案のほか，スイス，イタリア，ベルギー，ザクセン，バイエルン，モンテネグロ等々，参照された多数の外国法典とその条番号が列挙・紹介されている。

法典調査会で確定された前3編の「民法中修正案」は，その後明治29（1896）年の第9回帝国議会における審議を経て可決され，さらに後2編の修正案は明治31（1898）年6月の第12回帝国議会で可決された。最終的に，民法典は，二つに分かれた形で公布されている。「民法第一編第二編第三編」は明治29年4月27日に公布され（明治29年法律第89号），「民法第四編第五編」は明治31年6月21日公布である（明治31年法律第9号）。施行はともに明治31（1898）年7月16日である。

なお，この民法典についての正式の立法理由書は存在しない。『民法修正案理由書』というものが一部に流布したが，これは，代理以降は三起草委員の補助者によって書かれたもので，正式の理由書ではない（未定稿本として発売および翻刻を禁じられた）。したがって，起草趣旨・立法趣旨の探求には，法典調査会の民法議事速記録が重要になるのである。

4　昭和22年の家族法改正と冒頭条文の新設

第四編親族と第五編相続のいわゆる家族法の部分は，第二次大戦後，昭和21（1946）年の

⬇ 昭和22年の家族法改正の動向を伝える記事

新民法近く提案
平がな口語の親族・相続篇

（朝日新聞1947年7月8日）

6

日本国憲法制定を受けて，昭和 22（1947）年に全面改正をされた（昭和 22 年 12 月 22 日法律第 222 号）。またその際に，文語体・片仮名・旧仮名遣いの条文を，口語体・平仮名・新仮名遣いに改めた。家族法部分の改正の最重要点は，民法の戸主および家族に関する規定を削除し，親族共同生活を現実に即して規律するということであった（改正要綱第一）。起草委員には，我妻栄，中川善之助，奥野健一（司法省民事局長）が任じられ，具体的な起草にあたる幹事には，横田正俊，川島武宜ら 8 名が任じられた。

さらに，このときには，民法第 1 条および第 1 条の 2（現在の第 2 条）が新設されたことも重要である。ことに第 1 条 1 項には原案が団体法的であるとして批判が多く，最終的に「私権ハ公共ノ福祉ニ遵フ」という表現で決着している（現在の条文は，「私権は，公共の福祉に適合しなければならない」⇒下に掲げた現代語化の官報参照）。

5　現代語化とその後の展開

昭和 22 年の改正後も，民法典は，成年後見制度等，個別の修正や特例法の追加等は受けながらも，民法典前 3 編の条文自体は明治以来の

文語体・片仮名・旧仮名遣いのままだったが，平成 16（2004）年 11 月 25 日に「民法の一部を改正する法律」が成立し，これによって民法典前 3 編の現代語化が実現した（同法は同年 12 月 1 日に法律第 147 号として公布された）。また同時にこの法律で，保証については，契約の成立に書面を要求し，個人の根保証について責任を制限する一連の規定が新設された（なお，同時に「債権譲渡の対抗要件に関する民法の特例等に関する法律の一部を改正する法律」も成立し，これによって債権譲渡特例法が動産債権譲渡特例法となっている）。さらに，平成 18（2006）年にはいわゆる公益法人制度改革三法が公布され，これによって民法の法人の部分は 5 か条を残すのみとなった。

6　債権関係部分の大改正

そして，平成 21（2009）年 11 月からは法制審議会の部会で民法中債権関係部分の本格的な見直し作業が始まり，平成 29（2017）年 6 月に，債権法を中心とした約 120 年ぶりの大規模な民法改正が公布されて，令和 2（2020）年 4 月 1 日から施行された。この改正は，市民法の改正というよりも，取引の基本法の改正という色彩

総論

⬇ 民法第四編第五編公布時の官報

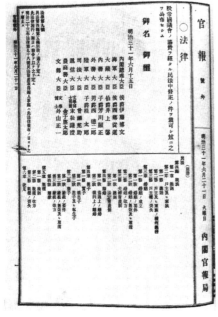

（目で見る民法教材〔第 2 版〕3 頁より）

⬇ 民法現代語化改正法公布時の官報

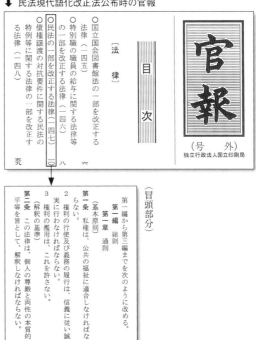

が強い。契約不適合責任，債権譲渡，保証，詐害行為取消権等の多数の改正がある。定型約款，債務引受，契約上の地位の移転等，新規に置かれた規定もある。また，錯誤や時効などの民法総則の分野での改正も注意したい。

なお，この債権関係改正により，これまでの民法典を「旧民法」と呼ぶものがあるが，わが国では「旧民法」は前述の明治23年公布のボワソナード旧民法を指すのであり，今回の債権関係大改正も明治29年公布の民法典の一部の改正と位置づけられるのであるから，改正前規定については，「民法旧規定」と表記するのが適切である。

7　親族・相続法部分の改正

平成30（2018）年6月には，成年年齢を20歳から18歳に引き下げる法律が成立し，令和4（2022）年4月1日に施行される。また，婚姻年齢については，従来女性が16歳だったものが男性と同じ18歳に引き上げられて，これも同じく令和4年4月1日に施行される。これらは，世界の趨勢にも合致する改正である。

さらに続いて，相続法全体を見直す改正がされた。平成30年7月に，相続法改正と，法務局における遺言書の保管等に関する法律が成立し公布された。これらの改正はいくつかに分けて施行され，遺言の方式緩和は平成31（2019）年1月13日，特別寄与者制度等，他の多くの部分は令和元（2019）年7月1日，配偶者居住権・短期居住権関係は令和2（2020）年4月1日，遺言書保管法は同年7月10日に施行となった。

これらの改正は，社会の少子化・高齢化，生活スタイルの多様化を反映し，そして個人の意思決定の自由の尊重の方向を示している。それらの改正に対応して，高齢者の任意後見契約や最近現れている死後事務委任契約などの（まだ本書では確立した書式を示せないような）いわゆる「終活」を設計・支援する新しい契約形態も今後増えてこよう。そのことは，相続法と契約法の接近（家族法と財産法の融合）の方向性も示している。

8　民法典の将来展望

このように見てくると，私法の基本法である民法が，社会の変化・多様化にいろいろと対応を迫られ，変容を始めている時代になったことが実感されよう。その変容を促す主たる要因としては，社会の①電子化（情報化），②国際化，③高齢化，があるといえる。

さらに，2020年の初め頃から世界に蔓延した新型コロナウイルス感染症は，市民や企業の契約の在り方にも影響を及ぼすことになった。捺印処理の削減などにとどまらず，いわゆる電子契約の進展等が，今後の民法典の規定にどのような影響を与えることになるのか等，民法の変容に今後とも注意を払っていく必要があろう。

【参考文献】

民法典の歴史については，小柳春一郎「民法典の誕生」広中俊雄＝星野英一編『民法典の百年Ⅰ　全般的観察』（有斐閣，1998年）17頁以下。大久保泰甫＝高橋良彰『ボワソナード民法典の編纂』（雄松堂出版，1999年）8頁以下。前田達明編『史料民法典』（成文堂，2004年）。その他池田真朗「補章・民法典の歴史」池田編『新しい民法──現代語化の経緯と解説』（有斐閣，2005年）114頁以下参照。

なお民法というものを理解するための導入の書として，星野英一『民法のすすめ』（岩波新書，1998年），池田真朗『民法はおもしろい』（講談社現代新書，2012年）を挙げておく。

2017年公布・2020年施行の債権法改正については，大村敦志＝道垣内弘人編『解説　民法（債権法）改正のポイント』（有斐閣，2017年），潮見佳男＝北居功ほか編著『Before/After 民法改正』（弘文堂，2017年），同じく相続法改正については，大村敦志＝窪田充見編『解説　民法（相続法）改正のポイント』（有斐閣，2019年），潮見佳男＝窪田充見ほか編著『Before/After 相続法改正』（弘文堂，2019年）を挙げておこう。

　「第1編　総則」は，民法（私法）の基本原理と骨格を定めており，法典中もっとも抽象度の高い規定の集まりである。第1章「通則」，第2章「人」，第3章「法人」，第4章「物」，第5章「法律行為」，第6章「期間」，第7章「時効」からなる。

　このように民法典は，思考経済に資するため，徹底的な概念の抽象化と体系化を行い（「パンデクテン体系」と呼ばれる），権利主体を「人」，権利客体を「物」，権利変動原因の代表的なものを「法律行為」「時効」という概念で定義している。

　本章では，最初に，「通則」つまり民法の基本原理の一つである権利濫用法理のリーディングケースの舞台を訪ねる（1）。そのあと，民法典の規定の順序に従い，権利主体，権利客体，権利変動原因に関する主要な問題を具体的な素材に即して取り上げてゆく。

　まずは権利主体の問題から出発する。私法上の権利・義務の主体となりうる資格を権利能力という。権利能力の始まりと終わりを画する出生と死亡の場面を一瞥し（2），あわせて，行方不明や危難遭遇により人の死亡を擬制する失踪宣告という制度を紹介する（4）。これに対して単独で取引行為を行うことができる能力を行為能力という。民法典は，未成熟，病気，加齢等の事情により，十分な判断能力を欠く人を制限行為能力者としてカテゴリー化し，その財産管理をサポートするシステムを用意している。その内容を一覧する（3）。さらに個人ではなく，団体や財産に権利主体性を認める法人という法技術を紹介する（5）。

　次に，権利客体に関しては，所有権の客体（支配の対象）適格を限界付ける「物」とは何を意味するのか，具体例に即して考える（6）。

　その後で，権利変動原因の問題を取り扱う。権利変動原因の中核的位置を占めるのが法律行為である。法律行為とは，人が自らの意思表示に基づき法律関係を形成する行為の総称である。本書では，意思表示にまつわる問題として，相手方の同一性や所在が不明な場合における意思表示のしかた，消費者が不本意ながら行った意思表示の効力を一方的に否定したり，消費者にとって不当に不利な契約条項の効力を否定するための特別な保護の仕組みを紹介する（7）。また，様々な事情から他人に法律行為を代行してもらうための法技術である代理制度の意義と機能を概観する（8）。

　最後に，一定の時間の経過によって権利の取得や消滅という効果をもたらす時効制度を取り上げる。時効の効果発生を阻止するためにどのような方法があるか，またそのために必要な手続はどのようなものか，などを中心にみていく（9，10）。

1 権利の濫用

(1) 私法の一般原則

民法典は，その冒頭において，次のような3つの基本原則を掲げている。

第1に，私権は公共の福祉に適合しなければならない。第2に，権利の行使および義務の履行は，信義に従い誠実に行われなければならない。第3に，権利の濫用は，これを許さない。

最後に挙げた権利濫用禁止の法理（1条3項）は，権利行使の名目の下になされた行為が違法であると評価されるべきときに，その行使に制限を加える私法上の一般原則である。

たとえば，土地の所有者は，法令の制限内で，その土地を好きなように使用，収益，処分することができる（206条）。もし他人が断りもなく土地に侵入し，工作物を設置した場合，所有者は土地に対する権利侵害を理由に，侵害状態を是正するために，所有権に基づいて，その他人に退去と工作物の除去を請求できる（このような請求権は物権的請求権と呼ばれる）。では，次のような場合であっても，所有権に基づく権利主張を無条件に認めるべきだろうか？

(2) 宇奈月温泉事件

黒部鉄道が経営する温泉地（宇奈月温泉）と源泉地とを結ぶ約7.5kmにわたる引湯管が敷設されていた土地の一部につき，土地利用権の設定契約もれがあることが判明した。この事実を知りつつ，その土地を買い受けた者が，付近の不毛の（二束三文の値打ちしかない）土地を3000坪にまで買い足したうえ，黒部鉄道に対して，引湯管を除去するか，3000坪の土地をまとめて法外な高価で買い取るように求めた。これが著名な宇奈月温泉事件である。

大審院は，当事者の利益状況の比較考量（客観的要件）と権利行使者の害意（主観的要件）をともに考慮した上で，「社会観念上所有権ノ目的ニ違背シ其ノ機能トシテ許サルベキ範囲ヲ超脱スルモノニシテ権利ノ濫用ニ外ナラズ」として，土地の買主による物権的請求権の行使を禁じ（大判昭和10・10・5民集14巻1965頁），権利濫用法理のリーディングケースとなった。こうして確立された判例法が戦後（1947〔昭和22〕年）になってから，1条3項として明文化されたのである。

↓ ① 1923（大正12）年頃の宇奈月温泉

写真提供：黒部市歴史民俗資料館

↓ ② 引湯管があったところ（1986〔昭和61〕年）

（目で見る民法教材〔第2版〕6頁より）

2　権利能力

（1）　意　義

　権利能力とは，権利・義務の担い手となるために必要な能力をいう。人間はみな，各自の属性や具体的能力と無関係に，完全かつ平等の権利能力をもつというのが民法の原則である。

（2）　始　期

（i）　出　生

　人は出生とともに権利能力を取得する（3条1項）。つまり生まれる前の胎児は権利能力を有しない。もっとも，胎児は相続や損害賠償請求等のいくつかの場面で，公平の観点から権利能力を有するものとみなされている（721条・886条・965条）。

　子が出生すると，嫡出子の場合は父または母が，嫡出でない子の場合は母が，戸籍事務管掌者にその届出をしなければならない（戸49条・52条）。

（ii）　出生証明書

　医師，助産師またはその他の者が出産に立ち会った場合には，医師，助産師，その他の者の順序に従って，そのうちの1人が法務省令・厚生労働省令の定めるところによって作成する出生証明書を出生届書に添付しなければならない（戸49条3項）（→Ⅵ-5）。

（3）　終　期

（i）　死　亡

　人は死亡によって権利能力を失う。従来は心臓死の基準としていわゆる3徴候（脈拍停止・呼吸停止・瞳孔散大）により死亡時期が判定されてきた。しかし，近時は医学・医療技術の発達に伴い，脳死が死にあたるのか，特に臓器移植との関係で問題になっている。詳細は「臓器の移植に関する法律」（1997〔平成9〕年公布）において規律されている（Material ①②）。

（ii）　認定死亡

　人が死亡すると戸籍にその旨が記載される（Material ④～⑥）。その届出の際に診断書または検案書の添付が必要になるが（戸86条2項），死体が発見されないときは，これを添付するこ

↓ ① 臓器提供意思表示カード

↓ ② 運転免許証裏面の意思表示欄

↓ ③ 阪神淡路大震災や東日本大震災の際にも認定死亡の手続がとられた。

写真提供：時事

とができない。しかし，死亡の事実が確認されていないが，危難に遭遇し，諸般の事情から死亡が確実視される場合は，失踪宣告の手続をまつことなく，取調をした官庁または公署が，死亡地の市町村長に事変による死亡の報告をし（戸89条），これによって戸籍に死亡の記載がなされる。

➡ ④ 死亡の場合の戸籍記載例

全 部 事 項 証 明 書	
本籍	秋田県仙北市角館町山下 8 丁目 10 番
氏名	芦実義広
戸籍事項	昭和 41 年 3 月 1 日編製
戸籍に記載されている者	【名】義広 【生年月日】昭和 10 年 3 月 20 日　【配偶者区分】夫 【父】芦実義重 【母】芦実法子 【続柄】長男
身分事項	昭和 10 年 3 月 20 日福島県河沼郡会津坂下町で出生同月 26 日父届出入籍
	昭和 41 年 3 月 1 日梅竹律子と婚姻届出福島県河沼郡会津坂下町下柳田 826 番地 2 号芦実義重戸籍から入籍
死亡	【死亡日】平成 18 年 1 月 10 日 【死亡時分】午後 7 時 30 分 【死亡地】秋田県仙北市 【届出日】平成 18 年 1 月 11 日 【届出人】親族　芦実重信
（以下略）	

これは，戸籍に記載されている全部の事項を証明した書面である。
令和元年 10 月 16 日　　　　　　　　　　　仙北市長　竹松信一郎　職印

全 部 事 項 証 明 書	
本籍	長野県茅野市大泉 6 丁目 1 番
氏名	高近頼継
戸籍事項	平成 15 年 10 月 16 日編製
戸籍に記載されている者	【名】頼継 【生年月日】昭和 40 年 11 月 15 日　【配偶者区分】夫 【父】高近継宗 【母】高近亀子 【続柄】長男
身分事項	昭和 40 年 11 月 15 日長野県北佐久郡立科町で出生同月 20 日父届出入籍
	平成 15 年 10 月 16 日只野元子と婚姻届出長野県北佐久郡立科町大字北桐原 802 番地 3 号高近継宗戸籍から入籍
死亡	【死亡日】平成 20 年 2 月 19 日 【死亡時分】午前 4 時 【死亡地】山梨県甲府市 【届出日】平成 20 年 2 月 21 日 【届出人】板橋信方 【送付を受けた日】平成 20 年 2 月 25 日 【受理者】山梨県甲府市長
（以下略）	

これは，戸籍に記載されている全部の事項を証明した書面である。
令和 2 年 3 月 16 日　　　　　　　　　　　茅野市長　岡谷信二郎　職印

⬅ ⑤ 認定死亡の場合の戸籍記載例
（届出のあった認定死亡の報告につき【送付を受けた日】と【受理者】である市町村長が記載される）

全 部 事 項 証 明 書	
本籍	山梨県甲府市積翠寺町 1 丁目 2 番
氏名	穴川信君
戸籍事項	平成 13 年 4 月 28 日編製
戸籍に記載されている者	【名】信君 【生年月日】昭和 38 年 6 月 23 日　【配偶者区分】夫 【父】穴川信友 【母】穴川永子 【続柄】長男
身分事項	昭和 38 年 1 月 30 日山梨県南巨摩郡身延町で出生同月 31 日父届出入籍
	平成 13 年 4 月 28 日原正子と婚姻届出山梨県南巨摩郡身延町上部 4 丁目 3 番 1 号穴川信友戸籍から入籍
失踪宣告	【死亡とみなされる日】平成 17 年 4 月 22 日 【失踪宣告の裁判確定日】平成 19 年 10 月 5 日 【届出日】平成 19 年 10 月 7 日 【届出人】親族　武畑龍宝
（以下略）	

これは，戸籍に記載されている全部の事項を証明した書面である。
令和 2 年 2 月 7 日　　　　　　　　　　　甲府市長　春山信三郎　職印

➡ ⑥ 失踪宣告の場合の戸籍記載例
（死亡地の記載はなく，【死亡とみなされる日】と【失踪宣告の裁判確定日】が【死亡日】【死亡時分】の代わりに記載される）

3　行為能力

(1)　法定後見

a　制限行為能力者

　法律行為を単独で行うために必要な能力を行為能力という。民法典は，行為能力が十分でない者を「制限行為能力者」としてグループ化し，特別のルールを設けている。すなわち判断力が不十分な本人の財産管理権を制限する一方，保護者に同意権・取消権・代理権を与えることによって，本人の制限された私的自治を補うことにしている。

　制限行為能力者には，未成年者（5条・6条）と成年後見制度による保護を受ける成年者の2種がある（7条～19条）。成年後見制度による保護を受ける成年者の類型は，保護の必要性が高いものから順に，後見・保佐・補助の3種に区分されている。

b　成年後見の開始

(i)　家庭裁判所の審判

　手続の流れに関して，基本的には後見・保佐・補助の間に差はない。便宜上「後見」を例にとって説明しよう。

　後見は，本人が「精神上の障害により事理を弁識する能力を欠く常況」にあることを要件とし，本人，配偶者，4親等内の親族，未成年後見人，未成年後見監督人，保佐人，保佐監督人，補助人，補助監督人または検察官の請求により，家庭裁判所が行う後見開始の審判によって開始する（7条）(Material ①)。管轄は本人の住所地の家庭裁判所である（家事117条1項）。

　少子高齢化社会の進展に伴い，成年後見制度の利用件数は増大する傾向にあり，特に近時は親族以外の第三者（弁護士・司法書士等の専門職）が成年後見人等に就任する割合が多くなってきている。

(ii)　登記事項証明書

　家庭裁判所による後見開始の審判が確定すると，嘱託により後見の登記がなされる。登記事項の開示は，一定範囲の請求権者による請求に基づき，登記官が登記事項証明書を交付することにより行われる。登記手続は「後見登記等に関する法律」（1999〔平成11〕年公布）により規律されており，旧法下での禁治産宣告の公示方法としての戸籍への記載は廃止された。

(iii)　申立権者

　なお，認知症高齢者，知的障害者，精神障害者に関しては，市町村長にも後見開始審判の申立権が付与されている（老福32条，知的障害28条，精神51条の11の2）。

(2)　任意後見

　本人が判断能力を有している間に，将来判断能力が不十分になったときに備えて，予め将来の後見事務の処理を特定の者に委託しておくために，任意後見契約を締結することができる。任意後見契約は公正証書によって行わなければならない（任意後見3条）(Material ②)。

　公正証書とは，公証人が公証人法にしたがって，当事者の依頼により，法律行為・その他私法上の権利に関する事実について作成した文書をいう。訴訟における証明力が強い（民訴228条参照）(→Ⅵ-9b)。

　また，任意後見契約には，家庭裁判所により任意後見監督人が選任された時から効力を生ずる旨の停止条件が付されていなければならない（任意後見2条1号）。任意後見人に代理権が発生する時点では，本人の判断能力がすでに不十分な状態にあり，本人に代わって代理人の職務の適正な遂行を監督する者が必要となるからである。

↓ ① 後見開始の審判の例

令和元年（家）第 226 号　後見開始の審判申立事件

審　　判

住　　　所　　大阪府吹田市千里山西 1 丁目 42 番地
　　　　　　　申立人　　　　　甲野花子
　　　　　　　同代理人弁護士　　乙村次郎

本　　　籍　　東京都板橋区大山西町 59 番地 1 号
住　　　所　　大阪府吹田市千里山西 7 丁目 3 番 1 号
　　　　　　　S ケアホーム千里山
　　　　　　　本人　　　　　　　　　甲　野　　太　郎
　　　　　　　　　　　　　　　　（昭和 12 年 1 月 16 日生）

本件について，当裁判所は，その申立てを相当と認め，次のとおり審判する。

主　　文

1　本人について後見を開始する。
2　本人の成年後見人として次の者を選任する。
　　住所　大阪市北区西天満 7 丁目 1 番 5 号　乙村・丙町法律事務所
　　氏名　乙村　次郎（弁護士）
3　手続費用は申立人の負担とする。

　　　　　令和 2 年 9 月 15 日

　　　　　　　　　　　　　　　　　　　　大阪家庭裁判所
　　　　　　　　　　　　　　　　　　　　裁判官　　丁　山　　三　郎
　　　　　　　　　　　　　　　　　　　　これは謄本である。
　　　　　　　　　　　　　　　　　　　　同日同庁　裁判所書記官　戊川　瞳　　[公印]

↓ ② 任意後見契約公正証書の例

任意後見契約公正証書

　本公証人は，委任者○○○○（以下「甲」という。）及び受任者○○○○（以下「乙」という。）の嘱託により，次の法律行為に関する陳述の趣旨を録取し，この公正証書を作成する。

第 1 条（契約の趣旨）

　甲は乙に対し，令和○○年○月○日，任意後見契約に関する法律に基づき，精神上の障害により事理を弁識する能力が不十分な状況における甲の生活，療養看護及び財産の管理に関する事務（以下「後見事務」という。）を委任し，乙はこれを受任する（以下「本契約」という。）。

第 2 条（契約の発効）

1　本契約は，任意後見監督人が選任された時からその効力を生ずる。
2　本契約締結後，甲が精神上の障害により事理を弁識する能力が不十分な状況になったときは，乙は，速やかに，家庭裁判所に対し，任意後見監督人の選任の請求をしなければならない。

3　本契約の効力発生後における甲と乙との間の法律関係については，任意後見契約に関する法律及び本契約に定めるもののほか，民法の規定に従う。

第 3 条（後見事務の範囲）

　甲は，乙に対し，別紙「代理権目録（任意後見契約）」記載の後見事務（以下「本件後見事務」という。）を委任し，その事務処理のための代理権を付与する。

第 4 条（身上配慮の責務）

　乙は，本件後見事務を処理するに当たっては，甲の意思を尊重し，かつ，甲の身上に配慮するものとし，その事務処理のため，適宜甲と面接し，ヘルパーその他日常生活援助者から甲の生活状況につき報告を求め，主治医その他医療関係者から甲の心身の状態につき説明を受けることなどにより，甲の生活状況及び健康状態の把握に努めるものとする。

第 5 条（証書等の保管等）

1　乙は，甲から本件後見事務処理のために必要な次の証書等及びこれらに準ずるものの引渡しを受けたときは，甲に対し，その明細及び保管方法を記載した預り証を交

付する。

　　①登記済権利証・登記識別情報，②実印・銀行印，③印鑑登録カード，住民基本台帳カード，個人番号（マイナンバー）カード・個人番号（マイナンバー）通知カード，④預貯金通帳，⑤キャッシュカード，⑥有価証券・その預り証，⑦年金関係書類，⑧健康保険証，介護保険証，⑨土地・建物賃貸借契約書等の重要な契約書類

2　乙は，本契約の効力発生後，甲以外の者が前項記載の証書等を占有所持しているときは，その者からこれらの証書等の引渡しを受けて，自らこれを保管することができる。

3　乙は，本件後見事務を処理するために必要な範囲で前記の証書等を使用するほか，甲宛の郵便物その他の通信を受領し，本件後見事務に関連すると思われるものを開封することができる。

第6条（費用の負担）

　乙が本件後見事務を処理するために必要な費用は，甲の負担とし，乙は，その管理する甲の財産からこれを支出することができる。

第7条（報酬）

〔報酬額の定めがある場合〕

1　甲は，本契約の効力発生後，乙に対し，本件後見事務処理に対する報酬として，1か月当たり金〇〇円を当月末日限り支払うものとし，乙は，その管理する甲の財産からその支払を受けることができる。

2　前項の報酬額が次の事由により不相当となった場合には，甲及び乙は，任意後見監督人と協議の上，これを変更することができる。

　(1)　甲の生活状況又は健康状態の変化

　(2)　経済情勢の変動

　(3)　その他現行報酬額を不相当とする特段の事情の発生

3　前項の場合において，甲がその意思を表示することができない状況にあるときは，乙は，甲を代表する任意後見監督人との間の合意によりこれを変更することができる。

4　前二項の変更契約は，公正証書によってしなければならない。

5　後見事務処理が，不動産の売却処分，訴訟行為，その他通常の財産管理事務の範囲を超えた場合には，甲は，乙に対し，毎月の報酬とは別に報酬を支払う。この場合の報酬額は，甲と乙が任意後見監督人と協議の上これを定める。甲がその意思を表示することができないときは，乙は，甲を代表する，任意後見監督人との間の合意によりこれを変更することができる。この報酬支払契約は，公正証書によってしなければならない。

〔無報酬の場合〕　（略）

第8条（報告）

1　乙は，任意後見監督人に対し，3か月ごとに，本件後見事務に関する次の事項について書面で報告する。

　(1)　乙の管理する甲の財産の管理状況

　(2)　甲を代理して取得した財産の内容，取得の時期・理由・相手方及び甲を代理して処分した財産の内容，処分の時期・理由・相手方

　(3)　甲を代理して受領した金銭及び支払った金銭の状況

　(4)　甲の生活，療養看護につき行った措置

　(5)　費用の支出及び支出した時期・理由・相手方

　(6)　（報酬の定めがある場合）報酬の収受

2　乙は，任意後見監督人の請求があるときは，いつでも速やかにその求められた事項につき報告する。

第9条（契約の解除）

1　甲又は乙は，任意後見監督人が選任されるまでの間は，いつでも公証人の認証を受けた書面によって，本契約を解除することができる。

2　甲又は乙は，任意後見監督人が選任された後は，正当な事由がある場合に限り，家庭裁判所の許可を得て，本契約を解除することができる。

第10条（契約の終了）

1　本契約は，次の場合に終了する。

　(1)　甲又は乙が死亡し，又は破産手続開始決定を受けたとき。

　(2)　乙が後見開始の審判を受けたとき。

　(3)　乙が任意後見人を解任されたとき。

　(4)　甲が任意後見監督人選任後に法定後見（後見・保佐・補助）開始の審判を受けたとき。

　(5)　本契約が解除されたとき。

2　任意後見監督人が選任された後に前項各号の事由が生じた場合，甲又は乙は，速やかにその旨を任意後見監督人に通知するものとする。

3　任意後見監督人が選任された後に第1項各号の事由が生じた場合，甲又は乙は，速やかに任意後見契約の終了の登記を申請しなければならない。

第11条（死後の事務処理に関する委任契約）

1　甲は，乙に対して，甲の死後の次の事項を委任する。

　(1)　甲の生前に発生した乙の後見事務に関わる債務の弁済

　(2)　入院保証金，入居一時金その他残債権の受領

　(3)　甲の葬儀，埋葬に関する事務及び菩提寺に対する甲の永代供養の依頼に関する事務

　(4)　相続財産管理人の選任の申立て

2　乙は，相続財産の額を考慮し，相当な額を，前項(3)の費用として，甲の財産からあらかじめ受け取ることができる。

〔代理権目録（任意後見契約）：略〕

出典：日本公証人連合会編著『新版証書の作成と文例　家事関係編〔改訂版〕』（立花書房，2017年）117頁および165頁を参考にして追加修正をした。

4　失踪宣告

(1)　意　義

　従来の住所または居所を去った者は不在者と呼ばれる（25条1項）。不在者の生死不明の状態が長期間続くと，その者をめぐる法律関係を確定することができず，関係者に不都合を生じさせる。そこで，利害関係人の申立てに基づき，家庭裁判所の宣告により，不在者を死亡したものとみなす制度が存在する。これが失踪宣告である（30条〜32条）。失踪宣告は，不在者の従来の住所・居所を中心とする法律関係につき，死亡したのと同じ法律効果を認めるものであり，失踪者の権利能力自体の消滅を目的とするものではないため，失踪者がどこかで生存し，その地で行った契約はすべて有効である。

(2)　種　類

　普通失踪と特別失踪の2種類がある。

(i)　普通失踪

　普通失踪とは，不在者の生死が7年間明らかでないときに成立する。

(ii)　特別失踪

　特別失踪は，戦地に臨んだ者，沈没した船舶の中に在った者その他死亡の原因となるべき危難に遭遇した者の生死が，その危難が去った後1年間明らかでないときに成立する。

(3)　手続と効果

　失踪宣告は，利害関係人の請求により，家庭裁判者が審判によって行う（家事別表第一56）。家庭裁判所は所定の公告手続（家事148条3項，家事規88条）を経て失踪宣告の審判を下す。審判がなされると Material ②のような公告がなされる（家事規89条）。失踪宣告を受けた者は，普通失踪にあっては7年間の期間が満了した時に，特別失踪にあっては危難が去った時に，死亡したものとみなされる（31条）。

(4)　失踪宣告の取消し

　失踪宣告がなされた後に，本人が生存していること，あるいは失踪宣告により死亡したものとみなされた時点と異なる時期に死亡したことが判明した場合，家庭裁判所は，本人または利害関係人の請求により，失踪宣告を取り消さなければならない（32条1項）。

(5)　戸籍への記載

　失踪宣告またはその取消しの審判がなされると，その審判を請求した者が審判確定の日から10日以内に届け出なければならない（戸94条・63条1項）。届出がなされると，失踪者の戸籍に記載がされる（→ 2(3) Material ⑥）。

↓　①　失踪届

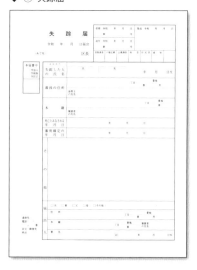

↓　②　失踪宣告の例

> ### 失 踪 宣 告
>
> 令和元年（家）第1111号
> 　本籍高知県高知市越後町1丁目5番地、最後の住所東京都板橋区板橋本町6丁目18番20号
> 　不在者　土佐光太郎
> 　昭和30年11月11日生
> 　令和元年12月15日失踪宣告審判確定
> 　　　　　　　　　　東京家庭裁判所裁判所書記官

5 法 人

(1) 法人法定主義

法人は民法その他の法律の規定によってのみ成立する（33条1項）。これを法人法定主義という。また，法人は，定款その他の基本約款で定められた目的の範囲内でのみ，権利を有し，義務を負う（34条）。

定款とは，法人の根本規則であり，法人の目的，名称，事務所，資産，理事その他の機関，社員等に関する規則の総称である（Material①）。

(2) 社団法人と財団法人

法人は社団法人と財団法人に大別される。

(i) 社団法人

社員を不可欠の要素として，社員総会が最高の意思決定機関となって自律的活動を行う団体であり，人の集合体に法人格が付与されたものである。

(ii) 財団法人

社員や社員総会はなく，定款に示された設立者の意思を行動の準則とするものであり，財産の集合体に法人格が付与されたものである。

(3) 一般社団法人及び一般財団法人に関する法律

a 非営利法人に関する法の整備

営利法人に関しては，会社法が全面的に規律している。2006（平成18）年の民法改正以前は，民法典中に公益法人に関する詳細な規定が置かれていた。また非営利かつ公益を目的としない（いわゆる中間）法人に関しては，中間法人法（2001〔平成13〕年公布）が規律していた。

ところが公益法人法の規律を抜本的に見直すために，また非営利法人の設立を全般的に容易

にするために，2006（平成18）年に，民法典中の公益法人関連規定が全面的に削除され，非営利法人に関する一般的な規律として，新たに「一般社団法人及び一般財団法人に関する法律」が制定されると同時に，中間法人法が廃止された。

b 非営利法人の設立と公益性認定の分離

非営利法人として準則主義にしたがって設立された社団のうち，一定の要件を満たしたものは公益性認定を受けることができる。公益認定の手続に関しては，同時に公布された「公益社団法人及び公益財団法人の認定等に関する法律」が定めている。

c 一般社団法人

(i) 設 立

一般社団法人の設立は，社員になろうとする2人以上の者が定款を作成し（一般法人10条1項），公証人の定款認証を受け（同13条），設立登記をすること（同22条）によって行われる。

定款記載事項は，目的，名称，主たる事務所の所在地，設立時社員の氏名または名称および住所，社員の資格の得喪に関する規定等である（一般法人11条1項）。社員に剰余金または残余財産の分配を受ける権利を与える旨の定款の定めは，効力を有しない（同条2項）。

(ii) 機 関

一般社団法人の機関としては，社員総会および理事が必置であるほか，定款の定めにより，理事会，監事または会計監査人を置くことができる（一般法人35条・60条）。

一般社団法人日本自動車連盟定款（抜粋）

改正　2016年6月17日

第1章　総　　則

（名　称）

第1条　本連盟は，一般社団法人日本自動車連盟（JAPAN AUTOMOBILE FEDERATION－略称 JAF）という。

（事務所）

第2条　本連盟は，主たる事務所を東京都港区に置く。

2　本連盟は，理事会の決議により，従たる事務所を必要な地に置くことができる。

第2章　目的及び事業

（目　的）

第3条　本連盟は，交通知識の向上と交通安全並びに環境改善の推進を図り，自動車ユーザーの権益を擁護し，かつ各種便益を提供すると共にあわせて自動車を通じて国際親善と自動車スポーツの健全な発展に努め，もって公共の福祉に寄与することを目的とする。

（事　業）

第4条　本連盟は，前条の目的を達成するため，次に掲げる事業を行う。

⑴　交通安全活動

⑵　自動車に係る環境改善活動

⑶　故障車，事故車等の救援及び移動並びに道路巡回

（中略）

⑱　その他本連盟の目的達成に必要な事項

2　前項に掲げる事業は，国内又は海外において行うものとする。

第3章　会員及び社員

（構成員）

第5条　本連盟の会員は，次のとおりとする。

⑴　一般会員　日本国内に居住する自家用乗用自動車の所有者，使用者等の自動車ユーザー又は自動車交通に関心を有する者で，本連盟の目的に賛同し，入会したもの。

　　一般会員の種別は，次の4種類とする。

イ　個人会員　個人の会員とする。

ロ～ニ　（略）

⑵　名誉会員　本連盟に対し功績著しい個人として理事会の推薦を受けたもので，本連盟に入会することを承諾したもの。

2　本連盟は，一般会員のうちの個人会員の中から選出されたものをもって，一般社団法人及び一般財団法人に関する法律（以下「法人法」という。）上の社員とし，その定数は250人とする。

3～6　（略）

7　個人会員は，法人法に規定された次に掲げる社員の権利を，社員と同様に本連盟に対して行使することができる。（以下略）

8　理事，監事又は会計監査人は，その任務を怠ったときは，本連盟に対し，これによって生じた損害を賠償する責任を負い，法人法第112条の規定にかかわらず，この責任は全ての個人会員の同意がなければ，免除することができない。

（入会手続）

第6条　本連盟に一般会員として入会しようとする者は，理事会の定める会員規則に従い，入会手続きをしなければならない。

（入会金及び会費）

第7条　一般会員は，本連盟の事業活動及び事業運営の財源に充てるため，理事会の定める入会金及び会費に関する規則に基づき入会金及び会費を納めなければならない。

2　本連盟の運営上特に必要と認めたときは，理事会の決議を経て，会員から臨時会費を徴収することができる。

（一般会員の資格）

第8条　一般会員の資格は，前条第1項の入会金及び会費を納め会員証（仮会員証を含む。）を受領したときから生ずる。

（会員規則）

第9条　会員に関する事項は，この定款に別に定めるもののほか，理事会の定める会員規則による。

2　会員は，前項の会員規則を遵守しなければならない。

（任意退会）

第10条　会員は，会員規則に定める退会届を提出することにより，任意にいつでも退会することができる。

（除　名）

第11条　会員が次の各号のいずれかに該当するときは，社員総会の決議によって当該会員を除名することができる。この場合，その会員に対し，社員総会の1週間前までに理由を付して除名する旨を通知し，社員総会において，決議の前に弁明の機会を与えなければならない。

⑴　本連盟の定款，規則又は社員総会の決議に違反したとき。

⑵　本連盟の名誉を毀損し，又は目的に反する行為をしたとき。

⑶　その他除名すべき正当な事由があるとき。

2　前項により除名が決議されたときは，その会員に対し通知するものとする。

（会員の資格喪失）

第12条　会員は，次の各号のいずれかに該当するに至ったときは，その資格を喪失する。

⑴　退会したとき。

⑵　成年被後見人又は被保佐人になったとき。

⑶　一般会員が第7条の会費を納入期間（4ヵ月）内に納入しなかったとき。

⑷～⑹　（略）

（会員の資格喪失に伴う権利及び義務）

第13条　会員が前条の規定によりその資格を喪失したときは，本連盟に対する会員としての権利を失い，義務を免れる。ただし，未履行の義務は，これを免れることはできない。

2　本連盟は，会員がその資格を喪失しても，既に納付した入会金，会費及びその他の拠出金品は，これを返還しない。

3　社員たる個人会員が，第10条，第11条及び第12条の各号により，個人会員たる資格を喪失したときは，社員たる地位を喪失する。

d　一般財団法人

（ⅰ）　一般財団法人の設立

　一般財団法人の設立は，設立者が定款を作成し（一般法人152条1項），公証人の定款認証を受け（同155条），財産（300万円以上）を拠出して（同157条・153条2項），設立の登記をすること（同163条）によって行われる（Material ②）。

　かつて財団法人の根本規則は寄附行為と呼ばれていたが，2004（平成16）年の法人法の抜本的改正により，社団法人と同様に定款と呼ばれるようになった。

（ⅱ）　機　関

　一般財団法人の機関としては，評議員，評議員会，理事，理事会および監事が必置である（一般法人170条1項）。社員がおらず，社員総会が存在しないので，業務執行機関を監督・牽制する諸機関が必要になるからである。また，定款の定めにより会計監査人を置くことができる（同条2項・171条・2条3号）。

↓　② 公益財団法人の登記簿

枚数	名　称　　公益財団法人　社会科学国際交流基金		
		平成　年　月　日変更	
		平成　年　月　日登記	
		平成　年　月　日変更	
		平成　年　月　日登記	
	主たる事務所　東京都文京区本郷六丁目2番1号		
		平成　年　月　日	
		平成　年　月　日登記	
		平成　年　月　日	
		平成　年　月　日登記	
		平成　年　月　日	
		平成　年　月　日登記	
	役員に関する事項	年　　月　　日 原　　　　因 登記　年　月　日	年　　月　　日 原　　　　因 年　月　日
	東京都世田谷区上北沢二丁目2番2号 理事　甲野　一男	平成　年　月　日登記	平成　年　月　日
	東京都文京区向丘二丁目2番2号 理事　乙野　章文	平成　年　月　日登記	平成　年　月　日
	東京都中野区白鷺二丁目20番20号 理事　丙野　信	平成　年　月　日登記	平成　年　月　日

申請人印

役員に関する事項	年　　月　　日 原　　　因 登記　年　月　日	年　　月　　日 原　　　因 登記　年　月　日
東京都千代田区六番町11番地10 理事　東田花子	平成　年　月　日登記	平成　年　月　日登記
東京都世田谷区成城三丁目10番30号 理事　東田一郎	平成　年　月　日登記	平成　年　月　日登記
東京都渋谷区広尾四丁目1番5-206号 理事　東田二郎	平成　年　月　日登記	平成　年　月　日登記
東京都世田谷区代田四丁目34番12号 理事　西田昭男	平成　年　月　日登記	平成　年　月　日登記
京都府宇治市木幡御蔵山39番地の51 理事　西田和子	平成　年　月　日登記	平成　年　月　日登記
東京都文京区本郷4丁目20番1-303号 理事　北中英道	平成　年　月　日登記	平成　年　月　日登記
法人成立の年月日　設立許可の年月日　平成18年4月6日		
登記用紙を起こした事由及び年月日 　設　　立		
		平成18年4月13日登記

名　称　　公益財団法人　社会科学国際交流基金
目　的 　この法人は、法学を中心とする社会科学に関する学術研究の国際交流を助成し、もって学術の進展に寄与することを目的とする。
事　業 　この法人は、前条の目的を達成するため、次の事業を行う。
（1）法学を中心とする社会科学に関する国際研究集会の開催に対する助成
（2）法学を中心とする社会科学に関する外国人研究者の日本における研究活動に対する助成
（3）法学を中心とする社会科学に関する日本人研究者の海外における研究活動に対する助成
（4）法学を中心とする社会科学に関する研究成果の国際的普及に対する助成
（5）その他この法人の目的を達成するため必要な事業
その他の事項 　資産の総額　金5億2,100万円

6　物

(1)　意　義

民法上，物とは有体物をいう（85条）。知的財産等無形の財は「物」にあたらず，特別法で保護される。

そのうえで，物は不動産と動産に分けられ，不動産は土地およびその定着物と定義されている（86条1項）。不動産でない物はすべて動産とされる（同条2項）。

(2)　建　物

建物は土地の定着物であり，法律上，「屋根及び周壁又はこれらに類するものを有し，土地に定着した建造物であって，その目的とする用途に供し得る状態にあるもの」をいう（不動産登記規則111条）。建物は，土地とは独立別個の不動産であると解されている。

①　建物にあたる具体例　　通常，人の出入りを必要としないセメント貯蔵用サイロ

↓ ① セメントサイロ
（建物にあたる）

写真提供：㈱デイ・シイ

↓ ③ 石灯籠（従物）

（Material ①）およびプレハブ工法により設置された地下室などは建物にあたるとされている。

②　建物でない具体例　　屋根および壁の仕上げがビニール張りで柱が軽量鉄骨で作られている園芸用ビニールハウス（Material ②），いずれは終息する原発反対運動のためにのみ利用されており，継続使用を予定されていない小屋などは，土地の定着物ではあるが，建物にあたらないとされている。

(b)　建築中の建物　　建築途中で上地から独立した不動産になっていない状態，たとえば，木材等を組み立てて，屋根を葺いただけでは，まだ建物とはいえないが，不動産登記簿に登記可能な状態になっていれば，すなわち屋根および囲壁を有し土地に定着する一個の建造物として存在するに至れば，床や天井がなくても，建物として認められる。

(3)　主物・従物・集合物

(a)　主物と従物　　独立した物ではあるが，経済的には他の物（主物）に従属して，その物の効用を高めるものを従物という（87条1項）。別段の意思表示がない限り，主物が処分されると従物も主物と運命をともにする（同条2項）。建物内にある畳・建具，庭に置かれている石灯籠（Material ③）や取り外し可能な庭石のほか，ガソリンスタンド用建物に対して，地下タンク，ノンスペース計量機，洗車機等も従物にあたるとされている。

(b)　集合物　　構成部分の変動する多数の動産についても，その種類，所在場所および量的範囲を指定するなど何らかの方法で目的物の範囲を特定できるときは，動産の集合体を一個の物（「集合物」）と捉えて，その上に担保権を設定することもできるとされている（Material ④）。

↓ ② ビニールハウス
（建物にあたらない）

↓ ④ 在庫商品（集合物）

7 意思表示

(1) 到達主義の原則

意思表示は意思の伝達手段であるから，相手方のある意思表示が効力を生ずるには，原則として，それが相手方に到達し（97条1項），了知可能な状態に置かれる必要がある。相手方が正当な理由なく意思表示の到達を妨げた場合は，その通知は，通常到達すべきであった時に到達したものとみなされる（同条2項）。

そうすると，相手方の所在が不明である場合や表意者が相手方を知らない場合など，意思表示の効力を生じさせることができないことになってしまう。そのような不都合を補うための制度が，公示による意思表示である（98条1項）。

(2) 公示による意思表示

相手方の所在が不明である場合または表意者が相手方を知ることができない場合など，表意者は，公示送達に関する民事訴訟法の規定に従い，裁判所の掲示場に掲示し（**Material** ①②），かつその掲示があったことを官報に少なくとも1回掲載して行うことにより意思表示を行うことができる。ただし，裁判所は，相当と認めるときは，官報への掲載に代えて，市役所，区役所，町村役場またはこれらに準ずる施設の掲示場に掲示するよう命じることができる（98条2項）（**Material** ③④⑤）。

公示による意思表示は，最後に官報に掲載した日またはその掲載に代わる掲示を始めた日から2週間を経過した時に，相手方に到達したものとみなされる。ただし，表意者が相手方を知らないことまたはその所在を知らないことについて過失があったときは，到達の効力を生じない（98条3項）。

I

総

則

↓ ① 裁判所の掲示

令和2年(サ)第●●●号

決定

●●市●●●丁目●番●号
　　　　申　立　人　　　　●●●●
　　　　同代理人弁護士　　●●●●

（登記簿上の本店）●●市●●区●●丁目●番●号
　　　　相　手　方　　　　●●●●株式会社
　　　　同代表者代表取締役　●●●●

上記当事者間の意思表示の公示送達事件につき，当裁判所は，申立人の申立てを相当と認め，次のとおり決定する。

主文

本件につき，申立人の相手方に対する意思表示を記載した別紙通知書の送達は，公示の方法によることを許可する。
なお，裁判所の掲示場に公示送達が掲載してある旨の官報の公告掲載に代え，●●市●●区役所の掲示場にその通知書を掲示することを命ずる。

令和2年●月●日

●●簡易裁判所

裁判官　●●●●　㊞

↑ ② 公示送達の許可決定

21

通　知　書

　拝啓　通知人●●●●の代理人として通知します。

　通知人は被通知人に対し令和元年１２月１０日付下記不動産の売買契約について、被通知人は履行催告期間の令和２年７月１４日迄に残売買代金●●●万円の支払義務を履行しなかったことを事由に民法第５４１条により売買契約を解除します。

　なお、被通知人からこれまでに受け取った手付金●●万円、中間金●●●万円合計●●●万円は約定違約金に充当します。

物件の表示

　　１、●●市●●区●●●町●●●番地●
　　　　家屋番号　　●●●番●
　　　　木造瓦葺２階建居宅
　　２、同所　●●●番●
　　　　宅地　　　●●●㎡
　　３、同所　●●●番●
　　　　公衆用道路　●●㎡
　　４、同所　●●●番●
　　　　公衆用道路　●●㎡

　　令和２年７月１７日

　　　　　　　●●市●●区●●●丁目●番●●号
　　　　　　　●●●●ビル●階
　　　　　通知人●●●●代理人
　　　　　　　　弁護士　　●●●●　　　　印

（最後の住所）
　被通知人
　　●●市●●区●●丁目●番●●●号
　　●●●株式会社
　　代表取締役　　●●●●　　　殿

↑　③　通知書

令和２年(サ)第●●●号

公示送達報告書

　　令和２年●月●●日

　　　　　　　　　　　簡易裁判所民事第●●係
　　　　　　　　　　　裁判所書記官　　●●●●

　　本件につき相手方に対する下記書類についての、公示送達は、令和２年●月●●日当裁判所の掲示場に掲示し、その掲示をした旨の通知書は令和２年●月●●日●●市●●区役所の掲示場に掲示した。

記

　１　通知書

※　送達の効力発生日　令和２年●月●日

↑　④　公示送達報告書

令和２年（サ）第●●●号

　　　　　　　　令和２年●月●日

●●簡易裁判所民事第●●係
　裁判所書記官　　　●●●●　殿

　　　　　　●●市●●区町　　●●●●　　　印

　嘱託に係る貴庁令和２年（サ）第●●●号の意思表示の公示送達事件の通知書は、令和２年●月●●日当区役所の掲示場に掲示したので通知します。

↑　⑤　区役所から裁判所への掲示済を通知する文書

（3） 意思表示の効力に関する民法の規律と特別法

a 契約自由の原則と契約の効力否定事由

契約を締結するかどうか，どのような方法で締結するか，どのような内容にするかは，原則として，当事者の自由に委ねられている（521条1項・2項，522条2項）。また，契約当事者は，いったん成立した契約に原則として拘束され，特別の事由がない限り，一方的に契約の拘束力から離脱することはできない。

すなわち，表意者は，①意思能力を有しない場合および表示に対応する意思が不存在の場合（心裡留保〔93条〕・虚偽表示〔94条〕）における意思表示の無効，②制限行為能力または意思表示の成立過程における問題（錯誤・詐欺・強迫〔95条・96条〕）を理由とする意思表示の取消し，③公序良俗違反（90条）や強行法規違反（91条）に基づく法律行為の無効を主張することができる。つまりそれ以外の場合は当事者が一方的に契約をなかったことにすることはできない。自由で平等な私人が十分に交渉し判断したうえで締結した契約には，相応の重みが与えられるべきだからである。

b 消費者契約法

（i） 交渉力・情報力の構造的格差

契約当事者間に情報力・交渉力における構造的格差がある場合には，契約の締結または内容形成に際して，一方当事者が自己にのみ有利な契約へと他方当事者を誘導し，あるいは他方当事者にとって不当に不利な条項を契約中に盛り込む危険性がある。とりわけ事業者と消費者との間で締結される消費者契約には，このような構造的な格差が見出される。

そこで消費者契約法（2000〔平成12〕年公布）は，消費者が契約を締結する過程で，事業者から不当な干渉を受けてなされた意思表示の取消権を消費者に与える一方（消費契約4条〜7条

Material ⑥），消費者の利益を不当に害する条項（不当条項）の効力を否定する規律を設けている（同条8条〜10条）。消費者による取消権行使事由および不当条項規律の両面において漸次的に拡充が図られている。

また2006（平成18）年の大改正において，事後的救済のみならず，事業者の不当勧誘行為および不当条項の使用に対して，適格消費者団体に差止請求権が付与されている（消費契約12条）。

（ii） 不当条項規制

不当条項に関しては，消費者─事業者間の契約が定型取引に該当する場合，当該契約中の不当条項は，民法の定型約款の規律（548条の2第2項）に従って効力が否定されうることになる。

⬇ ⑥ 消費者契約法に基づく意思表示の取消し

令和2年1月8日

東京都江東区中百舌鳥上終町45
株式会社萬徳物産　御中

埼玉県川口市犬山3−2−903
○○○○代理人
弁護士　池田　清美

通知書

前略
　○○○○（以下「○○」といいます）は，貴社との間で，令和元年11月27日，商品先物取引委託契約を締結し（以下「本件委託契約」といいます），本件委託契約に基づいて，同年12月2日，貴社に対して委託証拠金105万円を預託した上，同日より同月16日まで，ガソリン先物取引を行いました。
　しかしながら，本件委託契約は，そもそも，貴社外務員□□氏が，○○に対し，「絶対に儲かる」「必ず値段は上がるし，損をすることはない」との断定的判断を提供し，また，実際には○○にかかる注文はされていないのに，あたかも令和元年11月27日に○○においてガソリンの先物取引を注文してしまった旨虚偽の事実を告げ，○○がこれらを誤信したことにより締結されたものであります。
　かかる貴社外務員の行為は，消費者契約法第4条第1項第2号（断定的判断の提供）及び同条項第1号（不実の告知）にあたります。
　そこで，○○は，貴社に対し，同法に基づき，貴社との間の本件委託契約及びこれに基づく各売買委託行為を取り消します。
　さらに，貴社の○○との間の取引にあっては，貴社により，契約時の前記不当な行為に加え，取引期間中にあっては，さらなる断定的判断の提供，両建勧誘等違法行為が行われていたのであり，これらは一連として，○○に対する不法行為にあたります。
　つきましては，貴社に対し，本書をもって，前記取消ないし不法行為に基づき，貴社に預託してある委託証拠金105万円の返還を求めますので，当職宛持参又は，後記当職銀行預金口座宛振込みにてお支払い下さい。
　なお，本件に関しましては，○○より，当職が全面的に委任を受けておりますので，今後，本件に関する申出は，当職宛になされ，○○本人に対する直接の交渉は，厳にお断りします。

草々

記

共栄銀行　大和支店
普通預金口座　0862512
名義人　イケダ　キヨミ

以上

＊ガソリン先物取引委託の意思表示を，消費者契約法の定める誤認による意思表示として取り消した上，既払いの委託証拠金の返還を求める文面である。

これとは別に，消費者契約法は，事業者の責任を免除する条項等（消費契約8条），消費者の解除権を放棄させる条項等（同8条の2），事業者に対し後見開始の審判等による解除権を付与する条項（同8条の3），消費者が支払う損害賠償の額を予定する条項等（同9条）に対する個別規制とともに，一般条項による規制（同10条）を定めている。

Material ⑦は，消費者契約法が適用された初めての最高裁判例として広く社会の関心を集めた事案である。この判決は，学校法人との間で締結される在学契約が消費者契約にあたり，入学手続に際して支払われた学納金の返還を大学が拒絶する旨の条項が消費者契約法9条の定める事業者に生じる損害の賠償額の予定に関する条項にあたるものとした。

↓ ⑦ 学納金返還請求訴訟（最判平成18・11・27）

日本経済新聞2006年11月28日

c　特定商取引法・割賦販売法

消費者契約法と原理的には同じ目的を有する消費者保護立法のうち重要なものとして，他に特定商取引法と割賦販売法があり，いずれも度重なる改正を経て現在に至っている。

前者は，特定の商取引（訪問販売，通信販売および電話勧誘販売に係る取引，連鎖販売取引，特定継続的役務提供に係る取引，業務提供誘引販売取引ならびに訪問購入に係る取引）を公正化し，購入者等が受けることのある損害の防止を図ることにより，購入者等の利益を保護し，商品等の流通および役務の提供を適正かつ円滑にし，国民経済の健全な発展に寄与することを目的とする（同法1条）。

後者は割賦販売等に係る取引の健全な発達を図るとともに特定商取引法と同様の目的をも掲げ，表示規制の強化やクーリング・オフを導入し（Material ⑧），1984（昭和59）年には抗弁権の対抗の規定を新設するなど（同法30条の4），消費者保護の機能を担っている。

↓ ⑧ 特定商取引法に基づくクーリング・オフ

令和2年2月5日

大阪市北区東久留米花屋敷33−2
　　株式会社　イシダ消機興業御中

　　　京都市中京区御幸町通三条東入
　　　旅館菊水亭　代表取締役　和田　誠

　　　　　解除通知

前略
　当社は，令和2年2月2日，貴社の訪問を受け，消火器充填整備にかかる契約（以下「本契約」といいます）を締結いたしました。

　しかしながら，本契約につきましては，特定商取引法9条に基づき，本書をもって，解除（クーリングオフ）いたします。
　つきましては，本契約に基づく代金については，一切お支払いすることができませんので，悪しからず御了承下さい。
　また，貴社が持ち帰られた当社所有の消火器につきましては，速やかに返還いただきますようお願いいたします。
　最後に本契約にかかる注文書兼契約書には，「法人，その他団体，社団等による契約についてはクーリングオフの適用がなくキャンセルできません」との文言が記載されています。
　しかしながら，かかる文言は，「営業のため若しくは営業として」締結したものに限らず，一般的に，法人，その他の団体，社団等による契約にクーリングオフの適用がないかのように契約者に誤信させ，そのクーリングオフを妨害するものであり，特定商取引法6条に違反するものであります。
　今後，貴社において，当社に対し，あくまで，本契約に基づく代金の支払いを求められる場合には，上記違反についての刑事告訴を含め，断固たる対抗措置を講じる所存ですので，その旨お含みおき下さい。

　以上，用件のみにて失礼いたします。

　　　　　　　　　　　　　　　　　　　　草々

8 代理

(1) 意義

　代理は，本人の代わりに，他人である代理人が相手方と交わした意思表示の効果を，直接本人と相手方の間に帰属させる仕組みである。代理人が本人のための代理権に基づいて本人の名において相手方と契約を締結すると，契約関係は本人と相手方との間に生じる（99条）。本人が自分の意思で代理人に代理権を与える場合を任意代理といい，法律の規定に基づいて，本人の意思にかかわりなく代理人に代理権が付与される場合を法定代理という。

▼ 代理の仕組み

(2) 代理権授与行為

　任意代理の場合には，代理権授与行為によって，本人のために代理行為を行う権限が代理人に発生する。代理権授与行為は，委任（643条），雇用（623条），請負（632条），組合（667条）な

ど，代理権の授与を趣旨として内包する契約によって行われる。

(3) 代理人の資格証明としての委任状

　相手方が，代理人と称する者と安心して取引できるようにするには，代理人が本人のために代理行為をする権限（資格）を持っていることを客観的に証明するものがあると便利である。そこで，任意代理の場合，本人は，代理人の資格を証明する文書として，委任状を発行して，代理人に交付することが多い（Material ①②）。

　本人は，通常，委任状に実印を押捺の上，印鑑登録証明書を添付する。実印と印鑑登録証明書の両方があることで，委任状が本人の意思に基づいて発行・交付されたことを示す重要な証拠となる。なお，委任状は，委任事項欄や受任者欄など，その全部または一部の欄を空白にしたままで，交付されることがある。このような委任状を白紙委任状という。

▼ ① 委任状（通常の取引におけるもの）

▼ ② 委任状（訴訟委任におけるもの）

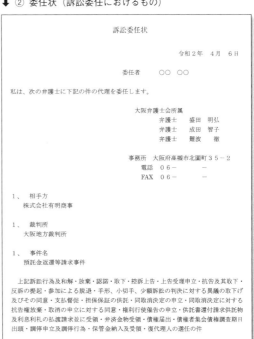

印鑑登録証明

（i）実印の意義

外国などでは，文書の作成者が本人であることを証明するために，もっぱら署名（サイン）が慣用されている。この点，わが国ではハンコ（印章）が重要な役割を果たしてきた。

印章は実印と認印の二種に大別される。印章によって押されたハンの像を「印影」，銀行等の公的機関に予め届けられた印影を「印鑑」という。とりわけ，官公署に予め届出がされていて，必要に応じて印鑑登録証明（「印鑑証明」）を求めることができる印鑑を「登録印鑑」，その印章を「実印」という。そうでないものを「認印」という。

日常生活のたいていの場面では，たとえば宅配便や郵便物の受領・領収書の発行などはもちろん，婚姻届や離婚届など戸籍関係の書類においても，実印は必要とされていない。しかし，不動産や自動車の売買や賃貸，多額の借財や連帯保証をする場合など，重要な取引行為の際には，実印と印鑑登録証明書が求められることが多い。

たとえば公証人が公正証書を作成するにあたり，面識のない嘱託人の本人確認のため，印鑑証明書の提出その他これに準じる確実な方法により嘱託人の同一性を証明させる必要がある（公証人28条2項）。また，不動産の登記申請書類においては，法務省令で定める場合を除き，印鑑に関する証明書を添付しなければならない（不動産登記令16条2項）。

（ii）印鑑の登録

印鑑の登録は一人一個に限られる。自然人の場合は，住民登録のある住所地の市町村役場または特別区の区役所に印鑑を登録する。転居等の場合には，住民登録の手続と同時に行われることも多い。印鑑登録は，印鑑登録申請書に登録する印鑑を添えて，本人または代理人が（代理人の場合は委任状が必要），市町村役場・区役所に申請する。

申請がなされると，市町村役場・区役所から本人に対して照会書が送付され，回答書に住所・氏名を記入し，登録の印鑑を捺印して本人がこれを市町村役場・区役所に持参すると「印鑑登録証」（Material ①）が交付される。

法人の場合，会社の設立等について登記申請する際に，従来は商業登記の申請書に押印すべき者が，予め登記所に印鑑を登録しなければならないとされていたが，これが設立登記の完全オンライン化の障害となっていた。2019（令和元）年商業登記法改正により，同条は削除され，印鑑届の提出義務（商業登記旧20条1項）は廃止された。

（iii）印鑑登録証明書の交付

印鑑登録証明とは，印影が予め届出がされている印鑑と同一であることを証明することをいう。市町村長または特別区の区長が印鑑登録証明をする。印鑑登録証明書（Material ②）の交付は，印鑑登録証に添えて，書面で証明書交付の申請をするものとし，申請がなされると，印鑑登録者に係る印鑑登録原票に登録されている印影の写しについて市町村長が証明する方式（間接証明方式）が採用されている。この方式では，印鑑登録証を提示しない限り，印鑑登録証明書の交付を受けることはできないが，実印を持参する必要はない。これに対して，かつては本人が持参した実印と登録印鑑を照合する方式（直接証明方式）が採られていたこともあった。なお，最近は自動交付機を設置する自治体もあり，印鑑登録カードと暗証番号の入力により，交付を受けることもできる。

印鑑登録証明書が添付された実印の押印された文書の信頼度は事実上極めて高いものとされている。

⬇ ① 印鑑登録証

⬇ ② 印鑑登録証明書

9 期限の利益

(1) 期限の利益の推定

期限の利益とは，期限が付されていることによって，その間に当事者が受ける利益をいう。期限は債務者の利益のために定めたものと推定される（136条1項）。もっとも，期限の定めは債権者の利益にもなることがある。たとえば借金の返済期限は，一般的には債務者の利益のためと考えられるが，利息の獲得を期待する債権者にも一定の利益をもたらすといえる。

(2) 期限の利益の喪失

期限の利益を有する債務者に，その信用を失わせるような一定の事実が生じることにより，債務者が期限の利益を主張することができなくなることを期限の利益の喪失という。民法上，①債務者が破産手続開始の決定を受けたとき，②債務者が担保を滅失，損傷または減少させたとき，③担保供与義務を負う債務者が担保を供しないとき，に債務者は期限の利益を喪失するものと定められている（137条）。

(3) 銀行取引約定書等における期限の利益喪失条項

債権債務関係の当事者間で，一定の事実が生じるときに債務者が期限の利益を失う旨を定めることもできる。このような条項を「期限の利益喪失約款」とか「期限の利益喪失条項」などと呼んでいる。以下に見るのは，銀行取引約定書で慣用されている期限の利益喪失条項の雛形である（ Material ）。

第1項で，債務者が当然に期限の利益を失う場合を，第2項で銀行からの請求によって期限の利益を失う場合を規定している。

期限の利益喪失条項は，債権回収を確実にするために有益かつ必要な条項であるから，銀行取引以外の他の契約類型においても，汎用されている。債務者の信用状態の悪化や債権者との間の信頼関係を破壊する事由が喪失事由として掲げられていることが多い（→金銭消費貸借における条項についてはⅣ-5参照）。

↓ 銀行取引約定書における期限の利益喪失条項（抜粋）

第5条（期限の利益の喪失）

①甲について次の各号の事由が一つでも生じた場合には，乙からの通知催告等がなくても，甲は乙に対するいっさいの債務について当然期限の利益を失い，直ちに債務を弁済します。

1．支払の停止または破産手続開始，民事再生手続開始，会社更生手続開始，会社整理開始もしくは特別清算開始の申立があったとき。

2．手形交換所の取引停止処分を受けたとき。

3．甲またはその保証人の預金その他乙に対する債権について仮差押，保全差押または差押の命令，通知が発送されたとき。
　なお，保証人の乙に対する債権の差押等については，乙の承認する担保を差し入れる旨を甲が遅滞なく乙に書面にて通知したことにより，乙が従来通り期限の利益を認める場合には，乙は書面にてその旨を甲に通知するものとします。ただし，期限の利益を喪失したことに基づき既になされた乙の行為については，その効力を妨げないものとします。

4．行方不明となり，乙から甲に宛てた通知が届出の住所に到達しなくなったとき。

②甲について次の各号の事由が一つでも生じた場合には，乙からの請求によって，甲は，乙に対するいっさいの債務について期限の利益を失い，直ちに債務を弁済します。
　なお，乙の請求に際し，乙に対する債務を全額支払うことにつき支障がない旨を甲が遅滞なく乙に書面にて通知したことにより，乙が従来通り期限の利益を認める場合には，乙は書面にてその旨を甲に通知するものとします。ただし，期限の利益を喪失したことに基づき既になされた乙の行為については，その効力を妨げないものとします。

1．甲が乙に対する債務の一部でも履行を遅滞したとき。

2．担保の目的物について差押，または競売手続の開始があったとき。

3．甲が乙との取引約定に違反したとき，あるいは第12条に基づく乙への報告または乙へ提出する財務状況を示す書類に重大な虚偽の内容がある等の事由が生じたとき。

4．甲の保証人が前項または本項の各号の一つにでも該当したとき。

5．前各号に準ずるような債権保全を必要とする相当の事由が生じたとき。

---

10 時 効

(1) 意 義

　時効とは，一定の事実状態が所定の期間継続することにより財産上の法律関係を変動させる制度である。物権を中核とする財産権の取得原因としての取得時効と，債権を中核とする財産権の消滅原因としての消滅時効（166条〜169条）の2種がある。ここでは後者に焦点をあてる。

　時効は時の経過を要素とする権利変動原因である。もっとも，その効力は時効に必要な期間の経過時（時効完成時）ではなく，その起算日に遡る（144条）。また，時効の効果を裁判上主張するには，当事者が時効を援用する旨の意思表示をする必要がある（145条）。

(2) 消滅時効の起算点および期間

　消滅時効の起算点および期間は2本立てで規律されている。すなわち権利行使が可能な時点（客観的起算点）から10年の経過に加え，権利行使が可能であることを債権者が知った時（主観的起算点）から5年の経過により，債権は時効により消滅する（166条1項）。契約に基づく本来的な給付を求める請求権（たとえば金銭消費貸借契約に基づく貸主の返還請求権等）に関しては，原則として，客観的起算点と主観的起算点が一致し，実質的には客観的起算点から5年間権利が行使されなければ時効により消滅することになる。2017（平成29）年改正前民法下における時効期間に関する複雑な規律が整理され，効率的な債権管理が可能になっている。

　あわせて人の生命または身体の侵害に係る損害（人身損害）の賠償請求権に関しては，客観的起算点から20年の経過により，時効により消滅するものとされ（167条），特に不法行為に基づく人身損害に係る損害賠償請求権については被害者またはその法定代理人が損害および加害者を知った時から5年の不行使により消滅するものとされている（724条の2）。

　なお，債権または所有権以外の財産権は，客観的起算点から20年の時効期間が定められている（166条2項）。

(3) 時効障害事由

(i) 完成猶予と更新

　時効が進行を開始した後，時効の完成を妨げる事由（障害事由）として，時効の完成猶予と更新という2種がある。

　完成猶予とは，時効の進行が妨げられるべき一定の事由が存在する場合に，その事由の発生後から一定期間が経過するまで時効期間の満了を延期する制度である。完成猶予事由には，大きく分けると，権利行使がされたことにより完成が猶予されるものと，権利行使が困難であることから完成が猶予されるものの2種がある。

　更新とは，権利の存在について確証が得られた場合，それまでに進行した時効の期間をリセットし，時効完成の基礎となる事実がなお存在する場合にその時点から新たな時効を進行させる制度である。更新事由については，権利行使の結果その存在が確定されたことによるものと，権利が承認されたことによるものの2種がある。

(ii) 完成猶予事由

　裁判上の請求等（147条），強制執行等（148条），仮差押え等（149条），催告（150条）は，いずれも当事者が権利行使の意思を明らかにする行為であり，完成猶予効を生じさせる。催告とは，債権者が債務者に対して裁判外で債務の履行を求めることをいう（Material ①）。このほか，「協議を行う旨の書面による合意」（Material ②）が完成猶予事由として2017（平成29）年改正において新設された（151条）。つまり権利についての協議を行う旨の合意時から1年，当事者が定めた1年未満の協議期間の経過または協議の続行を拒絶する旨の書面の通知をしたとき（Material ③）から6か月のいずれかが経過す

↓ ① 催告書

〒543-0023
大阪市天王寺区味原町2丁目3番4号
乙野　次郎殿

催　告　書

前略，当職は甲野太郎の代理人として本書を差し上げます。
右甲野は貴殿に対し令和元年9月2日，金200万円を次の約定
で貸し渡しました。

弁済期　　　　　令和2年9月2日
利　息　　　　　年5パーセント
遅延損害金　　　年10パーセント

ところが，右弁済期を経過するも貴殿からの弁済はなく，現
時点における債務の総額は金230万円となっております。つき
ましては，本書到達後一週間以内に右金額を甲野にお支払い下
さい。右期間内にお支払いなきときは，法的手段に移行せざる
を得ませんので，ご承知置き下さい。

草々

令和3年9月3日
大阪市北区西天満1丁目1番1号
甲野太郎代理人

弁護士　大　阪　護　郎　　印

↓ ② 合意書

合意書

○○（以下「甲」という）と○○（以下「乙」という）は，
2020年4月15日付○○契約（以下「原契約」という）に関連
し，次のとおり合意する。

第1条（協議を行う旨の合意）
甲と乙は，乙が原契約に基づく乙の義務を履行中，2020年
10月20日に甲所有の設備を損傷させる事故を生じさせた件に
ついて，甲が乙に対して有する損害賠償請求権その他の権利の
有無，内容，金額，過失割合等についての協議を行う。

第2条（協議を行う期間）
前条の協議を行う期間は，本合意の成立日より6カ月間とす
る。ただし，甲と乙が別途合意することにより，当該期間を延
長することを妨げない。

第3条（協議の終了）
甲または乙は，協議を続行できないと判断したときは，相手
方に対し書面で通知することにより，第1条の協議を終了させ
ることができる。

第4条（時効の完成猶予）
甲と乙は，第2条に定める協議を行う期間を経過した時また

は前条に定める協議終了の通知から6カ月を経過した時まで，
第1条の権利についての時効が完成しないことを確認する。

本合意の成立を証するため，本書を2通作成し，甲乙各自が
記名捺印の上，各1通を保有する。

2023年10月1日

甲　　　　　　　　　　　印
乙　　　　　　　　　　　印

↓ ③ 協議終了通知

協議終了通知

2021年3月31日

○○○○
代表取締役社長　○○様

○○○○
代表取締役社長　○○

拝啓　時下ますますご清祥のこととお慶び申し上げます。
○年○月○日に発生した貴社○○　　に関しては，これまで
貴社と弊社との間で○年○月○日付合意書に基づき鋭意協議を
行って参りましたが，貴社と弊社の考えには相当隔たりがあり，
今後協議がまとまることは期待できないように思われます。
よって，弊社はこれ以上の協議を続行することはできないと
判断いたしましたので，上記合意書第3条に基づきご通知申し
上げます。

敬具

るまで，時効の完成が猶予される。

さらに，たとえば未成年者または成年被後見
人に法定代理人が存在しないとき（158条）等，
特殊な事情の存在により（他に159条～161条参
照），権利者に時効の完成猶予または更新のた
めの措置を講ずることを期待しがたい事由があ
る場合には，そうした事由が消滅した後に一定
の期間が経過するまで猶予される。

(ⅲ)　更新事由

裁判上の請求等において，確定判決または確
定判決と同一の効力を有するものによって権利
が確定したときは，当該事由が終了した時点か
ら時効が更新される（147条2項）。強制執行等
に関しては当該事由が終了した時点から時効は
更新されるが，申立ての取下げまたは法律の規
定に従わないことによる取消しによって終了し

た場合は更新されない（148条2項）。

　権利が承認されたことによる更新事由としては，債務の承認がある（152条1項）。債務の承認とは，時効により利益を受けるべき者が，時効によって権利を失うべき者に対して，その権利の存在を認識し，争わない旨を表示することである。たとえば債務の一部弁済，利息の支払および反対債権による相殺等の行為は，債務の存在を自ら認めていることを意味し，債務の承認にあたる。承認には特別の方式は要求されていないが，実務においては紛争防止のため，債務承認の念書や債務承認弁済契約書（Material ④）が交わされることが多い。

　債務の支払猶予を懇請する行為も承認にあたる。債権者は債務者から猶予願を入手し，公証人役場で確定日付を得ることもできる。支払猶予願の書面が作成される場合は，債務者が延期された期日までに債務を弁済する旨誓約する形（Material ⑤）をとることが多い。

↓ ④ 債務承認弁済契約書

債務承認弁済契約書

　○○○○（以下，「甲」という。）及び○○○○（以下，「乙」という。）は，乙の甲に対する借入金について，本日，以下のとおり合意した。

第1条（債務の承認）
　甲及び乙は，令和○年○月末日現在，乙が甲に対して，令和○年○月○日付金銭消費貸借契約に基づく借入金債務として，金○円の債務を負っていることを確認する。

第2条（弁済方法）
　乙は，甲に対し，前条の金員について，これを次のとおり分割して，甲の指定する口座に振り込む方法により支払うこととする。なお，振込手数料は乙の負担とする。
　1　令和○年○月から令和○年○月まで毎月末日限り，金○円
　2　第1項の毎月の支払に加えて，令和○年から令和○年まで，毎月○月及び○月の各月末日限り，金○円

第3条（期限の利益喪失）
　乙が前条の分割金の支払を2回以上怠った場合には，当然に期限の利益を喪失する。

第4条（遅延損害金）
　前条の規定により，乙が期限の利益を喪失した場合，乙は甲に対して，第1条の金員から支払済みの金員を控除した残額に，期限の利益喪失日の翌日から支払済みまで年○パーセントの割合による遅延損害金を付して支払う。

　以上のとおり，合意したので本契約書を2通作成し，各自記名押印の上，各1通を所持することとする。

　　令和○年○月○日
　甲）住所
　　　氏名　　　　　　　　　　　　　印
　乙）住所
　　　氏名　　　　　　　　　　　　　印

↓ ⑤ 弁済猶予願

〒543-0023
大阪市天王寺区味原町1丁目2番3号
　関西商事株式会社
　代表取締役　川田　太郎　殿

弁済猶予願

　当社は，令和元年7月5日付商品売買契約（以下，「本契約」という。）に基づき，貴社より棒形鋼材5トンを金500万円で買い受け，令和2年10月6日現在，金400万円の買掛金債務を負担しております。つきましては，本契約に定めます代金債務の弁済期日（令和2年10月10日）を令和2年12月20日に延期していただきたく，右お願いいたします。なお，支払期日に関する条項のほかは，すべて本契約の各条項を遵守いたします。

　　令和2年10月6日

　　　　　　　　大阪市北区西天満4丁目5番6号
　　　　　　　　浪速産業株式会社
　　　　　　　　　代表取締役　山田　一郎　印

Ⅱ　物権

　「第1編　総則」に続く民法の財産法の各論にあたる部分は，「第2編　物権」と「第3編　債権」の2つの編から成っている。つまり，わが国の民法では，財産法にまつわる権利が物権と債権とに大別され，それを基礎として体系化が図られていることになる。では，物権と債権はどのような基準で区別・分類されたものなのか。

　物権と債権の定義のしかたには様々なものがある。物を直接に支配することを内容とするのが物権，人に特定の行為を請求する内容のものが債権，という形での理解もある。また，物権と債権それぞれがもつ効力の相違という観点からは，物権は誰に対しても主張できる効力（絶対効）を有し，債権は何らかの特別な関係に入った人だけに主張できる効力（相対効）しか有しないもの，と整理することもできる。

　絶対効という強い力をもつ物権においては，第1に，あらかじめ法律で物権の種類，内容を確定させておくこと（物権法定主義），そして第2に，誰が物権の権利者であるのかが外部に明らかにされていること（公示の原則）が要請される。第2編の「第1章　総則」は，物権法における共通準則を定めた物権法総論の部分であるが，ここに規定されているのは，主として，物権法定主義，および公示の原則と関連する物権変動についての事項である。本章の1「物権の種類」では，物権にはどのようなものがあるのかを概観する。ここでは，民法上に規定されている物権のうちのいくつかと，特別法上の物権，さらには慣習法上の物権について，写真などを使って紹介をする。次いで2では，不動産の物権変動における対抗要件となる「不動産登記」を取り上げる。ここで示される不動産登記の書式例には，様々な物権の種類や物権変動が登場する。また，動産物権変動の対抗要件は，民法上は「引渡し」とされているが，3では，特別法や慣習によって対抗力が認められている，引渡し以外の「動産その他の公示」を紹介する。

　民法第2編の第2章以下は，各物権の具体的内容が章ごとに規定されている，物権法の各論部分にあたる。4では，所有権に関連する事項として，区分所有法が規律する「区分所有」を取り上げる。民法第2編第7章以下に規定されているのは，担保物権と呼ばれる種類の物権である。そのなかで，5では「先取特権」と「質権」を，また6では「抵当権」を解説する。なお，担保物権については，民法に規定されたもの以外にも，担保取引実務が生みだし，判例法によって形成されてきたものもある。7では，そうした「非典型担保」をみていくこととする。

1 物権の種類——物権法定主義

物権は絶対効を有していることから，民法その他の法律で定められたもの以外の物権を新たに創設することはできないものとされている（物権法定主義：175条）。民法には，10種の物権が規定されている。

占有権は，物を支配しているという事実状態に保護を与えるもので，それ以外の，物の支配を正当化するための根拠となる物権（「本権としての物権」とも呼ばれる）とは性質を大きく異にする。

所有権は，物を全面的に支配する物権である。それ以外の物権は，他物権とか制限物権と称されるもので，用益物権（他人の土地を利用するための権利）と担保物権（債権の弁済を確保するための権利）とに大別される。以下で，各種の物権のうち，いくつかを取り上げてみよう。

```
【民法上の物権の種類】        第2編の章立て

┌ 占 有 権 ……………………………………第2章
│
│          ┌ 所 有 権 ……………………………第3章
└ 本権としての┤
  物  権    │            ┌ 地 上 権…第4章
           │      ┌用益物権┤永小作権…第5章
           └ 他物権 ┤      │地 役 権…第6章
             (制限物権)│      └入会権…(263条・294条)
                   │
                   │      ┌留 置 権…第7章
                   └担保物権┤先取特権…第8章
                          │質    権…第9章
                          └抵 当 権…第10章
```

(1) 地上権

地上権は，建物などの工作物や竹木を所有するために他人の土地を使用する権利である（265条）。建物所有のための土地利用権として一般に用いられているのは賃借権であり，地上権は，道路や鉄道，電波塔といった公共財の設置に用いられる例が大半である。

(2) 地役権

地役権は，ある一定の目的のため，他人の土地（承役地）を自己の土地（要役地）の便益に供する権利である（280条）。例えば，電気事業者が他人の土地上に高圧電線を架設するさいには，変電所を要役地とする地役権（送電線地役権）が設定される。

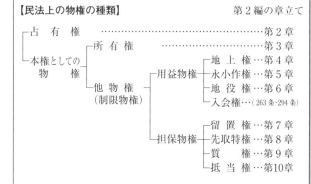

⬆➡ モノレールや地下鉄を私有地に敷設するのには，空間・地下を目的とした区分地上権（269条の2）が用いられる。

⬇ 地上権は送電線鉄塔の設置にも用いられる。また，高圧線下の土地には地役権が設定される。

⬇ 一筆の土地の一部に地役権が設定される場合は，その位置関係を明示するため，不動産登記法14条の地図（2(3)参照）とは別に，「地役権図面」が作成される。

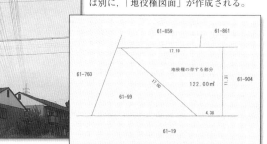

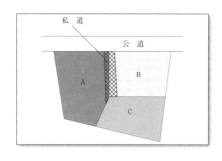

私道
公道
A
B
C

地役権には様々な種類のものがあるが，裁判例で多くみられるのが通行地役権である。もとは一筆の土地であったところを3区画にする際（左図参照），土地Cのための私道を開設するのに，Cを要役地，ABを承役地とする通行地役権を設定するような例もある。

（3） 入会権

入会権とは，一定地域の住民団体（入会集団）がその集団の統制の下に山林原野等（入会地）を共同利用することを内容とした権利である。入会集団が入会地を共有する場合（263条）と，別の法主体が所有する場合（294条）とがある。

➡ 入会地の山林での薪採取
（毎日新聞社提供）

◀ 肉牛が放牧されている九州・阿蘇の野草地は，畜産農家等の入会権者が牧野組合を組織して野焼き等の管理を行っている入会地である。
（毎日新聞社提供）

（4） 漁業権——特別法上の物権

民法以外の法律によって規律されている物権としては，採石権（採石法4条）や鉱業権（鉱業法5条），漁業権（漁業法6条・23条）等がある。漁業権は，一定範囲の漁業を独占排他的に営む権利であり，民法上の物権とみなされている。

お知らせ

共同漁業権127号第1種規則により
アサリ・ニシ・オオノ貝・エムシ
バカ貝・カキ・オゴノリ・アオノリ
サルボウ・ハイ貝・ワカメ
上記の魚貝類を無断にて取る事を
禁止します。
蒲郡漁業協同組合 竹島支所

⬆ 漁業権があることを示す看板

（5） 温泉権——慣習法上の物権

慣習法において物権としての性質が認められたものがある。温泉権は，それ自体が高い価値をもち，土地とは独立して取引されることが多く，古くから慣習法上の物権として承認されてきた。なお，温泉権については，温泉台帳への記載，立札や湧出施設に設置した標識，湧出地の所有権保存登記等が公示方法になるとされる。

（読売新聞社提供）

温 泉 台 帳

| 台帳作成日 | 平成 17 年 2 月 5 日 | 記号 | 下呂-3021 |

| 源 泉 名 | | 温泉地名 | 下呂 實 緑 温 泉 |
| 温 泉 所 在 地 | 下呂(市)幸田(町村)1342 番号 | 地目 | 山 林 |

⬆ 温泉台帳は，温泉の実態を明らかにして取締や組合業務の便宜を図るため，都道府県や温泉組合が自主的に作成したものである。

II
物
権

2 不動産登記

物権変動は当事者の意思表示のみによってその効力が生じるが（意思主義：176条），それを第三者に対抗するには，不動産の場合，登記をしなければならない（177条）。

不動産の登記には，土地登記と建物登記とがあり，土地については一筆ごと，建物については一個ごとに登記が作成される（物的編成主義）。

(1) 土地の登記——分筆・所有権移転（売買・相続）・共有・担保物権設定抹消・用益物権設定の記載例

a 表題部

表示の登記とも呼ばれる部分で，当該不動産の同一性を特定するための情報や，物理的状況が示されている（登記事項につき具体的には不登27条・34条参照）。地図と照らし合わせることで，現地と登記の対応関係が確認できるようになっている。表題部には対抗力はない。

表示登記のない土地の所有権を取得した者には申請義務が課されており（同36条），その申請につき登記官には実地調査権が認められている（実質申請主義：同29条）。また，表示登記は，登記官が職権ですることもできる（同28条）。次頁の登記例をみてみよう。

1) この登記は，平成23年5月20日に別の土地（154番3）から分筆されて一筆の土地が生じたことから，新たに作成（調製）されたものである。
2) 表示登記には，まず「土地の所在する市，区，郡，町，村及び字」と「地番」が記される（不登34条1項1号・2号）。
3) 「地目」（同項3号）とは，土地の主たる用途を表すものである。この登記では，平成24年1月10日に，地目が山林から宅地に変更されている（下線は抹消された事項であることを示す）。
4) 「地積」（同項4号）には，この土地の面積が示されている。この登記では，平成24年2月10日に「錯誤」を原因とする変更がされているが，これは，測量の結果，面積が実際と違っていたことから，「更正の登記」がされたものである。また，地積は，合筆や分筆がされたときにも変更が生じ

る。この登記では，平成27年5月11日にそれがみられる。

b 権利部

権利に関する事項が記載される部分で，ここに記載されることによってはじめて当該物権変動は対抗力を得ることになる。権利部の「甲区」には所有権に関する権利関係が，「乙区」には所有権以外の権利に関する事項が記載される。権利の登記は，原則として当事者の申請によってされるものであり，登記官が職権ですることはできない（申請主義：不登16条）。

1) 同一不動産に記載された2個以上の権利関係の優劣は，原則として登記の前後によって決まる（不登4条1項）。「甲区」「乙区」それぞれの左端にある「順位番号」は，権利の順位を明らかにするものである（不登則147条）。
2) 「甲区」の順位番号1には，分筆された時点の権利関係を示すため，分筆前の「154番3」の「甲区」に最後に記録されている事項が，分筆によりこの登記が調製された平成23年5月20日に転写されている。分筆後の平成24年2月10日に，この土地の所有権は売買によって移転している。
3) 平成26年4月30日には，相続によって所有権が移転し，相続人2名による共有が生じている（「権利者その他の事項」欄には，各共有者の持分も記載されている）。その後，平成27年5月11日には，遺産分割により土地が分筆され（「表題部」参照），この154番8の土地については，「蛯原泰子」が有していた2分の1の持分が「蛯原泰蔵」に移転することにより，「蛯原泰蔵」の単独所有となった。
4) 「乙区」の順位番号1の欄をみると，この土地に平成23年4月4日に抵当権が設定されていることが分かる。その被担保債権等については「権利者その他の事項」に記載されている。また，「乙区」の順位番号2の欄には，平成24年1月26日に被担保債権が弁済され，抵当権登記が同月31日に抹消されたことが記されており，これに伴い，1の欄の抵当権の記載に，抹消されたことを示す下線が加えられている。
5) 「乙区」の順位番号3の欄をみると，この土地の一部が電線路敷設のための地役権の承役地となっていることが示されている。

神奈川県藤沢市城山台 2 丁目 154-8   全部事項証明書   （土地）

表　題　部　（土地の表示）		調製	平成 23 年 5 月 20 日	不動産番号	０１０９０００３３１７３４
地図番号	余　白	筆界特定	余　白		

所　在	藤沢市城山台二丁目			余　白	
①　地　番	②　地　目	③　地　積　　　㎡		原因及びその日付〔登記の日付〕	
154 番 8	山林		110｜00	154 番 3 から分筆 〔平成 23 年 5 月 20 日〕	
余　白	宅地	余　白		②平成 24 年 1 月 10 日地目変更 〔平成 24 年 1 月 18 日〕	
余　白	余　白		112｜50	③錯誤 〔平成 24 年 2 月 10 日〕	
余　白	余　白	余　白	60｜40	③154 番 8、154 番 12 に分筆 〔平成 27 年 5 月 11 日〕	

権　利　部　（甲区）　（所　有　権　に　関　す　る　事　項）			
順位番号	登　記　の　目　的	受付年月日・受付番号	権　利　者　そ　の　他　の　事　項
1	所有権移転	平成 22 年 10 月 20 日 第 4315 号	平成 22 年 10 月 20 日売買 所有者　神奈川県厚木市大郷町四丁目 3 番 21 号 　大濱不動産株式会社 順位 2 番の登記を転写 平成 23 年 5 月 20 日受付 第 3320 号
2	所有権移転	平成 24 年 2 月 10 日 第 3932 号	原因　平成 24 年 2 月 10 日売買 所有者　藤沢市城山台 154-8 　蛯　原　真　之　介
3	所有権移転	平成 26 年 5 月 15 日 第 243 号	原因　平成 26 年 4 月 30 日相続 共有者 　藤沢市城山台 154-8 　持分 2 分の 1 　蛯　原　泰　造 　伊勢原市荻岡町 2-2 　持分 2 分の 1 　蛯　原　泰　子
4	蛯原泰子持分全部移転	平成 27 年 5 月 11 日 第 1425 号	原因　平成 27 年 5 月 11 日遺産分割 所有者　藤沢市城山台 154-8 　蛯　原　泰　造

権　利　部　（乙区）　（所　有　権　以　外　の　権　利　に　関　す　る　事　項）			
順位番号	登　記　の　目　的	受付年月日・受付番号	権　利　者　そ　の　他　の　事　項
1	抵当権設定	平成 23 年 4 月 4 日 第 43155 号	原因　平成 23 年 4 月 4 日金銭消費貸借契約同日設定 債権額　金 3 億 5,000 万円 利　息　年 8.60％（年 365 日　日割計算） 損害金　年 9.90％（年 365 日　日割計算） 債務者　神奈川県厚木市大郷町四丁目 3 番 21 号 　大濱不動産株式会社 抵当権者　神奈川県厚木市富山町 2-4 　関東信用金庫 順位 1 番の登記を転写 共同担保　目録（も）第 3351 号 平成 23 年 4 月 28 日受付 第 289 号
2	1 番抵当権抹消	平成 24 年 1 月 31 日 第 29230 号	原因　平成 24 年 1 月 26 日弁済
3	地役権設定	平成 27 年 8 月 3 日 第 28223 号	原因　平成 27 年 8 月 3 日設定 目的　地役権者は支持物を除く送電線路を設置しその 　保全のため立入ることができる 　地役権設定者は送電線路の最下垂時における電線か 　ら 4・80m の範囲内に入る建造物の築造、及び工作 　物の設置、竹木の植栽ができない 範　囲　中央寄りの北部四角形 30・25 ㎡ 要役地　藤沢市城山台 154-12 地役権図面第 8 号

これは登記記録に記録されている事項の全部を証明した書面である。

令和 2 年 11 月 16 日
横浜地方法務局湘南支局

登記官　高　城　蔵　也　　［印］

＊下線のあるものは抹消事項であることを示す。

II
物
権

(2) 建物の登記——建物増築・所有権保存・賃借権設定・仮登記・付記登記の記載例

次頁に示したのは非区分所有建物の書式例である。建物の登記も，土地の登記と同様，表題部と権利部（甲区・乙区）で構成される。

a 表題部

建物の登記は，1個の建物ごとに作成される。建物1個ごとに家屋番号が付されており，これによって建物が特定される。なお，建物の個数は，原則として棟数で決せられるが，母屋とは別棟の物置など，従物にあたる建物については，登記手続上，これを附属建物として，主たる建物と併せて全体として1個の建物として扱うことができる。次頁に掲げた建物登記の例をみてみよう。

1) この登記は，平成24年1月9日に建物が新築されたことから，新たに作成されたものである。
2) 表示登記には，「建物の所在する市，区，郡，町，村，字及び土地の地番」（不登44条1項1号）と，「家屋番号」（同項2号）が記される。
3) 次いで「建物の種類，構造及び床面積」（同項3号）が記される。この建物は平成26年3月10日に増築のため床面積に変更が生じている。
4) その下には，「附属建物」が記載されている（同項5号）。主である建物とともに附属建物が新築されたときは，この登記例にあるように，「原因及びその日付」欄には何も記載されない。
5) この登記例の表題部には「所有者」も記載されているが，これは，甲区に所有権の登記がない場合には「所有者の氏名又は名称及び住所」も表題部に記載するとされているためである（不登27条3号）。この登記例では，平成24年2月27日に甲区に所有権の保存登記がされたことによって，表題部の所有者の記載が抹消されている。

b 権利部

土地の登記と同様，所有権に関する事項は「甲区」に，所有権以外の権利に関する事項は「乙区」に記載される。

1) 不動産について，はじめて権利部にする所有権の登記を所有権保存登記といい，表題部の所有者の単独申請が認められている（不登74条1項1号）。

この登記例では，平成24年2月27日にこれがされている。
2) 「甲区」の順位番号2に記されているのは仮登記である。仮登記は，それ自体は対抗力をもたない登記であるが，仮登記をしておけば，本登記の順位を保全することができる。

仮登記は，実体法上登記原因となる物権変動は発生しているが，登記申請に必要な手続的要件が具備されていないとき（物権保全の仮登記：不登105条1号），本登記の実体的要件を欠いていて物権変動が生じていない段階で，将来に備えて物権変動を目的とする請求権を保全するとき（請求権保全の仮登記：不登105条2号）に行うことができる。

登記例にみられる記載は，前者（1号仮登記）のものであり（後者の2号仮登記については7(2)にて後述），次のような経緯によるものと考えられる。平成26年1月20日に高林秀直が仮屋勇に建物を売買したが，添付書面不備のため所有権移転の本登記ができず，仮登記を行った（順位番号2の上段の記載）。ところが，同年5月10日に，高林秀直は飯野平三にも建物を売買し，その旨の登記をした（順位番号3の記載）。その後，高林秀直と仮屋勇の売買について所有権移転登記に必要な添付書面の準備ができたため，同年10月1日に仮登記に基づいて本登記がされた（順位番号2の下段の記載）。それと同時に，仮登記に後れる順位番号3の本登記は，職権で抹消されることになる（不登109条）。そのことが順位番号4に記載されるとともに，順位番号3の記載に下線が引かれた。
3) 「乙区」には賃借権設定登記が記載されている。賃借権は債権ではあるが，登記をすればその後の物権取得者にも効力を主張できる（605条）。もっとも，賃貸人は賃借権が強くなることを望まないため，実際に賃借権が登記されることは稀である。その結果生じる，賃貸人から賃貸物件を譲り受けた者に対して賃借人が賃借権を主張できなくなる「売買は賃貸借を破る」事態を回避するべく，借地借家法には賃借権に対抗力を付与するための規定が設けられている（借地借家10条・31条参照）。
4) 「乙区」の「順位番号」の欄には，「付記1号」という記載がみられる。付記登記とは，既存の登記（主登記）に付記して，その一部を変更する登記をいい，主登記と同一の順位となる（不登4条2項）。この登記例の付記登記は，主登記たる賃借権設定登記に対して，転貸借がされたことを表すものである。

表　題　部　（主である建物の表示）	調製	余　白		不動産番号	0 1 0 9 0 1 0 1 5 1 3 1 1

所在図番号	余　白			

所　在	京都市左京区辻が堂一丁目 15 番地 2		余　白

家屋番号	15 番 2 の 3	余　白

① 種　類	② 構　造	③ 床　面　積　㎡	原因及びその日付〔登記の日付〕
事務所 店舗	鉄骨鉄筋コンクリート造 陸屋根地下 1 階付 3 階建	1 階　　　64　00 2 階　　　54　20 3 階　　　52　65 地下 1 階　42　00	平成 24 年 1 月 9 日新築 〔平成 24 年 1 月 20 日〕
余　白	余　白	1 階　　112　50 2 階　　108　40 3 階　　 60　25 地下 1 階　42　00	③平成 26 年 3 月 10 日増築 〔平成 26 年 4 月 1 日〕

表　題　部　（附属建物の表示）				
符合	① 種　類	② 構　造	③ 床　面　積　㎡	原因及びその日付〔登記の日付〕
1	倉庫	鉄筋コンクリート造陸屋根 平屋建	19　00	余　白

所有者	京都府京都市左京区辻が堂二丁目 3 番 2 号　高林秀直

権　利　部　（甲区）　（所　有　権　に　関　す　る　事　項）			
順位番号	登　記　の　目　的	受付年月日・受付番号	権　利　者　そ　の　他　の　事　項
1	所有権保存	平成 24 年 2 月 27 日 第 3154 号	所有者　京都市左京区辻が堂二丁目 3 番 2 号 　　　　高　林　秀　直
2	所有権移転仮登記	平成 26 年 1 月 20 日 第 1922 号	原因　平成 26 年 1 月 20 日売買 権利者　枚方市大園 123-1 　　　　仮　屋　　勇
	所有権移転	平成 26 年 10 月 1 日 第 9630 号	原因　平成 26 年 1 月 20 日売買 所有者　枚方市大園 123-1 　　　　仮　屋　　勇
3	所有権移転	平成 26 年 5 月 15 日 第 24322 号	原因　平成 26 年 5 月 10 日売買 所有者　四条畷市上社台二丁目 15-8 　　　　飯　野　平　三
4	3 番所有権抹消	余　白	2 番仮登記の本登記により平成 26 年 10 月 1 日登記

権　利　部　（乙区）　（所　有　権　以　外　の　権　利　に　関　す　る　事　項）			
順位番号	登　記　の　目　的	受付年月日・受付番号	権　利　者　そ　の　他　の　事　項
1	賃借権設定	平成 26 年 12 月 1 日 第 43155 号	原因　平成 26 年 12 月 1 日設定 賃料　1 月金 250 万円 支払期　毎月末日 存続期間　平成 26 年 12 月 1 日から 10 年 敷金　金 1000 万円 特約　譲渡、転貸ができる 賃借権者　大阪府池田市東浦町 12-4 　　　　中　川　遙　人
付記 1 号	1 番賃借権転貸	平成 28 年 9 月 1 日 第 2822 号	原因　平成 28 年 9 月 1 日転貸 賃料　1 月金 270 万円 支払期　毎月末日 敷金　金 1200 万円 特約　譲渡、転貸ができる 転借権者　大阪府寝屋川市波路上 23-1 　　　　大　山　士　郎

これは登記記録に記録されている事項の全部を証明した書面である。

令和 3 年 1 月 18 日
京都地方法務局

登記官　　越　水　康　太　　　印

＊下線のあるものは抹消事項であることを示す。

(3) 地図・建物所在図

(i) 登記所の地図・建物所在図とその実際

　不動産登記に示された土地，建物が実際どこに所在するのかを明らかにするため，地図および建物所在図（Material①②）が登記所に備え付けられている（不登14条1項：土地の地図は「14条地図」，もしくは単に「地図」と呼ばれる）。

　「地図」には，土地の区画と地番が表示される（同条2項）。この地番は住居表示（住所）とは一致していない。地番による住所の表示は相当に混乱していたため，1962年に「住居表示に関する法律」が制定され，街区と道路を基礎に，地番とは別に新たに住居番号が定められた。

　「地図」は，精確な測量や調査に基づくべきものとされており，作成作業は順次すすめられているが，なお未整備のところも残されている。

そうした場所で暫定的に用いられているのが「地図に準ずる図面」（不登14条4項）である（Material③）。旧土地台帳付属地図（通称「公図」）はその代表的なものであるが，明治初期の地租改正時に作成された古い測量技術によるものだったりするだけに，精度は高くない。

(ii) 筆界特定制度

　2005（平成17）年の不動産登記法の改正により「筆界特定制度」が導入された（不登123条以下）。これは，土地の所有権の登記名義人等の申請に基づき，筆界特定登記官が，外部専門家である筆界調査委員の意見を参考にしながら，土地の筆界の現地における位置を特定する制度である。従来，隣同士の土地の所有者の間で筆界線に争いが生じた場合については，境界確定訴訟という裁判による解決方法しかなかったが，より簡易迅速な特定を実現するべく設けられた。

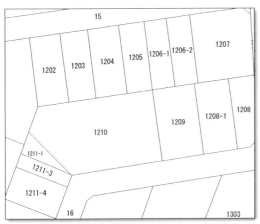

↑ ① 14条地図
（枝番が付されているのは分筆された土地である）

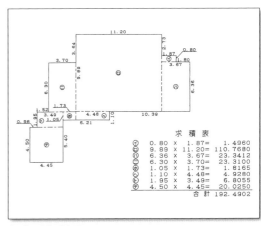

↑ ② 建物所在図

➡ ③ 地図に準ずる図面（公図）
　分筆された箇所について加筆がされたり，合筆された箇所では境界線を消す書き込みがされているのが分かる。

2
不動産登記

（4）　不動産登記手続

a　書面による申請

従来から行われている不動産登記の申請手続は，法務局に書類を直接提出する方式のものである。権利に関する登記の申請は，その正確性を確保するために，登記権利者（登記によって直接利益を受ける者）と登記義務者（登記によって不利益を受ける登記名義人）の共同申請が原則とされている。

登記申請書（Material ①）に添付して提出すべき書類としては，「登記識別情報」（後出 b 参照），「登記原因証明情報」（売買契約書等がこれにあたる），「代理権限証書」（買主が登記申請するときは，売主が買主に登記申請に関する一切の権限を委任する旨記載された委任状となる），「（売主の）印鑑証明書」，「住所証明書」（買主の住民票の写し。登記申請書に住民票コードを記載すれば提出を省略できる）等がある。

オンライン申請の導入を機に，書面申請につ

いても，従来の出頭主義が廃止され，申請人やその代理人が登記所に出頭することなく，登記申請書の郵送によって登記の申請ができるようになった。

↓ ① 不動産を売買した場合の登記申請書の書式

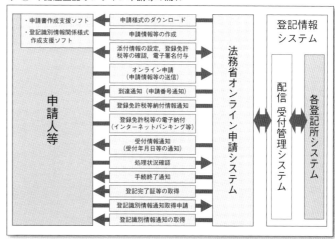

```
              登　記　申　請　書

登記の目的　　所有権移転
原　　　因　　平成２７年３月６日売買
権　利　者　　足利市原山町二丁目１２番地（住民票コード１２３４５６７８）
　　　　　　　　　　　　法　務　太　郎　㊞
義　務　者　　佐野市秋川町柴原３４番地
　　　　　　　　　　　　甲　野　花　子　㊞
添付書類
　　登記識別情報　登記原因証明情報　代理権限証書　印鑑証明書
　　住所証明書

☑ 登記識別情報の通知を希望しません。

平成２７年３月１０日申請　宇都宮地方法務局　足利支局
申請人兼義務者代理人　　　足利市原山町二丁目１２番地
　　　　　　　　　　　　　　法　務　太　郎　㊞
　　　　　　　連絡先の電話番号００−００００−００００

課税価格　金５,１２５,０００円
登録免許税　金５１,２００円
不動産の表示
　　不動産番号　　　１２３４５６７８９０１２３
　　所　　在　　　　足利市山川町一丁目
　　地　　番　　　　２３番
　　地　　目　　　　宅　地
　　地　　積　　　　１２３.４５平方メートル
　　　　　　　　　　　　価格　金５,１２５,０００円
```

b　オンライン申請

2004 年の不動産登記法改正によって，オンラインによる申請（インターネットを利用する不動産登記の電子申請）が可能となった（Material ②）。

オンライン申請に対応した本人確認手段として創設されたのが「登記識別情報」である。これは，12桁の英数字の符号の組合せで，不動産および登記名義人となった申請人ごとに定められる（いわばキャッシュカード等における暗証番号に相当する）。

オンライン申請では，この登記識別情報と，電子署名および電子証明書を併せて提供するという二重の本人確認手段が

採られており，なりすましやデータ改ざんを防止するようになっている。

↓ ② 不動産登記オンライン申請等の流れ

```
申請人等 ┃ ・申請書作成支援ソフト      申請様式のダウンロード      法務省オンライン申請システム  登記情報システム
         ┃ ・登記識別情報関係様式      申請情報等の作成
         ┃   作成支援ソフト           添付情報の設定，登録免許
         ┃                           税等の確認，電子署名付与
         ┃                           オンライン申請
         ┃                           （申請情報の送信）
         ┃                           到達通知（申請番号通知）
         ┃                           登録免許税等納付情報通知      配信 受付管理システム  各登記所システム
         ┃                           登録免許税等の電子納付
         ┃                           （インターネットバンキング等）
         ┃                           受付情報通知
         ┃                           （受付年月日等の通知）
         ┃                           処理状況確認
         ┃                           手続終了通知
         ┃                           登記完了証等の取得
         ┃                           登記識別情報通知取得申請
         ┃                           登記識別情報通知の取得
```

出典：法務省ウェブサイトより

（5） 不動産登記制度のあゆみ

a　公示制度の萌芽

（i）　地券制度

中央集権国家の確立をめざす明治政府は，全国の租税制度を確立するべく，1872（明治5）年，田畑永代売買解禁を布告して土地の商品化に道を開くとともに，土地の所有権を確認・公証する手段として，地券（壬申地券）の発行を開始した。さらに，1873（明治6）年からは，地価に基づき賦課する方式へ移行させるべく地租改正事業が開始され，地価決定のための土地調査を完了した土地につき，所有者にあらためて地券（改正地券）が交付された（Material ①）。同事業は，1881（明治14）年にほぼ完了した。

地租改正で土地所有者に交付された地券は，公租負担者の確定と土地取引の公示という2つの意義を併せ持っていた。

（ii）　戸長奥書割印帳

幕藩法上行われていた質入・書入（質権・抵当権に相当）を近代的な担保制度に改めるべく，1873（明治6）年に，フランス法を参照した「地所質入書入規則」が公布された。同規則では，すべての質入・書入を公証させることとされた。すなわち，戸長は，契約証書を調べてこれに公証文言を奥書し，戸長役場に備えた奥書割印帳に番号を朱書して証書の要旨を記し，割印をして両者を契合しておくものである（Material ②）。

1880（明治13）年公布の「土地売買譲渡規則」では，土地の売買譲渡にも戸長奥書割印帳による公証を受けるものとされた。これにより，地券は，徴税上の意義しか持たなくなり，さらに1889（明治22）年の「土地台帳規則」に伴う課税台帳の整備によって完全にその使命を終え，廃止された。なお，奥書割印は，当初，効力発生要件とされていたが，後には，フランス法の影響の下，対抗要件とする解釈に転換した。

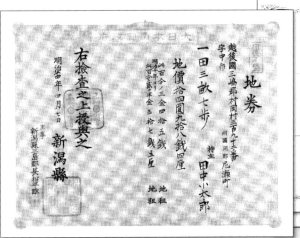

↑ ① 地券（右上は裏面）
　地券の表には，その地券が表象する土地の所在や地目，面積，地価，所有者が記載されており，裏には，土地所有者は必ず地券を所有すること等，地券と土地所有の説明書きや，土地所有者が変わったときの名義書換え欄がある。地券の名義書換は土地所有権移転の効力発生要件とされ，当初は地券によらない売買には刑事罰も科されていた。　　　　　　（目で見る民法教材〔第2版〕42頁より）

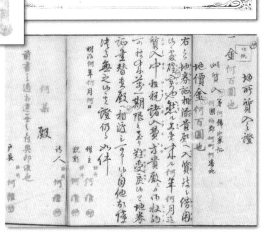

➡ ② 戸長奥書割印帳の書式例
　　（村松義次編纂『改正確證文例』
　　〔明治11年〕より抜粋）

(ⅲ) 登記法

奥書割印帳による公証制度には，帳簿の様式が法定されていない，申請順に記載するだけのため容易に検索ができない，二重公証が防止できない，保管状況も確実性を欠く，といった多くの問題があった。そこで，活発化する土地取引の要請にも応えるべく，1886（明治19）年に「登記法」が公布された。同法により，土地取引の公証事務は治安裁判所の管轄となり，また，登記簿の様式はプロイセン法にならって物的編成主義がとられた。この登記制度は，その後1899（明治32）年に，民法施行に伴い制定された「不動産登記法」に受け継がれた。

b　登記簿と登記申請手続の変遷

35頁や37頁に掲げたコンピュータを用いた登記は，1988（昭和63）年の不動産登記法改正により開始されたものである。従前の方式（ブック・システム）は，加除可能なバインダー式の帳簿に各登記用紙が綴じられている形であったが（Material ③），2008年に現在のコンピュータ化された登記への移行が完了した。

登記手続の際，本人確認の手段として用いられてきたのが，登記済証（権利証）である（Material ④）。登記完了時に登記所から登記名義人に交付され，後にその者が登記を申請する場合に登記所に提出すべきものとされた。

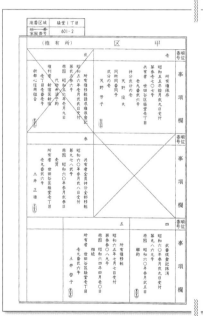

↑ ③ ブック・システムによる登記書式例

↑ 登記帳簿

↓ ④ 登記済証
　登記原因証書として「売渡証書」を用いた登記済証の例である。登記済証に代わるものとして2004（平成16）年に登記識別情報が導入され，その後，登記所がオンラインに対応するまで，交付されていた。

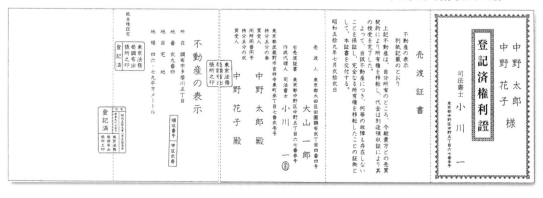

3 動産その他の公示

(1) 動産譲渡登記制度

　民法では，動産の譲渡については引渡しが対抗要件とされているが（178条），これに加えて，新たな動産譲渡の対抗要件として創設されたのが「動産譲渡登記」制度である。これは，動産債権譲渡特例法が規定するもので，2005年10月より運用が開始された。同法3条1項では，法人が動産を譲渡する場合に，動産譲渡登記ファイルに動産譲渡登記がされたときは，178条の引渡しがあったものとみなすとされている。

(ⅰ) 制度創設の趣旨

　在庫や機械設備等の動産を目的物とする譲渡担保では，占有改定（183条）という外形的に判然としない公示方法で対抗要件を具備するしかなかったため，取引の安全を欠き，占有改定の有無・先後をめぐる紛争が生じるおそれもあった。そこで，担保目的のほか真正の譲渡の場合も含め，公示方法の不備に伴う問題を解消することで，動産を活用した企業の資金調達の円滑化を図るため創設されたのが，動産譲渡登記制度である。

(ⅱ) 譲渡動産の特定

　「譲渡に係る動産を特定するために必要な事項」は必須の記載事項である（動産債権譲渡特7条2項5号）。特定には，ⓐ動産の種類および特質により特定する方法（個別動産）と，ⓑ動産の種類および所在により特定する方法（集合動産）の2つがある。

(ⅲ) 登記の編成

　動産譲渡登記は譲渡ごと独立の登記ファイルに記録される。そのため，登記された動産が転々譲渡され登記され

た場合も，その動産の譲渡の経緯が一個の登記で公示されるわけではない。

(ⅳ) 登記事項証明書

　動産譲渡登記所では，譲渡動産を特定する事項を含め登記事項の全部を記載した「登記事項証明書」（当事者や利害関係人のみが請求可能）（Material）と，譲渡された動産を特定する事項を除いた事項を記載した「登記事項概要証明書」（誰でも請求可能）を発行している。

▲ 動産譲渡登記事項証明書

(2) 自動車の登録

道路運送車両法では，自動車は「自動車登録ファイル」に登録を受けなければ運行の用に供することができないとされ（同法4条），この登録が，登録自動車の譲渡における対抗要件とされている（同法5条）。自動車抵当権の設定についても，自動車登録ファイルへの登録が対抗要件である（自動車抵当法5条）。

自動車登録ファイルに記録された事項を証明する「登録事項等証明書」には，現在登録証明（現在の登録事項のみを記載するもの）と，詳細登録証明（これまでの権利変動の過程をすべて証明するもの）とがある。自動車抵当の設定等は，後者において確認することができる。

↓ 自動車登録事項等証明書（現在登録証明）

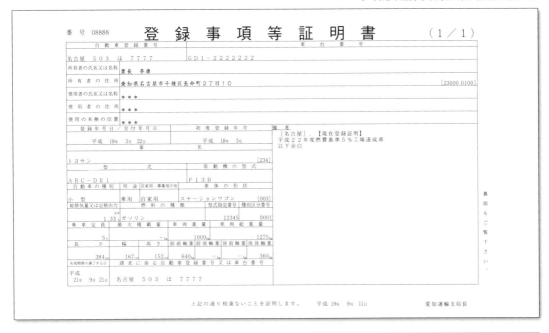

(3) 明認方法

立木や稲立毛，未分離の果実などは，土地の定着物である以上，本来的には土地の一部であって独立した物ではないが，古くより，土地から分離しないままで土地とは別に独立して取引の対象とされてきた。このような取引がされる場合の対抗要件・公示方法として慣習上認められてきたのが，明認方法である。立木の場合，樹皮を削って所有者名を墨書したり，焼印をしたり，立札・標木を立てたりする方法がとられる。

なお，明認方法によって公示ができるのは，所有権の帰属に限られる（立木抵当を設定するためには，立木法〔立木ニ関スル法律〕による登記が必要となる）。

↑← 立木に施された明認方法の例
表皮上に立木所有者の屋号が記されている。
（撮影地：岐阜県山県市）

4　区分所有

(1)　区分所有とは

　一棟の建物のなかに構造上・利用上の独立性を備えた部分があるときには，一物一権主義の例外として，建物の区分所有等に関する法律(以下「区分所有法」という)により，各部分ごと独立の所有権＝区分所有権が認められる。建物の区分所有関係は次のようになっている。

　①専有部分　　区分所有権の目的となる，法的に区分された部分で，マンションでは何号室という形で区切られた室内空間がこれにあたる。壁紙や天井，床等の内装材，給排水管のうち共用管までの部分も専有部分に含まれる。

　②共用部分　　区分所有建物のうち専有部分以外の部分で，区分所有者全員の共有となる。区分所有法により構造上当然に共用部分となる法定共用部分と，管理事務室や集会室など，管理規約により共用部分にできる規約共用部分とがある。なお，共用部分のなかには，躯体，外壁，戸境壁，エントランス，外廊下など，区分所有者全員の用に供されるべき全体共用部分のほか，バルコニーや専用庭など，一部の区分所有者のみの用に供される一部共用部分もある。

　③敷地利用権　　区分所有者が専有部分を所有するための敷地に関する権利。区分所有者が全員で敷地の所有権を共有している場合と，他人が所有する土地に借地権が設定され，区分所有者がこれを準共有している場合とがある。

(2)　区分所有建物の登記

(i)　区分建物の一棟の表題部

　一棟の建物の表題部(Material ①)には，全部の専有部分の家屋番号と区分所有建物全体の建物の表示(所在，構造，床面積等)が記載される。各専有部分が１個の建物と扱われるから，一棟の建物については家屋番号や建物の種類は記載されず，また，新築年月日も各専有部分の「原因及びその日付」には記載されるが，一棟の建物の表題部には記載されない。敷地権がある場合には，その目的たる土地の表示も記載される。

(ii)　区分建物の専有部分の表題部

　専有部分の表題部(Material ②)には，各戸の表示(家屋番号，種類，構造，床面積等)のほか，建物の名称や敷地権の表示等が記録される。

(iii)　敷地権の登記

　当事者の申請または登記官の職権により区分所有建物の登記用紙の表題部に敷地権の表示の登記がされる。敷地利用権は区分建物と分離して処分できないものとされていることから(区分所有22条)，敷地権の登記は区分建物の登記上に一体的に記載されるようになっている。専有部分についてされた登記が敷地権についての登記としての効力も有することとなる。

専有部分の家屋番号	12-5-101～12-5-103　12-5-201～12-5-203　12-5-301～12-5-303				
表　題　部　(一棟の建物の表示)		調製	余白	所在図番号	余白
所　在	世田谷区松宮町三丁目１２番地５		余白		
建物の名称	アフロディーテ壱番館		余白		
①　構　造	②　床　面　積　　　㎡			原因及びその日付〔登記の日付〕	
鉄筋コンクリート造陸屋根3階建	1階 2階 3階	280：00 260：40 220：00		〔平成２６年１１月２１日〕	
表　題　部　(敷地権の目的である土地の表示)					
①土地の符号	②　所　在　及　び　地　番	③地目	④　地　積　㎡	登　記　の　日　付	
1	世田谷区松宮町三丁目１２番5	宅地	750：20	平成２６年１１月２１日	

← ① 区分所有における一棟の建物についての表題部

➡ ② 区分所有における専有部分についての表題部

表　題　部	（専有部分の建物の表示）			不動産番号	０００００００００００００
家屋番号	世田谷区松宮町三丁目　１２番５の１０１			余　白	
建物の名称	アフロディーテ壱番館			余　白	
①　種　類	②　構　造	③　床　面　積　㎡		原因及びその日付〔登記の日付〕	
居宅	鉄筋コンクリート造３階建	１階部分　　　　８０｜５２		平成２６年１１月２０日新築〔平成２６年１１月２１日〕	
表　題　部	（敷地権の表示）				
①土地の符号	②敷地権の種類	③　敷　地　権　の　割　合		原因及びその日付〔登記の日付〕	
1	所有権	９分の１		平成２６年１１月２０日敷地権〔平成２６年１１月２１日〕	
所　有　者	渋谷区亀山町一丁目２番３号　株式会社甲乙不動産				

（3）　管理規約

　区分所有建物では，共用部分について共同の管理をしなければならず，また，隣接する各専有部分の使用における総合調整も必要となる。区分所有法には，区分所有の権利関係のほか，建物の管理運営のための規定もおかれているが，それに加え，区分所有者の守るべきルールとして，各区分所有建物において管理規約が定められるのが通例である。

　管理規約について，区分所有法では，区分所有者が集会を開催しそこで設定されることが想定されているが（3条・31条参照），現実には，分譲時に分譲会社が作成するのがほとんどである。そこで，規約が不適切・不公正にならないよう，国土交通省が管理規約の標準モデルを作成している（同省のウェブサイトには各種の標準モデルが掲げられている）。以下に示したのは，「マンション標準管理規約（単棟型）」の一部である。

○○マンション管理規約（抄）

第１章　総　　則

第１条（目的）　この規約は，○○マンションの管理又は使用に関する事項等について定めることにより，区分所有者の共同の利益を増進し，良好な住環境を確保することを目的とする。

第５条（規約及び総会の決議の効力）　この規約及び総会の決議は，区分所有者の包括承継人及び特定承継人に対しても，その効力を有する。

2　占有者は，対象物件の使用方法につき，区分所有者がこの規約及び総会の決議に基づいて負う義務と同一の義務を負う。

第６条（管理組合）　区分所有者は，区分所有法第3条に定める建物並びにその敷地及び附属施設の管理を行うための団体として，第1条に定める目的を達成するため，区分所有者全員をもって○○マンション管理組合（以下「管理組合」という。）を構成する。

〈以下略〉

第２章　専有部分等の範囲

第７条（専有部分の範囲）　対象物件のうち区分所有権の対象となる専有部分は，住戸番号を付した住戸とする。

2　前項の専有部分を他から区分する構造物の帰属については，次のとおりとする。

　一　天井，床及び壁は，躯体部分を除く部分を専有部分とする。

　二　玄関扉は，錠及び内部塗装部分を専有部分とする。

　三　窓枠及び窓ガラスは，専有部分に含まれないものとする。

3　第1項又は前項の専有部分の専用に供される設備のうち共用部分内にある部分以外のものは，専有部分とする。

第３章　敷地及び共用部分等の共有

第９条（共有）　対象物件のうち敷地及び共用部分等は，区分所有者の共有とする。

第10条（共有持分）　各区分所有者の共有持分は，別表第3に掲げるとおりとする。

第11条（分割請求及び単独処分の禁止）　区分所有者は，敷地又は共用部分等の分割を請求することはできない。

2　区分所有者は，専有部分と敷地及び共用部分等の共有持分とを分離して譲渡，抵当権の設定等の処分をしてはならない。

第４章　用　　法

第12条（専有部分の用途）　区分所有者は，その専有部分を専ら住宅として使用するものとし，他の用途に供してはならない。

第13条（敷地及び共用部分等の用法）　区分所有者は，敷地及び共用部分等をそれぞれの通常の用法に従って使用しなければならない。

第14条（バルコニー等の専用使用権）　区分所有者は，別表第4に掲げるバルコニー，玄関扉，窓枠，窓ガラス，一階に面する庭及び屋上テラス（以下この条，第21条1項及び別表第4において「バルコニー」という。）について，同表に掲げるとおり，専用使用権を有することを承認する。〈以下略〉

第19条（専有部分の貸与）　区分所有者は，その専有部分を第三者に貸与する場合には，この規約及び使用細則に定める事項をその第三者に遵守させなければならない。〈以下略〉

第5章　管理

第1節　総　則　【略】
第2節　費用の負担

第25条（管理費等）　区分所有者は，敷地及び共用部分等の管理に要する経費に充てるため，次の費用（以下「管理費等」という。）を管理組合に納入しなければならない。
一　管理費
二　修繕積立金

2　管理費等の額については，各区分所有者の共用部分の共有持分に応じて算出するものとする。

第26条（承継人に対する債権の行使）　管理組合が管理費等について有する債権は，区分所有者の特定承継人に対しても行うことができる。

第6章　管理組合

第1節　組合員

第30条（組合員の資格）　組合員の資格は，区分所有者となったときに取得し，区分所有者でなくなったときに喪失する。

第2節　管理組合の業務　【略】
第3節　役　員　【略】
第4節　総　会

第42条（総会）　管理組合の総会は，総組合員で組織する。〈以下略〉

第43条（招集手続）　総会を招集するには，少なくとも会議を開く日の2週間前（会議の目的が建替え決議又はマンション敷地売却決議であるときは2か月前）までに，会議の日時，場所及び目的を示して，組合員に通知を発しなければならない。〈以下略〉

第46条（議決権）　各組合員の議決権の割合は，別表第5に掲げるとおりとする。〈以下略〉

第47条（総会の会議及び議事）　総会の会議は，前条第1項に定める議決権総数の半数以上を有する組合員が出席しなければならない。

2　総会の議事は，出席組合員の議決権の過半数で決する。

3　次の各号に掲げる事項に関する総会の議事は，前項にかかわらず，組合員総数の4分の3以上及び議決権総数の4分の3以上で決する。
一　規約の制定，変更又は廃止
二　敷地及び共用部分等の変更（その形状又は効用の著しい変更を伴わないもの及び建築物の耐震改修の促進に関する法律第25条第2項に基づく認定を受けた建物の耐震改修を除く。）
三　区分所有法第58条第1項，第59条第1項又は第60条第1項の訴えの提起
四　建物の価格の2分の1を超える部分が滅失した場合の滅失した共用部分の復旧
五　その他総会において本項の方法により決議することとした事項

4　建替え決議は，第2項にかかわらず，組合員総数の5分の4以上及び議決権総数の5分の4以上で行う。

5　マンション敷地売却決議は，第2項にかかわらず，組合員総数，議決権総数及び敷地利用権の持分の価格の各5分の4以上で行う。

6　前5項の場合において，書面，電磁的方法又は代理人によって議決権を行使する者は，出席組合員とみなす。

7　第3項第一号において，規約の制定，変更又は廃止が一部の組合員の権利に特別の影響を及ぼすべきときは，その承諾を得なければならない。この場合において，その組合員は正当な理由がなければこれを拒否してはならない。

8　第3項第二号において，敷地及び共用部分等の変更が，専有部分又は専用使用部分の使用に特別の影響を及ぼすべきときは，その専有部分を所有する組合員又はその専用使用部分の専用使用を認められている組合員の承諾を得なければならない。この場合において，その組合員は正当な理由がなければこれを拒否してはならない。

9　第3項第三号に掲げる事項の決議を行うには，あらかじめ当該組合員又は占有者に対し，弁明する機会を与えなければならない。

10　総会においては，第43条第1項によりあらかじめ通知した事項についてのみ，決議することができる。

第5節　理事会　【略】

第7章　会　計　【略】

第8章　雑　則

第66条（義務違反者に対する措置）　区分所有者又は占有者が建物の保存に有害な行為その他建物の管理又は使用に関し区分所有者の共同の利益に反する行為をした場合又はその行為をするおそれがある場合には，区分所有法第57条から第60条までの規定に基づき必要な措置をとることができる。

附則・別表　【略】

5　先取特権・質権

(1)　先取特権

先取特権は，ある特定の債権につき法律により優先弁済効が付与されたものである（303条）。民法には，一般先取特権として4種（306条），動産先取特権として8種（311条），不動産先取特権として3種（325条）が定められている。

(ⅰ)　一般先取特権

一般先取特権は，債務者の総財産を目的とするものである。そのなかに含まれる不動産については，登記をしていない限り第三者に対抗することができない（336条ただし書）。Material①は，雇用関係の先取特権（308条）の登記記載例である。

(ⅱ)　不動産先取特権

不動産先取特権は，特定の不動産を目的とするものである。不動産先取特権の登記は，対抗要件ではなく，効力を保存するための要件とされている（337条・338条・340条）。

Material②は，不動産工事先取特権の登記記載例である。この登記は工事を始める前にしなければならない（338条）ため，建物新築工事の先取特権では，いまだ存在しない建築予定建物につき表題部が作成されたうえで，先取特権保存の登記がされる。もっとも，工事開始前の段階で，先取特権登記について注文者の協力を得ることは困難であり，そのため，不動産工事先取特権はほとんど利用されていない。

➡ ① 雇用関係の先取特権保存の登記記載例

権　利　部　（乙区）		（所 有 権 以 外 の 権 利 に 関 す る 事 項）	
順位番号	登　記　の　目　的	受付年月日・受付番号	権 利 者 そ の 他 の 事 項
1	一般の先取特権保存	令和○年○月○日 第○○○○○号	原因　令和○年○月から同年○月までの給与債権の 　　　先取特権発生 債 権 額　金○○万円 債 務 者　○○市○○町……　甲山株式会社 先取特権者　○○市○○町……　乙川丙男

➡ ② 建物新築工事における不動産先取特権保存の登記記載例

ここに示した表題部の記載例は，建物が完成した時点における状態を表す。先取特権保存登記の時点での【種類】～【床面積】の記載は，建物完成時に抹消され，新築されたことを示す記載がされる。

表　題　部	（主である建物の表示）	調製	令和○年○月○日		不動産番号	○○○○○○○○

① 種類	② 構造	③ 床　面　積　　　㎡		権 利 者 そ の 他 の 事 項
居宅	木造かわらぶき平屋根		64 00	原因　種類，構造及び床面積は設計書による 　　　［令和○年○月○日］
居宅	木造かわらぶき平屋根		64 00	原因　令和○年○月○日新築 　　　［令和○年○月○日］
所 有 者	○○市○○町○○……　　春 川 夏 子			

権　利　部　（乙区）		（所 有 権 以 外 の 権 利 に 関 す る 事 項）	
順位番号	登　記　の　目　的	受付年月日・受付番号	権 利 者 そ の 他 の 事 項
1	不動産工事先取特権保存	令和○年○月○日 第○○○○号	原因　令和○年○月○日新築請負の先取特権発 生工事費用予算額　金○○○万円 債務者　○○市○○町二丁目…… 　　　　春 川 夏 子 先取特権者　○○市○○町四丁目…… 　　　　秋冬建設株式会社

権　利　部　（甲区）		（所 有 権 に 関 す る 事 項）	
順位番号	登　記　の　目　的	受付年月日・受付番号	権 利 者 そ の 他 の 事 項
1	登記義務者表示		原因　不動産工事の先取特権保存の登記により登記 ○○市○○町二丁目…… 　　　　春 川 夏 子

(2) 質　権

　質権とは，債権者が債権の担保として債務者
または第三者より受け取った物を占有し，債権
が弁済されないときには，この物から優先弁済
を受けられるという，約定担保物権である（342
条）。譲渡可能なものであれば，動産，不動産，
債権その他の財産権のすべてを目的とすること
ができる（343条）。質権は，抵当権とは異なり，
優先弁済的効力のほか留置的効力を有する点に
特徴がある（ただし，不動産質と権利質における留
置的効力は限定的なものにとどまる）。

(i)　不動産質

　不動産質権の対抗要件は登記である。民法上
では，不動産質権者は，目的不動産の使用収益
ができる一方（356条），管理費用など目的不動
産に関する負担を負い（357条），被担保債権の
利息を請求できない（358条）とされている。
もっとも，これらの事項につき当事者は設定行
為で別段の定めができる（359条）。下の登記記
載例（Material ①）では，質権者が目的不動産
を使用収益しないものとするかわりに，利息と
損害金について特約がされている。

➡ ① 不動産質の登記記載例

権　利　部　（乙　区）　　（所　有　権　以　外　の　権　利　に　関　す　る　事　項）			
順位番号	登　記　の　目　的	受付年月日・受付番号	権　利　者　そ　の　他　の　事　項
1	質権設定	令和○年○月○日 第○○○○○号	原因　令和○年○月○日金銭消費貸借同日設定 債権額　金○○万円 存続期間　令和○年○月から5年 利　　息　年 4.6 % 損害金　年 15 % 特　　約　質権者は使用収益をしない 債務者　○○市○○町……　甲山戌男 質権者　○○市○○町……　丙川花子

(ii)　債権質

　有体物以外の財産権を担保目的にで
きる，民法上唯一の制度が権利質であ
る。債権質は権利質の代表例であり，
民法でも権利質に関しては債権質を中
心に規定がされている。

　証券的権利に対する場合を除き（520
条の17・520条の20等参照），債権質の設
定に際して証書の交付は求められてい
ない。

　第三者対抗要件は，確定日付ある証
書による，設定者から第三債務者への
通知または第三債務者の承諾である
（364条。Material ②中の第2条参照）。

　債権質権者は，被担保債権額の範囲
で，第三債務者から直接取り立てるこ
とができる（366条2項。Material ②中の
第3条参照）。

売掛金債権質設定契約書

令和○年○月○日

　○○○○（以下，「甲」とする。）と○○○○（以下，「乙」とする。）の間で，
次のとおり債権質設定契約を締結する。

第1条（質権設定）　乙は，甲乙間における平成○○年○○月○○日付金銭消費
　貸借契約に基づく債務の履行を担保するため，乙が有する下記の債権（以下「質
　入債権という）の上に，甲のために質権を設定した。
記
　　債権者　　　乙
　　債務者　　　○○○○（以下「丙」という。）
　　債権額　　　金○○○○円
　　弁済期　　　令和○年○月○日
　　債権発生原因　乙丙間の平成○年○月○日以降の鋼材取引により，乙が丙
　　　　　　　　　に対して有する売掛金残債権

第2条（質権設定通知）　乙は，質入債権の第三債務者丙に対し，本契約締結
　後遅滞なく質権設定を通知するか，またはその承諾を得なければならない。
2　前項の通知または承諾は，確定日付ある証書をもって行うものとする。

第3条（直接取立）　甲は，自己の債権額に対応する金額に限り，質入債権の第
　三債務者丙から直接取り立て，自己の債権の弁済に充当することができる。
2　前項の場合，質入債権が未だ弁済期にないときは，甲は，丙に対し弁済金額
　を供託させることができる。

質権設定通知書

　当社（乙）が貴社（丙）に対して有する下記表示の債権は，令和○年○月○日，
○○○○（甲）に対して質権を設定しましたので，ご通知いたします。

債権の表示（略）

令和○年○月○日

住所　氏名　○○○○（乙）

住所　氏名　○○○○（丙）　殿

⬆ ② 債権質設定契約書，質権設定通知書

5

先取特権・質権

48

6 抵 当 権

(1) 抵当権とその設定

抵当権は，債務者または第三者が占有を移さずに債務の担保に供した不動産から優先弁済を受けられる権利である（369条）。

(i) 抵当権設定契約

抵当権設定契約においては，まず，担保される債務の内容が明らかにされる（Material ①中の第1条）。契約書には，このほか，抵当物件の保全（同第3条）や任意処分（同第5条）等の条項が入れられるのが通例である。

(ii) 抵当権設定登記

契約書と登記申請書（Material ②）を対比すれば分かるように，抵当権設定契約書中に定め

られた条項のうち，登記されるのは，契約書の第1条にあたる部分（弁済期日を除く）でしかない。そのため，たとえば契約書第3条の抵当不動産に対する処分の制限は登記事項ではないため，第三者にこの特約の存在を主張することはできない。設定者がこれに反して第三者に抵当不動産を売却しても，売買は有効となる。

なお，この登記申請書による登記の記載は，後掲(2) Material ①の1番抵当権のようになる。

(iii) 増担保
<ruby>増<rt>まし</rt></ruby>担保

担保目的物の価値が低下し担保不足が生じた場合には，担保権者は債務者に対して別の担保の提供を求めることができる（Material ①の第4条参照）。増担保の結果として共同抵当が生ずることがある（後掲(3) Material ①参照）。

抵当権設定契約書

第1条（抵当権設定） 刈入鯛造（以下，「甲」という。）は，樫付益夫（以下，「乙」という。）に対する下記債務の履行を担保するため，甲の所有する後記不動産（以下，「本件不動産」という。）の上に，乙のため，順位1番の抵当権を設定する。
（債務の表示）
 金 額 元本金50,000,000円
 返済期 令和4年3月6日
 利 息 年5.0パーセントの割合（年365日の日割計算）
 損害金 年9.0パーセントの割合（年365日の日割計算）

第2条（登記義務） 甲は，本契約締結後，直ちに，前条の抵当権設定につき登記申請手続を行い，登記が完了した時は，すみやかにその不動産登記事項証明書を甲に交付する。

第3条（抵当物件の処分・変更の禁止） 甲は，本件不動産の現状を変更し，譲渡し，または第三者のために権利を設定しない。ただし，乙の書面による事前の承諾を得た場合はこの限りではない。

第4条（増担保，代担保） 甲は，本件不動産が滅失・損傷もしくはその価格が下落しまたはそのおそれがある場合は，甲は，乙の指示に従い，増担保もしくは代担保を差し入れ，または第1条の借入金債務の全部もしくは一部を弁済するものとする。

第5条（任意処分） 乙は，甲が上記債務の弁済を怠った場合には，競売手続によることなく，適当な方法により本件不動産を処分し，その取得金から諸費用を差し引いた残額を第1条の借入金債務の弁済に充当することができる。この場合，甲は，乙からの請求により必要な書類を準備の上，乙に交付する。

　令和2年3月6日

　　　　　　　　　　　　設定者（甲） 刈 入 鯛 造 ㊞
　　　　　　　　　　　　抵当権者（乙） 樫 付 益 夫 ㊞

　　不動産の表示 　（略）

← ① 抵当権設定契約書

登 記 申 請 書

登記の目的 抵当権設定
原 因 令和2年3月6日金銭消費貸借同日設定
債 権 額 金50,000,000円
利 息 年5.0パーセント
損 害 金 年9.0パーセント
債 務 者 愛媛県松山市大門町4番
　　　　　　　　刈 入 鯛 造
抵 当 権 者 愛媛県松山市招福町二丁目12番地
　　　　　　　　樫 付 益 夫
設 定 者 愛媛県松山市大門町4番地
　　　　　　　　刈 入 鯛 造
添付書類
　登記原因証明情報　登記識別情報　印鑑証明書　代理権限証書

☑ 登記識別情報の通知を希望しません。

令和2年3月10日申請　松山地方法務局

申請人兼義務者代理人　愛媛県松山市大門町4番地
　　　　　　　刈 入 鯛 造 ㊞
　　　　連絡先の電話番号00−0000−0000

課 税 価 格 金50,000,000円
登録免許税 金200,000円
不動産の表示
　不動産番号　1234567890123
　所 在　松山市大門町
　地 番　4番
　地 目　宅地
　地 積　543.21平方メートル

↑ ② 抵当権設定登記申請書

(2) 抵当権の処分・移転

a 抵当権の処分

抵当権者は，その抵当権を他の債権の担保とし（転抵当），または，同一の債務者に対する他の債権者のため，その抵当権もしくはその順位を譲渡・放棄することができる（376条1項）。

なお，複数抵当権者の合意のもと，これら抵当権の順位を変更することもできる（374条1項）。

b 抵当権移転の登記

債権が譲渡されると，それに伴って抵当権も移転する（随伴性）。債権が一部譲渡された場合は，抵当権は，はじめの抵当権者と譲受人との準共有となる。

なお，債権が保証人によって弁済されると，保証人は抵当権者に代位するので（499条），抵当権は保証人に移転する。一部につき代位弁済された場合は，抵当権は準共有される（502条）。

➡ ①「転抵当」と「抵当権の譲渡」の乙区登記記載例
1番抵当権について転抵当が，2番抵当権について抵当権の譲渡がされている。

順位番号	登 記 の 目 的	受付年月日・受付番号	権 利 者 そ の 他 の 事 項
1	抵当権設定	令和2年3月10日第1345号	原因　令和2年3月6日金銭消費貸借同日設定 債権額　金5,000万円 利　息　年5% 損害金　年9% 債務者　【住所略】刈入鋼造 抵当権者【住所略】樫付益夫
付記1号	1番抵当権転抵当	令和2年6月3日第1346号	原因　令和2年6月1日金銭消費貸借同日設定 【中略】 転抵当権者　【住所略】天童大造
2	抵当権設定	令和3年5月6日第13453号	原因　令和3年5月1日金銭消費貸借同日設定 【中略】 抵当権者　【住所略】双丘二郎
付記1号	1番抵当権譲渡	令和3年8月10日第19821号	原因　令和3年7月5日金銭消費貸借 令和3年8月4日譲渡 【中略】 受益者　【住所略】丙山譲二

➡ ②「抵当権の順位の譲渡」の乙区登記記載例
1番抵当権者が3番抵当権者のために順位を譲渡している。

順位番号	登 記 の 目 的	受付年月日・受付番号	権 利 者 そ の 他 の 事 項
1	抵当権設定	令和2年3月10日第17434号	原因　令和2年3月6日金銭消費貸借同日設定 【中略】 抵当権者　【住所略】樫付益夫
付記1号	1番抵当権の3番抵当権への順位譲渡	令和4年5月2日第2136号	原因　令和4年5月2日順位譲渡
2	抵当権設定	令和2年6月19日第13453号	原因　令和2年6月17日金銭消費貸借同日設定 【中略】 抵当権者　【住所略】双丘二郎
3 (1付)	抵当権設定	令和3年8月27日第13453号	原因　令和3年8月27日金銭消費貸借 【中略】 抵当権者　【住所略】三宮参司

➡ ③ 抵当権移転の乙区登記記載例
1番抵当権については，被担保債権が全部譲渡されたことに伴う抵当権移転が，2番抵当権については，被担保債権の一部が代位弁済されたことに伴いその一部移転がされている。

順位番号	登 記 の 目 的	受付年月日・受付番号	権 利 者 そ の 他 の 事 項
1	抵当権設定	令和2年3月10日第1334号	原因　令和2年3月6日金銭消費貸借同日設定 債権額　金5,000万円 【中略】 抵当権者【住所略】樫付益夫
付記1号	1番抵当権移転	令和2年7月3日第19821号	原因　令和2年6月15日債権譲渡 譲渡額　金5,000万円 権利者　【住所略】雨宮次郎
2	抵当権設定	令和3年2月12日第13453号	原因　令和3年2月10日金銭消費貸借同日設定 債権額　金1,000万円 【中略】 抵当権者　【住所略】南雲三郎
付記1号	2番抵当権一部移転	令和4年4月1日第12345号	原因　令和4年3月29日一部代位弁済 弁済額　金6,000万円 権利者　【住所略】晴山市蔵

(3) 共同抵当

同一の債権を担保するために2つ以上の不動産の上に設定された抵当権を，共同抵当という。

共同抵当の登記は，目的物それぞれの登記において，これと共同抵当関係にある他の不動産が存する旨の記載がされる。そして，その登記を管轄する登記所に共同担保目録が備えられ，

ここに共同抵当の目的不動産の権利関係がすべて記載される（不登83条2項）。

異時配当の場合には，先に代価の配当がされた不動産の後順位担保権者は，同時配当のときに共同抵当権者が他の不動産の代価から弁済を受けるべき金額を限度として，その抵当権者に代位し抵当権を行使できる（392条2項）。この代位は付記登記により公示される（393条）。

➡ ① 共同抵当の乙区登記記載例

この例では，はじめに「13番地」に抵当権が設定された後，「16番地」にも同じ被担保債権の抵当権が設定され，共同抵当となっている（このとき「13番地」の抵当権には，共同抵当となったことを示す付記登記がされる）。

「13番地」の抵当権が実行され不動産競売されると，その上の抵当権は消滅し（抹消を示す下線が引かれる），それに伴い「16番地」の共同抵当につき，392条2項の代位の付記登記がされる。

「志摩市大越13番地の土地」の登記

順位番号	登 記 の 目 的	受付年月日・受付番号	権 利 者 そ の 他 の 事 項
1	抵当権設定	平成28年3月11日 第1345号	原因 平成28年3月4日金銭消費貸借同日設定 債権額 金5,000万円 利 息 年5% 債務者 【住所略】石 嶺 岩 雄 抵当権者 【住所略】市 川 一 郎
付記1号	1番抵当権担保追加	平成28年6月3日 第1346号	原因 平成28年3月4日金銭消費貸借同日設定 共同担保 目録(あ)第23242号 平成28年6月3日付記
2	抵当権設定	平成29年1月20日 第13453号	原因 平成29年1月18日金銭消費貸借同日設定 債権額 金3,000万円 利 息 年6% 債務者 【住所略】石 嶺 岩 雄 抵当権者 【住所略】及 川 二 郎
3	1番抵当権抹消	平成30年3月22日 第22535号	原因 平成30年3月22日競売による売却
4	2番抵当権抹消	平成30年3月22日 第22536号	原因 平成30年3月22日競売による売却

「志摩市大越16番地の土地」の登記

順位番号	登 記 の 目 的	受付年月日・受付番号	権 利 者 そ の 他 の 事 項
1	抵当権設定	平成28年6月3日 第1345号　　　　第1346号	原因 平成28年3月4日金銭消費貸借同日設定 債権額 金5,000万円 利 息 年5% 債務者 【住所略】石 嶺 岩 雄 抵当権者 【住所略】市 川 一 郎 共同担保 目録(あ)第23242号
付記1号	1番抵当権代位	平成30年3月26日 第1345号	原因 平成30年3月22日民法第392条第2項による代位 競売不動産 志摩市大越13番地の土地 競売代金 金6,000万円 弁済額 金6,000万円 被担保債権 平成29年1月17日金銭消費貸借 債権額 金3,000万円 利息 年6% 損害金 年9.5% 債務者 【住所略】石嶺岩雄 代位者 【住所略】及川二郎

↘ ② 共同担保目録

「番号」欄には，共同担保目録に記載した順序が記載されている。「担保の目的たる権利の表示」欄には，共同担保の目的たる不動産の表示が記録される。「順位番号」は，登記簿に記載されている順位番号である。

共 同 担 保 目 録				
記号および番号	(あ) 第23242号		調 製	平成28年6月3日
番号	担保の目的である権利の表示	順位番号	予 備	
1	志摩市大越13番地の土地	1	余 白	
2	志摩市大越16番地の土地	1	余 白	

II

物
権

⑷ 根抵当権

根抵当権とは，一定の範囲に属する不特定の債権を極度額の限度において担保する抵当権である（398条の2）。根抵当権の被担保債権額は変動していくが，実行時には被担保債権が具体的に決定される必要がある（根抵当権の確定。398条の19・398条の20）。

根抵当権の設定（Material①参照）の際に定められる極度額，債権の範囲，債務者は絶対的登記事項である（不登83条1項・88条2項）。元本の確定期日は約定されなくともよいが，約定されていれば登記する必要がある。

被担保債権の範囲や債務者，元本確定期日は元本確定までの間，また極度額は元本確定後にも，変更をすることができる（398条の4〜398条の6）。下の登記記載例（Material③）では極度額が後に変更されている（Material②参照）。

元本確定前の根抵当権の処分については，特別の規定がおかれている（398条の11〜398条の13）。登記記載例では，極度額1億5000万円の根抵当権が，極度額が1億円と5000万円の2つの根抵当権に分割され，後者が譲渡される「分割譲渡」（398条の12第2項）がされている。

↓ ① 根抵当権設定契約書

根抵当権設定契約書

債権者株式会社秋冬フーズ（以下「甲」という。）と債務者兼担保提供者春川食品株式会社（以下「乙」という。）は，次のとおり契約を締結した。

第1条（根抵当権の設定）　甲に対する債務を担保するため，乙はその所有する後記不動産に，次の根抵当権を設定する。

　　極度額　　　　金　1億2,000万円也
　　被担保債権の範囲
　　　甲乙間の平成25年1月18日商品販売契約により甲が取得する手形債権および小切手債権

第2条（登記義務）　乙は，本契約締結後，直ちに，甲と共同して根抵当権設定登記を申請するものとし，これに要する一切の費用は乙の負担とする。

（以下略）

↓ ② 根抵当権極度額変更契約書

根抵当権極度額変更契約書

　　　　　　　　　根抵当権者（甲）株式会社秋冬フーズ
　　　　　　　　　根抵当権設定者（乙）春川食品株式会社

第1条　甲乙間の平成25年1月18日根抵当権設定契約による別紙物件目録記載の不動産に関する根抵当権（平成25年1月19日○○法務局受付第1345号により登記済）の極度額金1億2000万円を金1億5000万円に増額変更する。

第2条　乙は，甲に対し本契約締結後遅滞なく前条に基づく変更登記手続をその費用において行うものとする。

（以下略）

↓ ③ 根抵当権乙区登記記載例

権　利　部　（乙区）　　（所　有　権　以　外　の　権　利　に　関　す　る　事　項）			
順位番号	登　記　の　目　的	受付年月日・受付番号	権　利　者　そ　の　他　の　事　項
1（あ）	根抵当権設定	平成25年1月18日 第1345号	原因　平成25年1月18日設定 極度額　金1億2,000万円 債権の範囲　手形債権　小切手債権 債務者　○○市○○町二丁目…… 　　春川食品株式会社 根抵当権者　○○市○○町四丁目…… 　　株式会社秋冬フーズ
付記1号	1番根抵当権変更	平成26年5月9日 第33456号	原因　平成26年5月9日変更 極度額　金1億5,000万円
付記2号	1番（あ）根抵当権変更	余　白	極度額　金1億円 分割譲渡により平成30年4月20日付記
1（い）	1番根抵当権分割譲渡	平成27年12月1日 第28223号	原因　平成30年4月20日分割譲渡 （根抵当権の表示） 平成30年4月20日受付第4500号 原因　平成30年4月20日設定 極度額　金5,000万円 債権の範囲　銀行取引 確定期日　平成30年2月1日 債務者　○○市○○町二丁目…… 　　春川食品株式会社 根抵当権者　○○市○○町四丁目…… 　　株式会社秋冬フーズ
付記1号	1番（い）根抵当権元本確定	令和2年2月3日 第14565号	原因　令和2年2月1日確定

(5) 抵当権の実行1——担保不動産競売

抵当権者は，被担保債権が債務不履行となった場合，目的物を換価処分し，あるいは目的物からの収益を収取することを通じて優先弁済権を実現することができる（抵当権の実行）。

抵当権の実行方法として最も一般的なのは，執行裁判所のすすめる競売手続によって目的物を売却し，その売却代金から優先弁済を受けるという「担保不動産競売」である。

担保不動産競売の手続は，民事執行法に規定されているが，その具体的内容については，基本的には強制競売の規定が準用される形となっている（民執188条）。以下で概観していこう。

（i）不動産競売申立て

抵当権者が担保不動産競売の申立てをするには，申立書（Material ①）や，抵当権の存在を証する文書その他添付書類を目的物所在地を管轄する地方裁判所（執行裁判所）へ提出しなければならない。抵当権の存在を証する文書（法定文書）としてはいくつかのものがあるが（民執181条1項），一般的なのは，抵当権登記に関する登記事項証明書である。

（ii）競売開始決定

執行裁判所は，申立てを適法なものと認める

↓ 担保不動産競売手続の概要

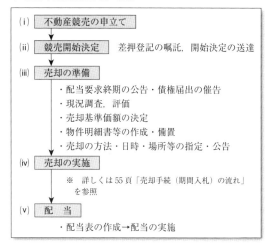

ときは，不動産執行を始める旨および目的不動産を差し押さえる旨を宣言する「競売開始決定」を行う（同45条。Material ②）。

開始決定がされると，目的不動産の登記簿に差押えの登記がされ，また，債務者および所有者に開始決定正本が送達される。この送達と差押登記のいずれか早い時に差押えの効力が生ずる（同46条）。この効力が生ずると，執行裁判所は配当要求の終期を定め，競売開始決定があった旨とともに公告される（同49条1項）。担保権者や租税債権者には，債権届出の催告もされる（同条2項）。

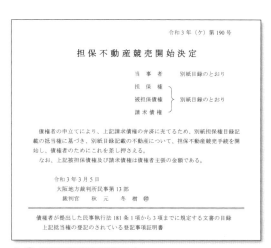

↑ ② 担保不動産競売開始決定

← ① 担保不動産競売申立書

(iii) 売却の準備

競売物件についての調査・評価の結果は，次の３つの書類（いわゆる「３点セット」。Material ③）にまとめられる。

現況調査報告書（③-1）は，物件の現況（土地の現況地目や建物の種類・構造など），不動産を占有する者の氏名やその者の占有権原の有無など，執行官が物件を現地調査した結果を記載したもので，物件の写真などが添付される。

評価書（③-2）は，物件の評価額とその算出過程，周辺環境の概要や公法上の規制などを評価人が記載したもので，物件の図面などが添付される。

物件明細書（③-3）は，土地か建物だけが買い受けられたときに成立する法定地上権の有無や，買受人が負担すべき賃借権などの有無，物件の占有関係など，買受けの参考となる事項を裁判所書記官が記載したものである。

執行裁判所は，現況調査報告書等により事実関係や権利関係を審査しつつ，評価書に記載された評価人の評価を基礎として不動産の売却の基準となるべき価額（売却基準価額）を定める。

➡ ③-1 現状調査報告書（右上）

↘ ③-2 評価書（右下）

↓ ③-3 物件明細書

令和 ２年（ケ）第 ○○○号

物 件 明 細 書

令和 ２年 ６月 10 日
東京地方裁判所民事第 21 部
裁判所書記官 ○○○○

1 不動産の表示
【物件番号１】
別紙物件目録記載のとおり

2 売却により成立する法定地上権の概要
なし

3 買受人が負担することとなる他人の権利
【物件番号１】
なし

4 物件の占有状況等に関する特記事項
【物件番号１】
○○○○○が占有している。同人の賃借権は抵当権に後れる。ただし，代金納付日から６か月間明渡しが猶予される。

5 その他買受けの参考となる事項
【物件番号１】
本件建物のために，その敷地（地番 16 番 7，地積 110.77 平方メートルの一部約 46.42 平方メートル，所有権□□□□，▲▲▲▲）につき借地権（賃借権）が存する。買受人は，地主らの承諾又は裁判等を要する。

（以下略）

（注）チェック項目中の調査結果は，「■」の箇所の記載のとおり

不 動 産 の 表 示	「物件目録」のとおり
住 居 表 示	東京都足立区本町○丁目○番地

土 　 地	物件 2
現 況 地 目	■宅地(物件 2) □公衆用道路(物件) □ (物件)
形 　 状	□公図のとおり □地積測量図のとおり □建物図面(各階平面図)のとおり ■土地建物位置関係図のとおり
占 有 者 及 び 占 有 状 況	■土地所有者 □その他の者 上記の者が本土地上に下記建物を所有し，占有している □「占有者及び占有権原」のとおり
下記以外の建物 (目的外建物)	■ない □ある（詳細は「目的外建物の概況」のとおり）
その他の事項	

建 　 物	物件 1
種類，構造及び 床面積の概略	■公簿上の記載とほぼ同一である □公簿上の記載と次の点が異なる 　□種 類： 　□構 造： 　□床面積：
物件目録にない 附属建物	■ない ┌ 種 類： □ある ─┼ 構 造： 　　　　 └ 床面積：
占 有 者 及 び 占 有 状 況	□建物所有者 ■その他の者 上記の者が本建物を店舗・共同住宅として使用している ■「占有者及び占有権原」のとおり

（以下略）

関係人の陳述等	
陳 述 者	陳 述 内 容 等
○○○○ (建物占有者)	1 本件建物は私が賃借し，居住しています。 2 建物の不具合はありません。 （令和 2 年 3 月 26 日に面談聴取）
□□□□ (土地共有者)	1 今日病院から退院して，照会書を見ました。土地賃貸借契約書を探してみますが，△△△△は，記憶がありません。○○○○さんとは，借地契約の更新の話がありましたが，更新契約はせずに結局そのままとなっていると思います。 （令和 2 年 4 月 7 日電話聴取）

（以下略）

執行官の意見
1 本件対象物件の状況は，建物間取図，添付写真のとおりである。 2 ライフライン調査，関係人の陳述及び現場の状況から本件建物は，○○○○が居宅として使用し，占有していると認めた。占有権原は賃借権と思われる。 3 建物所有者会代表者によると，△△△△が所有である○○○○の関係会社のため，貸主の代理として建物賃貸借契約を締結しているとのことである。 4 占有者は建物の不具合は無いと述べた。

（以下略）

評 価 書

評価人 不動産鑑定士
○ 　○ 　○ 　○ 　○

第１ 評価額

一 括 価 格	
金	15,260,000 円

内 訳 価 格		
物件 1	金	5,190,000 円
物件 2	金	10,070,000 円

① 一括価格は，物件 1，2 の各不動産について，一括売却（民事執行法 61 条本文）を行うことを前提とした場合の合計価格である。

② 内訳価格は，配当等の判断のために一括価格の内訳として算出した価格である。

③ 物件 1 の土地の内訳価格は物件 2 の建物のための敷地利用権等価格を控除した価格であり，物件 2 の価格は当該敷地利用権付建物としての価格である。

第２ 評価の条件 【略】

第３ 目的物件 【略】

第４ 目的物件の位置・環境等

1 対象土地の概況及び利用状況等（物件 1）

位置・交通	地下鉄桜通線「野並」駅東方約○○○m（道路距離）
付近の状況	低層の一般住宅を中心とする閑静な住宅地域
主な公法上の 規制等	都市計画区分	市街化区域
	用途地域	第１種低層住居専用地域
	建ぺい率	50％など

（以下略）

執行裁判所は，売却すべき不動産の表示や売却の方法，売却基準価額等を公告する（Material④）。売却の方法については，裁判所が定めた期間内に入札を受け付け，後日開札を行って落札者を決める「期間入札」が一般的である。

買受希望者を募るべく，各地方裁判所では，競売物件の3点セットの写しが入札期間の始まる1週間前までに備え置かれ，誰でも閲覧できるようになっている。なお，競売物件情報は，不動産競売物件情報サイト（BIT）（Material⑤）において公開されており，3点セットもダウンロードすることができる（個人が特定される情報等を除く）。

買受希望者としては，これら執行裁判所が提供する不動産競売物件情報のほか，登記所で権利関係を調査し，また現地に赴いて自らの目で物件を確認するなどして，入札の手続にすすむこととなる。

↑ ④ 期間入札の公告（下は「別紙物件目録」）

↓ 売却手続（期間入札）の流れ

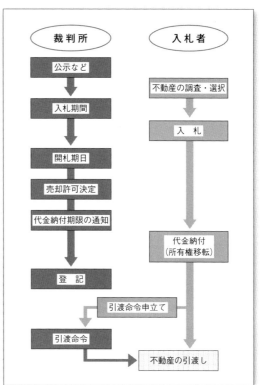

↓ ⑤ 不動産競売物件情報サイト（BIT）
（上はトップページ，下は検索結果の画面）

（URL　http://bitsikkou.jp/app/top/pt001h01/）

⒤ 売却の実施

買受希望者は，入札書（Material ⑥）や暴力団員等に該当しない旨の陳述書に必要事項を記入した上で封筒に入れて封をし，所定の期間内に，執行官に直接差し出すか，郵送するかの方法で入札をする。入札価格は，公告に記載された買受可能価額以上でなければならない。入札の際には，買受申出の保証金（通常は売却基準価額の20％）を提供することが必要となる。

入札期間経過後，開札期日に裁判所内の開札場で開札が行われ，最も高い金額で入札した人（最高価買受申出人）が買い受ける権利を取得する。それ以外の入札人の保証金は返還される。

最高価買受申出人等に売却を許可する執行裁判所の決定が確定し，期限までに買受人が代金を納付すると，不動産は買受人の所有となる。

所有権を取得した買受人は，不動産を占有している者に対して引渡しを求めることができる。任意の引渡しがされない場合は，引渡命令の申立てをして，裁判所により占有者等を強制的に立ち退かせる方法をとることができる。

⒱ 配　当

売却代金が納付されると，執行裁判所は，配当期日を定め，配当を受けるべき各債権者に対して，債権の元本や利息等を記載した債権計算書を提出するよう催告する。

配当期日には，配当を受けるべき債権者および債務者が呼び出される。そして配当表（Material ⑦）が作成され（民執85条），これにしたがって売却代金の配当が実施される。

↑ ⑥ 入札書

↑ 期間入札における開札の模様（模擬）

入札箱（写真中央）には，開札期日を同じくする複数の競売物件の入札書が封筒に入れられた状態で入っている。開札期日には，執行官の主導により裁判所にある売却場で入札箱が開けられ，入札書が物件ごとに仕分けされたうえで，記載された価額が確認される。

↓ ⑦ 配当表

⒱ 不動産競売後の登記

下に掲げた **Material** ⑧は，担保不動産競売後の登記の例である。これをみると，抵当権の設定から実行による買受人への所有権移転までの流れをたどることができる。

平成23年4月2日に，この土地に抵当権が設定されている（乙区1番）。そして，この抵当権につき不動産競売がされ，平成27年5月30日，競売開始決定による差押えがされている（甲区2番）。そして不動産競売による売却が同年9月30日にされ，買受人への所有権移転（甲区3番）と，抵当権の抹消（乙区2番・乙区1番の下線），差押えの抹消（甲区4番・甲区2番の下線）がそれぞれ登記されている。

⒲ 法定地上権

同一人が所有する土地とその上の建物の一方または双方に抵当権が設定されていて，その実行により異なる所有者になったときは，その建物のために法定地上権が発生する（388条）。

法定地上権を第三者に対抗するためには登記をしなければならない。法定地上権については，裁判所の嘱託により登記できる旨を定めた規定が存在しないので，その登記は，通常の地上権と同様，当事者の申請によりされる。下の登記例（**Material** ⑧）では，乙区の3番に法定地上権の記載がみられる。

↓ ⑧ 抵当権者による担保不動産競売がされたときの登記記載例

権 利 部 （ 甲 区 ） （ 所 有 権 に 関 す る 事 項 ）			
順位番号	登 記 の 目 的	受付年月日・受付番号	権 利 者 そ の 他 の 事 項
1	所有権移転	平成 23 年 4 月 4 日 第 43154 号	原因　平成 23 年 4 月 4 日売買 所有者　○○市○○町二丁目…… 　　　　高 田 一 太 郎
2	差押	平成 27 年 5 月 29 日 第 13225 号	原因　平成 27 年 5 月 29 日横浜地方裁判所競売 開始決定 申立人　○○市○○町四丁目…… 　　　　関南信用金庫
3	所有権移転	平成 27 年 10 月 2 日 第 156440 号	原因　平成 27 年 9 月 30 日競売による売却 所有者　○○市○○町五丁目…… 　　　　鯛 原 勝 夫
4	2 番差押抹消	平成 27 年 10 月 2 日 第 1564414 号	原因　平成 27 年 9 月 30 日競売による売却

権 利 部 （ 乙 区 ） （ 所 有 権 以 外 の 権 利 に 関 す る 事 項 ）			
順位番号	登 記 の 目 的	受付年月日・受付番号	権 利 者 そ の 他 の 事 項
1	抵当権設定	平成 23 年 10 月 20 日 第 42154 号	原因　平成 23 年 4 月 4 日金銭消費貸借同日設定 債権額　金 3 億 5,000 万円 利　息　年 8.60 %（年 365 日　日割計算） 損害金　年 9.90 %（年 365 日　日割計算） 債務者　○○市○○町二丁目…… 　　　　高 田 一 太 郎 抵当権者　○○市○○町四丁目…… 　　　　関南信用金庫
2	1 番抵当権抹消	平成 27 年 10 月 2 日 第 156442 号	原因　平成 27 年 9 月 30 日競売による売却
3	地上権設定	平成 27 年 12 月 1 日 第 28223 号	原因　平成 27 年 9 月 30 日法定地上権設定 目的　建物所有 存続期間　35 年 地代　1 平方メートル 1 年 3 万円 支払期　毎年 3 月 31 日 地上権者　○○市○○町二丁目…… 　　　　高 田 一 太 郎

↓ ⑨ 担保不動産収益執行開始決定にかかる差押えの登記記載例（詳しくは後出⑹を参照）

権 利 部 （ 甲 区 ） （ 所 有 権 に 関 す る 事 項 ）			
順位番号	登 記 の 目 的	受付年月日・受付番号	権 利 者 そ の 他 の 事 項
1	所有権移転	平成 23 年 10 月 20 日 第 42154 号	原因　平成 23 年 4 月 4 日売買 所有者　○○市○○町二丁目…… 　　　　高 田 一 太 郎
2	差押	平成 27 年 6 月 3 日 第 33567 号	原因　平成 27 年 5 月 29 日横浜地方裁判所担保 不動産収益執行開始決定 債権者　○○市○○町三丁目…… 　　　　関南信用金庫

(6) 抵当権の実行2──担保不動産収益執行など

抵当権の実行には,「担保不動産競売」等によって,目的物を換価処分して得られた金銭から優先弁済を受ける方法のほか,目的物から生ずる収益から優先弁済を受ける方法もある。大規模なテナントビルが目的物になっている場合には,手間や時間のかかる不動産競売による売却をすすめるよりも,継続的に生ずる賃料を収取して優先弁済を得るほうが抵当権者にとって便宜なこともある。そのための手続として,2003(平成15)年に新たに創設されたのが「担保不動産収益執行」(民執180条2号)である。なお,賃料については,物上代位権の行使によっても収取することができる。

(i) 担保不動産収益執行手続

①申立て　抵当権者は,申立書とともに,不動産登記事項証明書,公課証明書,資格証明書や申立手数料(担保権1個につき4000円)を提出し,申立てを行う(Material ①)。このとき予納金の支払も求められる(民執14条)が,その額は,管理費等,開始決定後3か月程度の間に必要となる額を想定して裁判所が決定する(最低でも100万円程度となる)。

②開始決定　申立てを受けた執行裁判所が担保不動産収益執行開始決定をすると(Material ②),担保権者のために不動産を差し押さえる旨が宣言され,債務者(所有者)に対しては収益の処分を禁止する旨が,また,債務者に賃料等を払っていた賃借人等には以後これを管理人に支払うべき旨が命じられる(同93条1項)。開始決定発令後は,申立債権者へ告知がされるとともに,ただちに登記がされ(同111条・48条。前出(5)Material ⑨参照),また,開始決定が所有者や賃借人等(給付義務者)へ送達される。

③管理人　執行裁判所は,開始決定と同時に管理人を選任する(民執94条1項)。管理人は,不動産の管理および収益の収取・換価の権限を有する(同95条1項)。ここにいう管理には,既存の賃貸借契約の解除や新たな賃貸借契約の締

結も含まれ,さらに,債務者の占有を解いて自ら占有することもできる(同96条1項)。

④配当　管理人は,賃借人から受け取った賃料を配当する(民執107条1項)。配当に充てられる金銭は,収益から不動産に対する公租公課や管理人報酬その他の必要費用を控除したものとなる(同106条1項)。配当要求ができるのは,強制管理や担保不動産収益執行の申立てをした者のほか,配当要求をした者等である(同107条4項)。債権者間で配当につき協議が調わなかったときは,裁判所により配当が実施される(同107条3項5項・109条)。

↓ ① 担保不動産収益執行申立書

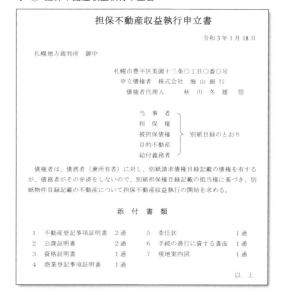

↓ ② 担保不動産収益執行開始決定

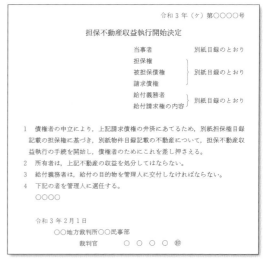

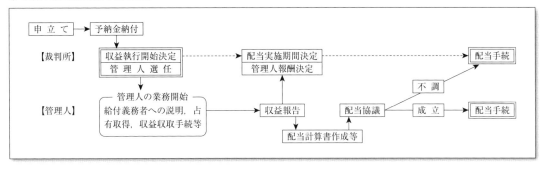

(ii) 物上代位

　抵当権は，目的物に対するだけでなく，その目的物の売却，賃貸，滅失または損傷によって，債務者が受けるべき金銭等に対しても行使することができる（372条・304条）。賃料に対する抵当権者の物上代位権行使については，抵当目的物の使用収益権限が設定者にあるため問題視されたりもしたが，現在は，担保不動産収益執行と並んで，抵当権者が収益から優先弁済を受けるためにとりうる実行手続の1つとして位置づけられるようになっている。

　物上代位では，払渡し前の差押えが要件とされている（304条1項ただし書）。したがって，抵当権者が物上代位権を行使するためには，裁判所に債権差押命令の申立てをしなければならない。申立てには申立書（Material③），不動産登記事項証明書，資格証明書，申立手数料（担保権1つにつき4000円）等が必要となる。なお，申立てのときには，債権（抵当権）者，債務者および第三債務者の宛名書きをした封筒の提出も求められる。裁判所が債権差押命令（Material④）を発令すると，この封筒によって，債務者および第三債務者には差押命令の送達がされ，債権（抵当権）者には差押命令送達の通知書が送付される。

　債務者に債権差押命令が送達された日から1週間経過すると取立権が発生し，差押債権者は送達通知書を持参して，第三債務者から差押えの額の範囲内で取立てを行えるようになる。

↓ ③ 債権差押命令申立書，別紙・債権差押目録

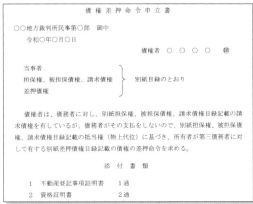

↓ ④ 債権差押命令

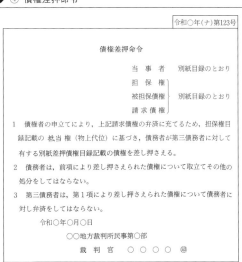

7　非典型担保

(1)　譲渡担保

取引実務は，民法に規定された担保物権以外にも，種々の非典型担保を生み出してきた。そのうち譲渡担保とは，債務者（または第三者）が所有する財産を債権者に移転させる方法で担保の目的を達するものである。

(i)　譲渡担保の設定

譲渡担保の設定に際し，不動産の場合は所有権移転登記（登記原因として「譲渡担保」との記載ができる。Material ①参照），動産の場合は引渡し（占有改定でもよい。Material ②の第1条参照）をもって，対抗要件の具備がされるが，債務者等が目的物を使用収益できるとされるのが通例である（契約書中では，使用貸借とされることが多い。Material ②の第2条参照）。

このように，譲渡担保では所有権移転の形式がとられ，債権者が目的物の所有者となっているが，実質的には，債権者は譲渡担保という担保権を有するにすぎず，確定的な所有者の地位は譲渡担保の実行後にしか得られない。

(ii)　譲渡担保の実行

期日までに債務者が債務を弁済すれば，目的物の所有権は再び債務者等に移転する（Material ②の第5条参照）。しかし，債務者が弁済をしないときには，債権者は，目的物の引渡しを受け，これを適正価額で評価したうえで完全に自己の所有物とするか（帰属清算），他に売却処分してその売却代金を債務の弁済にあてる（処分清算）ことができる（Material ②の第4条参照）。被担保債権額が目的物評価額あるいは売却価額を下回る場合，債権者は，その差額を清算金として債務者等に返還しなければ

ばならない。

なお，譲渡担保が実行されるまでの間は，債務者は債務を弁済して目的物を受け戻すことができる。

↓ ① 不動産譲渡担保の登記記載例

（甲区）	（所有権に関する事項）	
登 記 の 目 的	受付年月日・受付番号	権 利 者 そ の 他 の 事 項
所有権移転	令和 ○ 年 ○ 月 ○ 日 第○○○○号	原因　令和○年○月○日譲渡担保 所有者　○○市○○町…… 蝦 原 鯛 造

登記原因が「譲渡担保」とされた場合でも，被担保債権等は記載されない。また，譲渡担保が実行され，譲渡担保権者が確定的に所有権を取得するに至ったときでも，登記上にはそのことが記載されるわけではない。

動産譲渡担保設定契約書

　債権者○○○（以下「甲」という。）と債務者○○○（以下「乙」という。）は、次のとおり譲渡担保設定契約を締結した。

第1条（目的）　乙が、甲に対して負担する、令和○年○月○日付金銭消費貸借契約による元金○万円の債務の存在することを確認し、これを令和○年○月○日限り、元金に対する年○％の利息とともに、甲に持参または送金して支払う。期限後の遅延損害金は年○％とする。

2　乙は、乙の甲に対する前項記載の債務（以下「本債務」という。）の支払を担保するため、その所有する別紙目録記載の工作機械（以下「本物件」という。）を甲に譲渡し、甲は占有改定の方法によりその引渡しを受けた。

第2条（本物件の管理等）　甲は、乙に対し、本物件を第1条の弁済期まで無償で貸与する。

2　乙は、本物件を、通常の営業の範囲で、その用法に従い使用することができる。

3　乙は、甲のために占有し、善良なる管理者の注意をもってこれを保管するとともに、本物件の保存利用に要する諸経費および公租公課を負担する。

4　乙は、物件が滅失もしくは毀損により価値の減少をきたしたときは、直ちにその旨を甲に通知し、甲の指示があり次第、直ちに増担保、代担保の差入れ、もしくは保証人をたて、または本債務の全部もしくは一部を弁済する。

第3条（期限の利益）　乙が下記各号の一にでも該当する場合には、乙は本債務につき当然に期限の利益を失う。

一　本債務の全部または一部の履行をしないとき。

二　差押え、仮差押え、競売の申立て、破産等の申立てがあったとき。

三　手形または小切手を不渡りとしたとき、その他支払停止状態に至ったとき。

四　その他信用状態が悪化し、またはそのおそれがあると甲において認めたとき。

第4条（目的物の処分）　前条の場合、第2条の使用貸借は当然にその効力を失い、乙は甲に対し、直ちに本物件を引き渡さなければならない。

2　前条の場合、甲は、遅滞なく本物件を適当価格をもって、もしくは任意に処分した代金をもって、本債務および諸費用の全部または一部に充当できる。ただし、甲は、剰余金があればこれを乙に返還し、不足があれば乙に請求することができる。

第5条（所有権の移転）　乙が債務を完済したときは、甲は本物件の所有権を乙に移転する。

↑ ② 動産譲渡担保設定契約書式例

(2) 仮登記担保

仮登記担保とは，仮登記・仮登録の順位保全効を利用して金銭債務の担保を図るもので，非典型担保の1つであり，仮登記担保法がこれを規律している。

(i) 仮登記担保の内容と設定契約

仮登記担保では，消費貸借契約に際し，債権者と債務者との間で，代物弁済予約や停止条件付代物弁済契約（貸金債務が期限までに弁済されないときは，弁済に代えて，債務者または第三者が所有する物件の所有権を債権者に移転させる旨）が約定される（Material ①の第1条，仮登記担保法1条参照）。そして，債権者のもつ，将来の所有権移転についての請求権を保全する仮登記がされる（Material ①の第2条参照）。仮登記をしていた債権者は，債務者の不履行を受け所有権移転の本登記をすることにより，優先弁済効を実現できることになる。

(ii) 仮登記担保の実行

債務不履行によって，ただちに代物弁済として所有権移転が生ずるわけではなく，債務者等に清算金の見積額の通知が到達した後2か月が経過して，はじめて所有権移転の効力が生ずる（同法2条。Material ①の第7条1項参照）。

所有権移転により，被担保債権は目的物評価額の限度で消滅し，債権者は本登記と目的物の引渡しを請求できるようになる。目的物の評価額が被担保債権額を上回る場合，債権者はその差額を清算金として債務者に支払わなければなら

ず，債権者の本登記および引渡しの請求権と，清算金支払債務は同時履行の関係に立つ（同法3条2項。Material ①の第7条2項参照）。債務者は，清算金の支払を受けるまでは，債権額に相当する額を債権者に提供して，所有権を受け戻すことができる。

→ ① 仮登記担保（代物弁済予約）契約書式例

仮登記担保設定契約書

　債権者○○○（以下「甲」という。）と債務者○○○（以下「乙」という。）は，次のとおり契約を締結した。

第1条（代物弁済予約）　乙は，甲に対して負担する，令和○年○月○日付金銭消費貸借契約による元金○万円の債務の存在することを確認し，これを令和○年○月○日限り，元金に対する年○％の利息とともに，甲に持参または送金して支払う。期限後の遅延損害金は年○％とする。

2　乙は，甲に対する前項記載の債務（以下「本債務」という。）を弁済期に弁済できないときには，代物弁済として乙所有の別紙記載物件（以下「本物件」という。）の所有権を移転することを予約した。

第2条（仮登記）　乙は，本契約締結後，直ちに，甲のため前条の代物弁済予約を原因とする所有権移転請求権保全の仮登記手続をするものとする。

第3条（担保物の範囲）　第1条の代物弁済予約の効力は，本物件に付合している一切の物，従物にも及ぶ。

第4条（滅失等の通知と増担保）　乙は，物件が滅失もしくは毀損により価値の減少をきたしたときは，直ちにその旨を甲に通知し，甲の指示があり次第，直ちに増担保，代担保の差入れ等に応じなければならない。

第5条（代物弁済予約の実行）　乙が第1条の債務を弁済期において弁済できないときは，甲は乙に対して，代物弁済予約完結の意思表示をするとともに，本物件の評価額，債権額及び清算金額を通知する。

2　本物件の評価額は，甲の選定した不動産鑑定士の鑑定によるものとする。

3　本物件の評価額が債権額を上回るときは，その差額を清算金とし，甲は乙に対してこれを通知する。本物件の評価額が債権額に足りないときは，乙は甲に対して直ちにその差額を支払うものとする。

第6条（抹消登記手続）　前条の通知が乙に到達した日から起算して2か月（以下「清算期間」という。）を経過した日までに，乙が債権額を弁済したときは，甲は乙に対して，第2条の仮登記の抹消登記手続をするものとする。

第7条（本登記手続）　乙が清算期間内に債権額を弁済できなかったときは，乙は甲に対して，清算期間経過後直ちに本物件を引き渡し，かつ第2条の仮登記に基づく所有権移転本登記手続をしなければならない。

2　甲が乙に対して清算金を支払うべきときは，本物件の引渡し及び登記義務の履行と引換えにこれを履行するものとする。

→ ② 仮登記担保設定の登記記載例
　上段は代物弁済予約，下段は停止条件付代物弁済契約による場合である。仮登記がされた時点で，将来，本登記をするための余白が設けられる。

権利部　（甲区）　（所有権に関する事項）			
順位番号	登記の目的	受付年月日・受付番号	権利者その他の事項
1	所有権保存	令和○年○月○日第○○○○号	所有者　○○市○○町二丁目……○　○　○　○
2	所有権移転請求権仮登記	令和○年○月○日第○○○○号	原因　令和○年○月○日売買予約権利者　○○市○○町三丁目……○　○　○　○
	余　白	余　白	余　白
2	条件付所有権移転仮登記	令和○年○月○日第○○○○号	原因　令和○年○月○日代物弁済（条件　令和○年○月○日金銭消費貸借の債務不履行）権利者　○○市○○町三丁目……○　○　○　○
	余　白	余　白	余　白

（3） 代理受領・振込指定

代理受領と振込指定は，ともに，融資を受けようとする債務者が第三債務者に対して有する債権を目的とした担保手段である。

（i） 代理受領

代理受領のしくみは次のとおりである。債権者Aが，債務者Bとの委任契約により，Bの有する債権につき取立て・受領をする代理権をBから授与される。Aは，この代理権に基づき第三債務者Cから弁済を受領する。BがAに対する債務を履行しないときは，Aは，取立金をBに対する債権の弁済に充当する。

代理受領では，AB間で，Bの債権につき請求・受領に関する一切の権限がAに委任される（Material ①参照）。そして，この代理受領につき，AB両者からの求めに応じてCが承諾をすることによって，担保権設定に相当する作業が完了する（Material ②参照）。

第三債務者Cに対する債権を有しているのは，債権者Aではなく，あくまで債務者Bであって，この点が，債権譲渡担保とは異なっている。なお，代理受領では，債務者は自ら取立て・受領をしないこと，第三債務者は債務者に対して直接に弁済をしないことが義務づけられる。これに反して第三債務者が債務者に弁済をした場合，判例は，第三債務者の債権者に対する不法行為責任を認めている。

（ii） 振込指定

振込指定とは次のようなものである。A銀行がBに融資をするにあたり，BがCに対して有する債権の支払を，A銀行にあるBの特定の預金口座に振り込むよう，A銀行とBとがCに依頼し，Cがこれに承諾を与える。A銀行は，C

がBの口座に振り込む金員をBに対する貸金の引当てとし，Bが債務不履行や信用不安の状態に陥ったときには，貸金と預金とを相殺して，貸金の回収を図る。

↓ 代理受領のしくみ

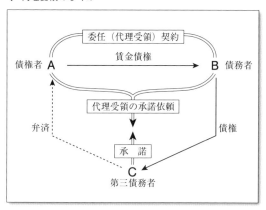

↑ ① 代理受領契約書（委任契約書）

委 任 契 約 書

　　　　　　　　　　　　　　令和〇年〇月〇日

　委任者〇〇〇（以下「甲」という。）は、受任者〇〇〇（以下「乙」という。）を代理人と定め、甲が乙に対して負担する一切の債務を担保するため、次の権限を独占かつ排他的に委任する。

記
　委任者が〇〇〇（以下「丙」という。）に対して有する、令和〇年〇月〇日付け住宅建設工事請負契約に係る代金債権（金〇〇万円。支払日令和〇年〇月〇日）について、その支払いの請求ならびに弁済の受領に関する一切の件

特約事項
1　本委任に関して、甲は乙の同意なしに本件委任を解除しないこと。
2　本委任事項を乙以外の者に重ねて委任しないこと。
3　甲が自ら本委任事項を処理しないこと。

↑ ① 代理受領契約書（委任契約書）

依 頼 書

　　　　　　　　　　　　　　令和〇年〇月〇日

　〇〇〇（以下「甲」という。）と、〇〇〇（以下「乙」という。）は、別紙のような委任契約を締結しましたので、それをお知らせ申し上げるとともに、別紙記載の工事請負代金の支払いは、乙に対してのみお支払い下さるよう、連署をもってお願いいたします。

　　　　　　　　　住所　氏名　　　　　　（甲）
　　　　　　　　　住所　氏名　　　　　　（乙）
- -
　上記の件、承諾しました。

　令和〇年〇月〇日

　　　　　　　　　住所　氏名　　　　　　（丙）

↑ ② 依頼書（承諾欄付）

　民法「第3編　債権」において，第399条から第520条の20までの「第1章　総則」は講学上「債権総論」と呼ばれており，「第2章　契約」から「第5章　不法行為」までのいわゆる「債権各論」と対比される。債権各論では，債権が発生する原因が規定されているのに対して，債権総論で扱われているのは，各種の債権に共通する一般原則である。すなわち，債権の目的，債権の効力，多数当事者の債権及び債務，債権の譲渡，債務の引受け，そして債権の消滅からなる（最後に，有価証券の基本規定が2017〔平成29〕年改正で加えられている）。

　債権は契約など各種の原因に基づいて発生し，その目的（内容）も多様でありうるが，債務の履行や相殺などで消滅する。しかし，債務が履行されない場合には，債権者が債務者に対して行使できる各種の救済措置が認められる。とりわけ，契約に基づく債務の不履行の場合には，強制履行や損害賠償といった債権総論に定められている制度だけでなく，契約解除や危険負担といった債権各論に定められた制度も関係する。そこで，本章では，まず，債権一般の意義を概観して（1），債権の消滅に関する項目を眺めた後に（2），債務不履行の制度を債権各論の制度も含めて検討することとする（3）。

　他方で，債権総論では債権の最終的な充足を図るための各種の制度が設けられている。まず，債権者の権能として認められる，債権者代位権の制度を眺める（4）。そのうえで，主として債権の満足を確実にするために用いられる債権担保の方策として重要な保証制度を概観しよう（5）。保証は，いわゆる人的担保の代表的な制度であって，物的担保と呼ばれる担保物権による債権担保制度と対比されるものである。

　その次に，債権の譲渡制度を概観しよう（6）。債権も財産権の一種であるから，物権と同じようにその譲渡性が認められる。その際，やはり物権変動と同じく（177条・178条参照），債権の権利変動を第三者にいかにして対抗するのかが問題となりうる。とりわけ，最近は資金調達のために債権を譲渡する，いわゆる「債権の流動化」が注目を集めており，債権譲渡制度が大きく変容しているため，特別法による措置にも注意を払いたい。最後に，債務を移転する債務引受や，契約上の地位を移転する契約譲渡についても，一瞥しよう（7）。これらは，実務では以前から行われてきたが，民法典中には平成29年改正で新たに規定が置かれたものである。

　なお，債権総論の分野は，平成29年改正（2020〔令和2〕年4月1日施行）で修正されたり新規に置かれたりした規定が多いので，このⅢでは，それらについて条文番号を示すときは，「改正後民法」と表記する。

1 債権の意義

債権とは，債権者が債務者に対して，一定の給付を請求できる権利である。債権には以下の効力が認められている。まず，債権者が債務者に対して給付を請求できるという請求力が認められる。また，債務者が給付行為を行う場合に，債権者がその給付結果を享受できる給付保持力も認められる。

さらに，債務者が任意に履行に応じない場合に，債権者は債権に基づいて裁判所に給付を命じる判決を求めることができ，訴求力と呼ばれる。債務者に給付を命じる判決など，請求権の存在を表示する執行力を備えた証書，すなわち債務名義（民執22条）を債権者が有する場合，それに基づいて，債権者は裁判所に対して，債権の内容を強制的に実現することを求めることができる。これは債権の強制力と呼ばれるが（後述3(2)参照），物の引渡しや一定の作為など債務内容を直接実現する場合と，債務者の財産を差押え・換価して金銭債権を実現する場合とがある。後者の場面における債権の効力は，特に債権の掴取力と呼ばれる。

↓ 債権の効力

債権─┬─請求力
　　　├─給付保持力
　　　├─訴求力
　　　└─強制力─┬─債務内容の直接的な実現
　　　　　　　　└─債務者の財産の金銭への換価（掴取力）─債務者の責任財産

とりわけ，あらゆる債権は最終的に損害賠償債権として金銭債権に転化するため，債権の究極的な実現は金銭債権の実現として現れる。つまり，債権を最終的に満足させるのは，債権の掴取力が及ぶ債務者の財産であり，これが「責任財産」と呼ばれるのである。

以上のように，債権は，債務者に対して裁判所を通じて，その内容を強制的に実現できるのを本則とする。しかし，時として，当事者の合意の趣旨などから，債権の内容を強制的に実現できない場合もある。たとえば，「カフェー丸玉事件」（Material の写真参照）では，カフェーの女給の「歓心」を買うために独立資金の援助を約束した男性客が，自ら進んで履行すれば債務の履行となるが，女給の側から履行を強制できるような性質ではない「特殊な債務関係」の発生余地が認められた（大判昭和10・4・25新聞3835号5頁）。伝統的に「自然債務」と呼ばれてきたが，強制力が欠けるいわば「不完全な債権」とみることもできる。もっとも，この事案は，そもそも法的に拘束力のある契約が成立していない，あるいは，心裡留保による無効（93条1項ただし書）とされるべき事案であったとも主張されている。

現代の債権は，1990年代頃から，資金調達のために将来発生する金銭債権を含めて頻繁に譲渡ないし譲渡担保に供されるようになり（後述6参照），財産権としての価値を高めている。

↓ 1935（昭和10）年頃のカフェー

（共同通信社提供）

2　債権の消滅

(1)　弁　済

　弁済とは，債権が充足されて消滅することを意味し，債務者は弁済受領権限のある者に対して履行しなければならない。改正後民法は，弁済について，「債務者が債権者に対して債務の弁済をしたときは，その債権は，消滅する」と定義する（473条）。弁済受領権限を持たない者に弁済されても，弁済は無効であって，債権は消滅しない。

　しかし，弁済受領権限がないにもかかわらず，債務者が弁済受領権限があるものと信じてその者に弁済をした場合に，弁済が有効となることもある。改正後民法は，取引通念から見て弁済受領権限がある外観を有する者に対する善意・無過失の弁済を有効とする（478条）。たとえば，無効な債権譲渡の譲受人や銀行の預金証書と届出印鑑の持参人等がそれに当たる（平成29年改正前の規定では，債権の準占有者と称された）。

　ただし，盗まれたキャッシュカードによりATMから不正に預金が払い戻された場合については，人の外観信頼の問題ではないので，民法478条では処理できない。2005（平成17）年に制定された「偽造カード等及び盗難カード等を用いて行われる不正な機械式預貯金払戻し等からの預貯金者の保護等に関する法律」に合わせて，全国銀行協会はカード規定試案（Material①）を改正しており，各銀行も免責約款を改めている（詳細は本書Ⅳ9〔123～124頁〕を参照）。

⬇ ①　全国銀行協会カード規定試案（2005年10月6日）（抜粋）

10.　（偽造カード等による払戻し等）

　偽造または変造カードによる払戻しについては，本人の故意による場合または当該払戻しについて当行が善意かつ無過失であって本人に重大な過失があることを当行が証明した場合を除き，その効力を生じないものとします。

　この場合，本人は，当行所定の書類を提出し，カードおよび暗証の管理状況，被害状況，警察への通知状況等について当行の調査に協力するものとします。

11.　（盗難カード等による払戻し等）

(1)　カードの盗難により，他人に当該カードを不正使用され生じた払戻しについては，次の各号のすべてに該当する場合，本人は当行に対して当該払戻しにかかる損害（手数料や利息を含みます。）の額に相当する金額の補てんを請求することができます。

　①　カードの盗難に気づいてからすみやかに，当行への通知が行われていること

　②　当行の調査に対し，本人より十分な説明が行われていること

　③　当行に対し，警察署に被害届を提出していることその他の盗難にあったことが推測される事実を認識できるものを示していること

(2)　前項の請求がなされた場合，当該払戻しが本人の故意による場合を除き，当行は，当行へ通知が行われた日の30日（ただし，当行に通知することができないやむを得ない事情があることを本人が証明した場合は，30日にその事情が継続している期間を加えた日数とします。）前の日以降になされた払戻しにかかる損害（手数料や利息を含みます。）の額に相当する金額（以下「補てん対象額」といいます。）を補てんするものとします。

　ただし，当該払戻しが行われたことについて，当行が善意かつ無過失であり，かつ，本人に過失があることを当行が証明した場合には，当行は補てん対象額の4分の3に相当する金額を補てんするものとします。

(3)　前2項の規定は，第1項にかかる当行への通知が，盗難が行われた日（当該盗難が行われた日が明らかでないときは，当該盗難にかかる盗難カード等を用いて行われた不正な預貯金払戻しが最初に行われた日。）から，2年を経過する日後に行われた場合には，適用されないものとします。

(4)　第2項の規定にかかわらず，次のいずれかに該当することを当行が証明した場合には，当行は補てん責任を負いません。〔以下略〕

---

(2) 供　託

　債務者が有効に弁済しようとして
も，債権者がその受領に応じなけれ
ば弁済できない。その場合，債務者
は目的物を供託して，債務から解放
される（494条）。民法上は，債務者
は自由に供託ができるわけではな
く，供託原因がなければならない。
従来は，494条に定める，債権者の
履行拒絶などや債権者不確知の場合
のみであったが，改正後民法では，
譲渡制限の意思表示がされた債権に
係る供託が追加された（466条の2）。

↓ 供託書

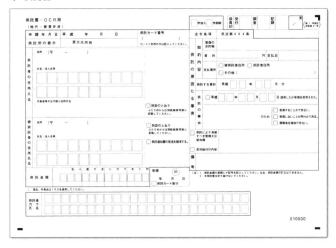

供託所が，金銭や有価証券の供託を有効に受け
付けると（供託1条），債務者は債務から解放さ
れる。さらに，供託所が債権者の供託物還付請
求（498条1項）に応じて供託物を還付すること
で，債権は完全に消滅する。

者は，債権全額の満足を得るまで，弁済者の代
位権を制限できる特約を締結して，自らの優先
的な債権回収を確保することもある。改正後民
法は，債権者が代位権者に優先できることを定
めている（502条2項・3項）。

(3) 弁済による代位

　弁済は，債務者だけでなく，第三者が行うこ
ともできる（474条）。第三者が弁済をする場合，
弁済者は債務者に対して求償権を取得する。こ
の求償権を確実にするため，弁済を受けた債権
者の債権に付随する担保権を弁済者が行使でき
るようにするのが，弁済による代位である（499
条以下）。とりわけ，中小企業へ融資する金融機
関に対して保証を引き受ける信用保証協会は，
代位をめぐる特約を契約書に定めている。信用
保証協会は，保証債務を履行する場合に，債務
者である中小企業に対して求償権を取得し，弁
済による代位に基づく権利を主張するからであ
る（Material ②③は，全国信用保証協会連合会作成の
令和2年12月現在の信用保証委託契約書である）。

　このように，弁済による代位は，弁済を受け
た債権者の債権を弁済者に移転して，弁済者が
債権者に代わって債権の担保権を行使できるこ
とにより，弁済者が債務者に対して確実に求償
できるようにする制度である（最判昭和59・5・
29民集38巻7号885頁等参照）。その反面，債権

↓ ② 信用保証委託契約書

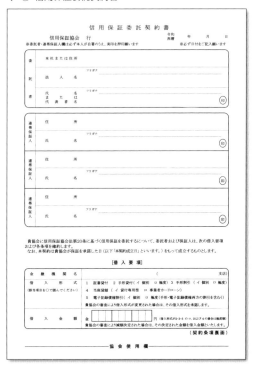

（信用保証の委託）

第1条　表記の借入要項による借入（これによって生ずる債務を以下「借入金債務」といいます。）をするにあたって，貴協会に信用保証（以下「保証」といいます。）を委託します。

2．前項の保証は，貴協会と金融機関との間の取り決めに基づいて行われるものとします。

3．表記の借入要項による借入に対する保証は，借入金債務の全部を保証する場合と，一定割合を保証（以下「割合保証」といいます。）する場合があり，割合保証の場合の保証割合は信用保証書に記載されたとおりとします。

4．委託者および保証人は，この契約の締結にあたり必要となる法律上の手続を経ていることを表明し，これを保証します。

5．委託者は，保証人に対し，次の各号に掲げる事項に関する情報を提供したことを表明し，これを保証します。また，保証人は，委託者から当該情報の提供を受けたことを表明し，これを保証します。

⑴　委託者の財産および収支の状況

⑵　貴協会に対する本契約から生じる償還債務，信用保証料債務，延滞保証料債務，その他の債務（以下「本契約から生じる債務」と総称します。）以外に委託者が負担している債務の有無ならびにその額および履行状況

⑶　委託者が，本契約から生じる債務の担保として他に提供し，または提供しようとするものがあるときは，その旨およびその内容

（信用保証料等）

第2条　委託者が前条第1項の委託により借入をするときは，その委託額に対し貴協会所定の料率・方法により計算された額を信用保証料として貴協会に支払います。

2．前項により支払いをした信用保証料は，違算の場合を除き，返戻を求めません。

3．委託者が借入金債務の履行を怠ったときは，その延滞額に保証割合を乗じた額に対し，延滞期間（この場合の延滞期間は，期限の利益そう失にかかわらず金融機関所定の最終弁済期日の翌日を始期とする期間とします。）に応じ，年3.65パーセントの割合をもって計算された額を，延滞保証料として貴協会に支払います。この場合の計算方法は，年365日の日割計算とします。

（反社会的勢力の排除）

第3条　委託者または保証人は，現在，暴力団，暴力団員，暴力団員でなくなった時から5年を経過しない者，暴力団準構成員，暴力団関係企業，総会屋等，社会運動等標ぼうゴロまたは特殊知能暴力集団等，その他これらに準ずる（以下これらを「暴力団員等」といいます。）に該当しないこと，および次の各号のいずれにも該当しないことを表明し，かつ将来にわたっても該当しないこと

を確約いたします。〔以下略〕

（担　保）

第4条　貴協会に差し入れた担保につき，その担保の全部または一部が減失したとき，もしくは価格の下落等により担保価値に変動が生じたとき，または保証人の能力に著しい変動が生じたときは，直ちに増担保を差し入れ，または保証人を追加します。

2．貴協会に差し入れた担保は，必ずしも法定の手続によらず，一般に適当と認められる方法・時期・価格等により貴協会において処分ができるものとします。

3．金融機関から貴協会が譲渡を受けた担保または貴協会に移転した担保についても，前2項に準じて取り扱うことに同意します。

（求償権の事前行使）

第5条　委託者または保証人について，次の各号の事由が一つでも生じたときは，貴協会は第6条の代位弁済前に委託者および保証人に対し求償権を行使することができるものとします。

⑴　仮差押，強制執行もしくは担保権の実行としての競売の申立を受けたとき，仮登記担保権の実行通知が到達したとき，破産手続開始，民事再生手続開始もしくは会社更生手続開始の申立があったとき，または清算に入ったとき。

⑵　公租公課につき差押または保全差押を受けたとき。

⑶　手形交換所または電子債権記録機関の取引停止処分を受けたとき。

⑷　担保物件が減失したとき。

⑸　借入金債務の一部でも履行を遅滞したとき。

⑹　住所変更の届出を怠るなど委託者または保証人の責めに帰すべき事由によって，貴協会に委託者または保証人の所在が不明となったことを，貴協会が知ったとき。

⑺　暴力団員等もしくは第3条第1項各号のいずれかに該当し，もしくは同条第2項各号のいずれかに該当する行為をし，または同条第1項の規定にもとづく表明・確約に関して虚偽の申告をしたことが判明したとき。

⑻　第9条第2項に基づいて委託者または保証人が貴協会に提出する財務状況や事業内容を示す書類に重大な虚偽の内容があった場合等，本契約に違反したとき。

⑼　前各号のほか求償権の保全を必要とする相当の事由が生じたとき。

2．貴協会が前項により求償権を行使する場合には，民法第461条に基づく抗弁権を主張しません。借入金債務または第7条の償還債務について担保がある場合にも同様とします。

（代位弁済）

第6条　委託者が借入金債務の全部または一部の履行を

遅滞したため，貴協会が金融機関から保証債務の履行を求められたときは，委託者および保証人に対して，通知・催告をしなくても弁済することができるものとします。

2．貴協会の前項の弁済によって金融機関に代位する権利の行使に関しては，委託者が金融機関との間に締結した契約のほか，なおこの契約の各条項が適用されるものとします。

（求償権の範囲）

第7条 貴協会が前条第1項の弁済をしたときは，貴協会に対して，その弁済額およびこれに対する弁済の日の翌日以後の年14パーセントの割合による損害金ならびに避けることのできなかった費用その他の損害を償還します。この場合の損害金の計算方法は，年365日の日割計算とします。

（弁済の充当順序等）

第8条 委託者または保証人の弁済した金額が，本契約から生じる債務の全額を消滅させるに足りないときは，貴協会が適当と認める順序・方法により，充当することができるものとします。

2．委託者または保証人が，本契約から生じる債務および本契約以外の信用保証委託契約から生じる債務を貴協会に負担している場合に，委託者または保証人の弁済した金額が，貴協会に対するこれらの債務の全額を消滅させるに足りないときは，貴協会が適当と認める順序・方法により，いずれの信用保証委託契約から生じる債務（ただし，弁済者が債務を負担していないものを除きます。）にも充当することができるものとします。

3．本契約から生じる債務について第三者から弁済の申出があったときは，委託者の意思に反しないものとして取り扱うことに，委託者は同意します。

4．本契約から生じる債務について，委託者または保証人の一人について消滅時効の更新，完成猶予，または時効の利益の放棄があったときは，すべての委託者および保証人に対しても，その効力が生じるものとします。

5．委託者および保証人は，貴協会と引受人となる者との契約により，本契約から生じる債務（保証人が委託者と連帯して履行の責を負うものを含みます。）を引受人が免責的に引き受けるときは，その旨の通知を要しないことに予め同意します。

（4） 相 殺

相殺とは，当事者が互いに有する同種の債権・債務を対当額で消滅させる簡易な決済手段である（505条）。とりわけ銀行は，定期預金等を有する預金者に貸付を行い，預金者が貸付債務を返済できない場合に，預金者が持つ定期預金債権と銀行が持つ貸付債権を相殺して，貸付債務者との間の債権・債務を決済する。

預金者の債権者が定期預金債権を差し押さえた場合，銀行が差押時点ですでに預金者に対する貸付債権を取得していれば，貸付債権と定期預金債権との相殺を主張できる（511条：最大判昭和45・6・24民集24巻6号587頁）。改正後民法は，差押え前に取得した債権の相殺を差押債権者に対抗できることを明示する（511条1項。なお改正後民法では，上記昭和45年判決の結論〔いわゆる無制限説〕よりもさらに相殺できる範囲を拡張して，511条2項で，差押え後に取得した債権が差押え前の原因に基づいて生じたものであるときまで相殺を認めたことに注意したい）。しかし，相殺するには現実に双方の債権の弁済期が到来しなければならない。そこで，定期預金債権が差し押さえられた時点で，銀行の貸付債権も預金者の預金債権もともに弁済期を到来させて，相殺できる旨を定める特約も有効とされる（上記昭和45年判決参照）。このような相殺予約によって，差押債権者に優先して，銀行は預金者に対する貸付債権を確実に回収できる（Material としては，本書Ⅳ5 103～104頁掲載の銀行取引約定書における利益喪失条項と相殺・払戻充当の条項〔5条・8条・9条〕を参照）。

3　債務不履行

（1）　総　説

　債務者が債務内容を実現しないかできない場合，債務者は債務不履行（広義）に陥る。債権者は債務者に対して債権を有する限り，債務者に履行を求めることができる。

　また，債務者に責めに帰すべき事由があって債務が履行されない場合が，債務不履行（狭義）と呼ばれる。債務不履行（狭義）には，履行遅滞・履行不能・不完全履行（積極的債権侵害）がある。なお，債務者の責めに帰すべきでない事情によって債務の履行が不能となる場合は，危険負担の問題となる。

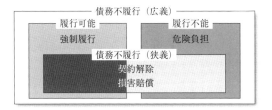

（2）　強制履行

　債務者が債務不履行（広義）に陥る場合になお履行が可能であれば，債権者は強制履行に訴えて，債務内容を実現できる（414条）。この強制履行を裁判所に求めるには債務名義が必要である。債務名義とは，一定の私法上の請求権の存在と範囲を表示した公の証書であって，法律が執行力を認めたもので，その代表例が裁判所が下す確定判決である（民執22条1号→1参照）。

　なお，金銭債務など一定の債務が問題となる際には，当事者が公正証書を作成し，そこで債務者が公証人に対して執行の受諾の意思表示をして，その旨が証書に記載されれば，この公正証書が債務名義となる（民執22条5号）。

金銭消費貸借契約公正証書（抜粋）

第4条　乙は，本契約に基づく金銭債務を履行しないときには，ただちに強制執行に服する旨陳述した。

⬆ 公正証書の執行認諾文言（→Ⅵ-9 b〔i〕も参照）

（3）　損害賠償：違約金条項

　債務者が債務不履行に陥ったときは，債務者に帰責事由がない場合を除いて，債権者は損害賠償を請求できる（415条）。債務者の履行が期限に遅れる場合には，その履行遅延によって生じた損害について賠償が認められ，債務者が履行できない場合や，債権者にとって履行が意味を失っている場合には，履行に代わってその価値を塡補する損害賠償が認められる。

　債務者が債務不履行に陥った場合に債務者が支払うべき損害賠償額を，あらかじめ契約で定めておくことも多い。これが，損害賠償額の予定と呼ばれる（420条1項）。なお，違約金と書かれているものは，賠償額の予定と推定される（同条3項）。

　Material に掲げるのは請負契約上の違約金条項であるが（下線部の30条⑵と30条の2⑵が該当），今日実務でよく見られる不動産売買契約の違約金条項では，一般的に違約金の額を売買代金の20％相当額程度に定めるほかに，反社会的勢力の排除に係る違約金の額（売買代金の20％相当額），さらに反社会的勢力の事務所等活動の拠点に係る制裁金の額（売買代金の80％相当額）が定められることが多い。

⬇ 民間（七会）連合協定工事請負契約約款上の違約金条項（抜粋）（→Ⅳ-7 参照）

第30条　発注者の損害賠償請求等

(1)　発注者は，受注者が次の各号のいずれかに該当する場合は，これによって生じた損害の賠償を請求することができる。ただし，当該各号に定める場合がこの契約及び取引上の社会通念に照らして受注者の責めに帰することができない事由によるものであるときは，この限りでない。

　a．受注者が契約期間内にこの契約の目的物を引き渡すことができないとき。

　b．この契約の目的物に契約不適合があるとき。

　c．第31条の2(1)又は第31条の3(1)（eを除く。）の規定により，この契約が解除されたとき。

　d．本項a，b及びcに掲げる場合のほか，受注者が

債務の本旨に従った履行をしないとき又は債務の履行が不能であるとき。

(2) 本条(1)aに該当し，受注者が発注者に対し損害の賠償を請求する場合の違約金（損害賠償額の予定。以下「違約金」について同じ。）は，この契約に別段の定めのないときは，遅滞日数に応じて，請負代金額に対し年10パーセントの割合で計算した額とする。ただし，工期内に，第25条による部分引渡しのあったときは，請負代金額から部分引渡しを受けた部分に相応する請負代金額を控除した額について違約金を算出する。

第30条の2　受注者の損害賠償請求等

(1) 受注者は，発注者が次の各号のいずれかに該当する場合は，これによって生じた損害の賠償を請求することができる。ただし，当該各号に定める場合がこの契約及び取引上の社会通念に照らして発注者の責めに帰することができない事由によるものであるときは，この限りでない。

　a.　第32条(1)の規定により工事が中止されたとき（ただし，dは除く。）。

　b.　第32条の2(1)及び第32条の3(1)の規定によりこの契約が解除されたとき。

　c.　本項a又はbに掲げる場合のほか，発注者が債務の本旨に従った履行をしないとき又は債務の履行が不能であるとき。

(2) 発注者が第25条(4)又は第26条の請負代金の支払を完了しないときは，受注者は，発注者に対し，遅滞日数に応じて，支払遅滞額に対し年10パーセントの割合で計算した額の違約金を請求することができる。

(3)〜(5)　（省略）

民間（七会）連合協定工事請負契約約款委員会の許諾を得て転載。令和2年4月最終改正。下線は引用者の付したものである。

(4)　危険負担

双務契約において，当事者双方の責めに帰すべきでない事情によって債務の履行が不能となる場合，改正後民法は，売買や交換も含めて一律に，債務者からの反対給付の履行請求に対して，債権者が履行を拒絶できることを定める（536条1項）。

(5)　契約解除

契約の解除とは，債権者が一方的な意思表示で，契約を解消することができる制度である（540条）。債務者が債務不履行に陥る場合，債権者が相当期間を定めて履行を催告してもなお債務者が履行に応じなければ，債権者は契約を解除することができる（541条）。あるいは，債務者の履行が不能となった場合にも，債権者は契約をただちに解除することができる（542条1項1号・3号）。改正後民法は，契約解除に債務者の帰責事由を必要としない（541条・542条）。そのため，上記の危険負担のケースでは，債権者は契約を解除すれば，自らも反対給付の債務から解放される（542条1項1号）。

なお，民法は解除について特段に書面等の様式を要求していないが，実務では，後日の証明とするために内容証明郵便が用いられることが多い。内容証明は，配達証明などと同じく，日本郵便株式会社の特殊取扱いのひとつであり，必ず書留郵便にしたものについて行われる。日本郵便株式会社に内容文書1通と謄本2通（コピー可）と封筒を持参し，郵便認証司による証明と日付印（いわゆる確定日付となる）を受けると，1通は相手方に郵送され，1通は日本郵便株式会社に保存され，1通は差出人に控えとして返却される。なお，証明を受けた文書以外のものを封入することはできない。実際の日付印等が付された例は❻（74頁 Material ①）参照。

契約解除通告書

　ご承知のように，貴殿と当方は，下記条件にて下記建物の賃貸借契約を締結しております。しかしながら，貴殿は，令和○○年○月分から同○○年○月分までの賃料，合計○○万円を滞納しております。つきましては，本書面到達後2週間以内に，滞納額全額を支払われますようお願い申し上げます。

　なお，右期間内にお支払いなき場合には，あらためて解除通知をすることなく，貴殿との契約を当然に解除する旨，本書をもってあらかじめ通知いたします。

1　賃貸物件：東京都板橋区○○×丁目×番地

2　家賃：1か月金○万円

3　家賃支払期日：翌月分を毎月末日限り支払う

令和○○年○月○日
東京都板橋区○○×丁目×番×号
○○○○　印

東京都板橋区○○×丁目×番地
　○○○○　殿

↑ 内容証明郵便による解除通知（本文解説参照）

4　責任財産の保全

　債権は，その内容がいかなるものであっても，最終的に損害賠償債権へと転化することで，金銭による満足が図られうる（417条・722条1項参照）。したがって，債権を最終的に満足させるのは，債権の掴取力が及ぶ債務者の財産，すなわち債務者の責任財産となる（→1参照）。つまり，現実に債権がその内容を充足できるかどうかは，債務者の責任財産が債権を満足させるに足るだけ，十分に確保されているのかどうかにかかっている。

　債務者の資力が悪化して，債務者の責任財産が債権の満足を十分に図れないおそれが生じると，債権者は債務者の責任財産を差し押さえて，その減少を食い止め，債権の満足を図らねばならない。債務者の責任財産の減少を食い止める際に，債務者の責任財産に本来入るべき財産を責任財産へ確保する方策と，債務者の責任財産から不当に流出した財産を責任財産に取り戻す方策が認められている。前者が債権者代位権で

あり（423条），後者が詐害行為取消権である（424条）。

　たとえば，債務者が第三債務者に対して債権を有するにもかかわらず，債務者がその債権を行使しないため，債務者の責任財産が増加しない事態が生じうる。その際，債権者は，債務者が第三債務者に対して有する債権を差し押さえることもできる。しかし，債権者は債務者に対する債務名義を取得しなければならず（→1参照），差押え等の手続も複雑である（Material参照）。これに比べて簡便に，債務名義も要さず，債権者が債務者に代わって債務者の債権を行使することができるのが，債権者代位権である。

　これに対して，債務者が差押えを免れるために，自己の財産を第三者に贈与するなどして責任財産を不当に減少させる場合に，債権者が当該贈与契約などを取り消して，逸出した債務者の責任財産を取り戻すのが，詐害行為取消権である。

↓ 債権執行の手続

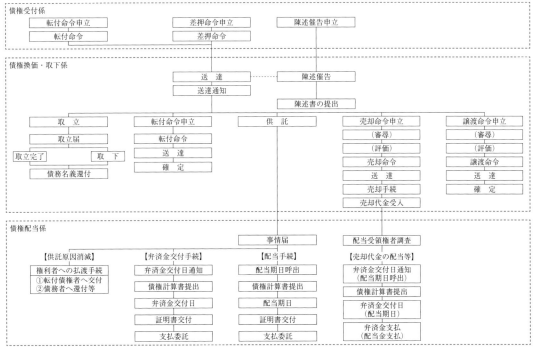

出典：東京地方裁判所民事執行センターウェブサイトをもとに作成

5 保 証

債権者は，債権の満足を図ることを確実にするための方策を執ろうとする。これが，債権担保の設定である。債務者あるいは第三者の動産や不動産に担保物権を設定して，優先的な弁済を確保するのが物的担保である（Ⅱの担保物権参照）。これに対して，債権者以外の第三者の責任財産を債権の満足に充てる方策が人的担保と呼ばれ，そのもっとも典型的な方策が保証である。

↓ 保証の三面関係

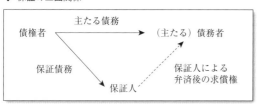

保証とは，債権者が債務者以外の第三者である保証人と保証契約を締結して，債務者が債務を履行できない場合に，保証人が補充的に債務者に代わって，保証債務を履行するものである（446条1項）。一般には，保証人が債務者と連帯して保証債務を負担する連帯保証が利用されており，この場合，債権者はまず保証人に対して保証債務の履行を求めることもできる（454条）。保証では，保証人にことさら不利益が及ぶこととなるため，保証契約の締結に慎重さを求めるべく，保証契約の締結に書面が必要とされている（446条2項・3項）。

保証契約は債権者と保証人との間の契約であるから，債務者と保証人との関係は影響を及ぼさない。債務者の依頼がなくとも，保証人が債権者と保証契約を締結することもあれば，債務者が保証人に依頼して保証契約が締結されることもある（信用保証委託契約書もその一種である。→ 2(3)参照）。とりわけ，保証を業務とする場合には，保証人は債務者から保証委託料を受け取ることを条件に，保証契約を締結する。

一定の継続的な取引関係から生じる債務の一切について，保証債務が引き受けられることもある。こうしたいわゆる根保証では，保証人の責任範囲が広くなって保証人に思わぬ不利益を及ぼしがちとなる。

そこで，一定範囲の不特定の債務で，しかも保証人が法人でない場合に，民法は根抵当制度とパラレルな制度設計の方針に沿って，特に保証人の責任範囲を明確にする規定を置いているのである（465条の2以下参照）。改正後民法は，従来の貸金等根保証契約の規律を個人が締結する根保証一般に整備・拡張する一方で（465条の2以下），金額も大きくなる事業のための債務に関して個人が締結する保証契約および根保証契約について，保証意思を宣明する公正証書の作成を求め（Material ②），また債務者に情報提供義務を課すなどの特則を設けている（465条の6以下）。

なお，継続的な保証の一つに，雇用期間中に被用者が使用者に与えるかもしれない損害を保証する身元保証もあるが（身元保証ニ関スル法律参照），これは一種の損害担保契約とされる（Material ③）。

↓ ① 連帯保証契約書（特定の債務の保証用）

保証差入書

年 月 日

X 株式会社　　御中

住　所

債　務　者　Y 株式会社

代表取締役　　　　印

住　所

連帯保証人　Z 1　　　　印

住　所

連帯保証人　Z 2　　　　印

　債務者：Y 株式会社（以下「債務者」という。）と連帯保証人：Z 1 および Z 2（以下総称して「保証人」という。）は，債務者が貴社に対して負担する債務について保証人が連帯保証することに関し，本書を貴社に差入れます。

第1条（主たる債務）

　保証人は，債務者が貴社に対して負担する下記の借入金債務（以下「主たる債務」という。）について，連帯保証します。

記

金銭消費貸借契約日　○○年○○月○○日

借入金額　　　　　金○○○○円

返済方法　　　　　○○年○○月○○日限り一括現金返
　　　　　　　　　済

利息

　利率　　　　　　年率○○％

　支払方法　　　　毎月末日に既経過分を現金払い

　遅延損害金　　　年率○○％

第2条（期限の利益の喪失）

　債務者において下記各号の一つにでも該当したときは，債務者は貴社に対して負担する一切の債務について期限の利益を喪失し，債務全額を直ちに現金で貴社に弁済します。

(1)　貴社に対する債務の弁済を一度でも遅滞したとき。

(2)　手形・小切手を不渡りにする等支払停止または支払不能の状態に陥ったとき。

(3)　第三者より差押・仮差押・仮処分・競売の申立または公租公課の滞納処分を受けたとき。

(4)　第三者より破産・会社更生・民事再生・特別清算の申立を受けたとき，または自ら申立をしたとき。

(5)　その他前各号に類する不信用な事実があったとき。

第3条（保証債務の履行）

　債務者において前条各号の一つにでも該当したときは，保証人は債務者と連帯して直ちに主たる債務を貴社に弁済します。

第4条（担保保存義務の免除）

　保証人は，貴社が有する担保もしくは他の保証を適宜解除・変更されても何ら異議を申し述べず，保証責任の減免等を一切主張しません。

第5条（保証人の代位権行使の制限）

　保証人が保証債務を履行した場合，代位によって貴社から取得した権利は，債務者の貴社に対する債務全部の弁済が完了するまでは，貴社の同意がなければこれを行使しません。

第6条（保証人相互間の連帯責任）

　保証人が数人ある場合は，保証人相互間においても連帯して債務弁済の責に任じます。

第7条（保証額の合算）

　保証人が債務者の貴社に対する債務についてこの保証のほかに保証している場合または将来保証する場合には，特約のない限り，総保証額はこれらの保証の合計とし，この保証によって他の保証は影響を受けないものとします。

第8条（情報提供に関する確認）

　保証人は，本書差入れまでに，債務者から，次の事項に関する情報提供を受けたことを確認します。

(1)　債務者の財産および収支の状況

(2)　主たる債務以外に負担している債務者の債務の有無ならびにその額および履行状況

(3)　主たる債務の担保として他に提供し，または提供しようとするものがあるときは，その旨およびその内容

以上

出典：企業法務実務研究会編『リスク管理と契約実務　自動作成webツール付』（第一法規，2020年）7523頁（令和2年内容現在）をもとに作成。

▼ ② 保証意思宣明書（根保証用）

出典：日本公証人連合会HPより

▼ ③ 身元保証契約書

身元保証書

現住所　　○県○市○町○丁目○番○号

甲　　某

平成○年○月○日生

　今般貴社が上記の者をご採用相成りましたことにつきまして，私は次の各項にもとづき，貴社に対してその責に任じます。

1．上記の者が貴社との雇傭契約に違反しまたは故意もしくは過失によって貴社に損害を被らしめたときは直ちに損害額を下記第2項に記載の限度で賠償いたします。

2．賠償額は，損害発生時における上記の者の給与6カ月分を限度とします。

　なお，私はこの保証について催告の抗弁権を放棄します。

3．この保証期間は，本日より向う満5カ年間とします。上記期間満了後上記の者が引き続き貴社に勤務しておりますときは，期間満了の際改めて更新するものとします。

　上記後日のため本書を差し入れます。

　　令和○年○月○日

　　　　　　　○県○市○町○丁目○番○号

　　　　　　　　　　　　　　　乙　　某㊞

丙商事株式会社　御中

出典：契約法研究会編『現代契約書式要覧第4巻』（新日本法規出版）4540頁（令和2年内容現在）を参考に執筆者が作成。
＊2020年4月1日の改正民法施行に伴い，改正後民法465条の2第2項に基く極度額の設定条項を加えている。

6　債権譲渡

債権は原則としてその譲渡性が認められている（466条1項）。しかし、債権が譲渡される場合、債務者が有効に弁済するには、誰が債権者となるのかが明確でなければならない（→2参照）。そこで、債権が譲渡される場合、譲受人が債務者に対して債権を行使するには、譲渡人が債務者に債権譲渡を通知するか、あるいは債務者が債権譲渡を承諾することが必要である（467条1項）。さらに、譲受人が債権者となったことを債務者以外の第三者に対抗するためには、通知あるいは承諾を確定日付のある証書でしなければならない（同条2項）。

確定日付については、民法施行法に定められており、一般人が署名捺印して作成した私署証書には官庁や公署でなんらかの事項を記入し日付を記載すれば確定日付となるし（同法5条1項5号）、公証役場で日付印を付してもらうこともできるが（同項2号）、確定日付のある通知には、日本郵便株式会社の内容証明が頻繁に利用される（同項6号。郵便事業が民営化されたのに伴い、1項5号から分離して新しく規定され、民間会社でも確定日付付与ができるように郵便認証司という資格が創設された）。

物権の譲渡に見られるとおり、複数の権利譲渡が競合する場合、権利譲渡を公示する対抗要件を先に具備する権利譲渡が優先する（177条・178条参照）。債権譲渡の場合、通知・承諾によって、債務者が認識している債権の帰属関係を中心に、利害関係が調整されるシステムとなっている。したがって、二重になされた債権譲渡の優劣関係は、通知に付された確定日付の先後ではなく、確定日付が付された通知が債務者に到達した先後によって決定されなければならない（最判昭和49・3・7民集28巻2号174頁）。日本郵便株式会社の配達証明（Material ③）が併用されることがあるのは、この到達時点をある程度証明できるようにするためである。

近時は、債権を担保にして資金の調達を図る金融手段が多用されるようになっている。すなわち、現在有する債権、あるいは、一定の取引関係から生じる将来発生する債権を譲渡担保に供して資金を調達する手法である（Material ④の債権譲渡担保権設定契約書（参考例）を参照）。

その場合、個別の債権譲渡についていちいち確定日付ある通知・承諾を備えることは、煩瑣で費用もかかって不便である。

⬇ ① 債権譲渡の通知書（確定日付つき）

債権譲渡通知書

　当社が貴社に対して有する後記貸付債権に関し、令和○○年○月○日付譲渡契約によって、東京都○○区○○××丁目×番×号を住所とする○○○○株式会社（代表取締役○○○○）に譲渡いたしました。

　よって、本書面においてその譲渡を通知いたします。

　従いまして、今後は後記貸付債権の弁済を○○○○株式会社に対してなされるようお願いいたします。

記

（貸付債権の表示）

貸付日　　　令和○○年○○月○○日
貸付金額　　金○○○○円
返済期日　　令和○○年○○月○○日
利息　　　　年 10%
遅延損害金　年 24%

令和○○年○○月○○日
東京都○○区○○××丁目×番×号
○○商事株式会社
　　代表取締役　　○○○○　印

東京都△△区△△××丁目×番×号
　△△株式会社
　代表取締役　　△△△△　殿

この郵便物は令和 2 年 1 月 15 日第 12345 号
書留内容証明郵便物として
差し出したことを証明します。
　　　　　日本郵便株式会社

郵便認証司
2.1.15

（日付印　神田　2.1.15　18-24）

＊かつては郵便局長名で内容証明郵便物として差し出したことを証明して確定日付を付す形をとっていたが、現在では郵便認証司が認証する（内容証明郵便物が差し出された年月日を記載する）こととされている。

出典：深井麻理＝梅原ゆかり編著『内容証明郵便の書き方とケース別文例160』（同文館出版、2005年）65頁を参考に作成

そこで，債権譲渡の対抗要件を簡略化して債権による資金調達を促進するために，債権譲渡をコンピュータファイルに登記して民法の対抗要件に代替できるシステムが創設された（1998〔平成10〕年創設，現在は動産及び債権の譲渡の対抗要件に関する民法の特例等に関する法律4条。オンライン申請も可能である）。この債権譲渡登記は，将来発生する多数の債権の譲渡についても，始期と終期を定めたりして登記できる。現在非常に多く使われている。

ただし，この登記によって民法467条2項の確定日付ある通知に代わる第三者対抗要件は具備できるが，債務者に直接権利行使をするため

には，後掲の登記事項証明書を付した通知か債務者の承諾が必要である（上記特例法4条2項）。この債権譲渡登記については，誰でも登記内容を知るために，登記事項概要証明書の交付を申請でき，さらに利害関係人はより詳細な登記内容を知るために，登記事項証明書の交付を請求できる（同法11条）（Material ⑤〜⑧）。

なお，政府は，2021（令和3）年2月5日に，一定の要件をみたす情報システムを利用して行われた債権譲渡通知・承諾について，民法467条2項に規定する確定日付のある証書による通知または承諾とみなす旨の特例を含む産業競争力強化法改正案を国会に提出した。これによって，近い将来，内容証明郵便や公証役場での確定日付付与や債権譲渡登記による第三者対抗要件具備の方法が，電子的な手法に置き換えられる可能性がある。

＊⃞ 債権の二重譲渡

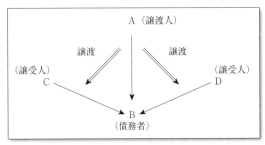

＊⃞ ② 債権譲渡の承諾書

債権譲渡承諾書

令和○○年○○月○○日

債権者　○○○○　殿

○○県○○市○○町○丁目○番○号
○○○○株式会社
代表取締役　○　○　○　○　㊞

令和○○年○○月○○日付抵当権設定金銭消費貸借契約証書に基づき貴殿の当社に対する債権を抵当権とともに代金○○○○円にて○○○○合名会社に譲渡されることにつき，何ら異議はございません。
後日のため本証書を差し入れます。

出典：契約法研究会編『最新会社契約書式集第1巻』（新日本法規出版）857頁（令和3年内容現在）をもとに作成
〔編注＊実務ではこれも，公証人の確定日付印を得るのが通例である。なお，改正前民法にあった，債務者が異議をとどめないで承諾すると，譲渡人に対して有していた抗弁を譲受人に主張できなくなる規定は，改正で削除された。〕

＊⃞ ③ 配達証明

郵便物等配達証明書

| 受取人の氏名 | 株式会社　○○出版
書籍編集部　　　　様
夏山　高志 |
| お問い合わせ番号 | 123-45-12345-6　号 |

上記の郵便物等は，**2**年**9**月**26**日に配達しましたので，これを証明します。

日本郵便株式会社

債権譲渡担保権設定契約書（参考例）

▲▲▲株式会社（以下「甲」という。）と株式会社●●銀行（以下「乙」という。）は，甲が乙に対し負担する債務を担保するため，甲が有する債権につき譲渡担保権を設定するべく，以下のとおり取り決める（以下「本契約」という。）。

第1 被担保債権

第1条（被担保債権の表示）

本契約によって設定される譲渡担保権（以下「本件譲渡担保権」という。）により担保される債権（以下「本件被担保債権」という。）は，甲乙間の平成●年●月●日付金銭消費貸借契約証書その他これに付帯して甲と乙との間で交わされる合意書等（以下，これらを総称して「貸付契約」という。）に基づき，乙が甲に対して貸し付ける金●●●円の貸付元本債権及びこれに付帯する利息・損害金その他一切の債権とする。

第2 本件譲渡担保権の設定等

第2条（本件譲渡担保権の設定）

1．甲は，乙に対し，前条に定める債権を担保するため，甲が現在有し，将来発生する別紙記載の債権（以下，これらを総称して「本件譲渡債権」という。）を譲渡した。

2．本件譲渡債権を被担保債権とする担保物権及び本件譲渡債権についての保証債務履行請求権のうち，乙に当然に移転するものについて，甲は，乙の請求があった場合は，対抗要件の具備その他当該権利に係る乙の権利保全に必要な一切の行為を行うものとする。

第3条（債権譲渡登記）＊1

1．甲と乙は，甲の費用にて本契約締結後直ちに本件譲渡債権について，動産及び債権の譲渡の対抗要件に関する民法の特例等に関する法律に基づき，存続期間を〔●〕年とする債権譲渡登記を行うものとし，相互にその手続に協力する。登記の任意的記載事項その他の細目的事項については，乙が別途定めるものとする。

2．甲は，乙に対し，前項に基づき債権譲渡登記手続が完了したときは，速やかに当該債権譲渡の事実が記載された登記事項証明書，及び，甲を債権の譲渡人とする全ての債権の概要が記載された登記事項概要証明書を提出するものとする。

第4条（取立権限）

1．甲は，本件譲渡債権を善良なる管理者の注意義務をもって，乙のために無償で管理するものとする。

2．乙は，甲に対し，甲が本件譲渡債権の全部又は一部を通常の営業の範囲に限り，直接第三債務者から取り立てることを認める。なお，取立てに要する費用は甲の負担とする。

3．甲は，前項の定めに基づき本件譲渡債権の全部又は一部を第三債務者から直接取り立てたときは，その取立金を乙に開設する甲名義の銀行口座において管理しなければならない。

第3 表明・保証 ＊2

第5条（甲による表明・保証）

1．甲は，乙に対し，以下の事項が本契約締結日において真実に相違ないことを表明し，保証する。

（1）甲は，日本法の下に適法に設立され，かつ現在も有効に存在する〔法人〕である。

（2）甲は，本契約及び貸付契約に定められている規定を遵守・履行するのに必要な法律上の完全な権利能力及び行為能力を有している。

（3）本契約及び貸付契約は，適法，有効かつ拘束力のある甲の債務を構成し，その条項に従い，甲に対する強制執行が可能である。

（4）甲は，法令，定款及び内部規則に従い，本契約及び貸付契約に基づく甲の義務を履行するために必要な全ての手続を完了している。

（5）本契約及び貸付契約に基づく甲の義務の履行に重大な悪影響を与え，若しくは与えるおそれのある判決，決定若しくは命令は存せず，かつそのような訴訟，裁判，調査その他の法的手続又は行政手続も存しない。

（6）甲は，本契約及び貸付契約により甲の債権者を害する意図を有するものではない。

（7）甲は，支払不能，支払停止又は債務超過に陥っておらず，本契約及び貸付契約に基づく取引をすることにより，支払不能，支払停止又は債務超過に陥るおそれはない。

（8）甲に対し，破産，民事再生，会社更生，特別清算その他の法的整理手続又は私的整理手続は開始されておらず，かつその申立てもなされていない。

（9）甲が作成する計算書類及び附属明細書等は，日本国において一般に公正妥当と認められている会計基準に適合しており，正確かつ適法に作成されている。

2．甲は，乙に対し，以下の事項が本契約締結日において真実に相違ないことを表明し，保証する。

（1）本件譲渡債権は，適法かつ有効に成立，発生し，第三債務者に対して強制執行が可能であり，無効，取消，相殺の抗弁その他第三債務者又は第三者により，対抗されるべき事由又は法律上のいかなる瑕疵も存在しない。

（2）本件譲渡債権に関する一切の権利，権限及び利益は，甲に帰属する。

（3）本件譲渡債権について譲渡担保権等その他本件譲渡担保権を害するような第三者の権利関係は存在せず，また，差押え，仮差押え，滞納処分その他の乙の本件譲渡担保権の行使を阻害する法律関係及び事実関係は存在しない。

（4）本件譲渡債権について，第三債務者又は第三者との間で発生，帰属，消滅等に関する訴訟，調停，仲裁その他の法的手続又は紛争解決手続は一切存在しない。

（5）本件譲渡債権について，甲と第三債務者との間に債権譲渡禁止特約は存在しない。

(6) 本件譲渡債権について，手形の発行又は電子記録債権の発生記録はされていない。

(7) 本件譲渡債権が発生するために必要な事業及び契約関係について，適法かつ適正に維持されていること。

(8) 甲が，既に開示した資料の内容は真実かつ正確なものであり，重要なものを欠くものではない。

3．甲は，乙に対し，前二項に定める表明及び保証のうち，いずれかが真実又は正確でないことが判明したときは，直ちに書面により通知しなければならない。

第6条（甲による表明・保証違反の効果）

1．甲及び乙は，前条に定める表明及び保証のうち，いずれかが真実又は正確でないことが判明したときは，甲による本契約に定める条項の違反となることを確認する。

2．乙は，甲に対し，前条に定める表明及び保証のうち，いずれかが真実又は正確でないことが判明したときは，それにより甲に生じた損失，経費その他一切の損害についての補償を求めることができる。

第4　期中管理

第7条（資料の提出）（略）

第8条（面談）（略）

第9条（実査）（略）

第10条（遵守事項）＊3

1．甲は，乙に対し，以下の事項を遵守することを確約する。

(1) 本件譲渡担保権の設定により乙から借り受ける貸付金を，甲乙間で定める資金使途以外に使用しないこと。

(2) 甲の計算書類及び付属明細書等について，日本国において一般に公正妥当と認められている会計基準に従って適法かつ正確に作成すること。

(3) 毎決算期末時点での貸借対照表上の純資産の金額を●●●●円以上に維持すること。

(4) 毎決算期末時点での貸借対照表上の棚卸資産残高を当該決算期の平均月間売上高で除した棚卸資産の回転月数を●か月以内に維持すること。

(5) 上記のほか，甲乙間で合意された事項を遵守すること。

2．甲は，乙に対し，以下の事項を遵守することを確約する。

(1) 本件譲渡債権の発生，帰属，権利行使について，所轄行政機関より許可，認可，承認，確認等を必要とするときは，これらの行政手続を全て履践すること。

(2) 本件譲渡債権の発生，帰属，権利行使等に関して生じる公租公課を含む一切の費用を負担し，支払期限までに適切に支払うこと。

(3) 本件譲渡債権を適切に管理し，無効，取消，相殺の抗弁その他第三債務者又は第三者から本件譲渡債権の発生，帰属，消滅等に関する法律上，事実上の主張をされる事由を生じさせないこと。

(4) 本件譲渡債権の全部又は一部について，乙以外の第三者に対する譲渡，若しくは担保物権の設定その他の処分をせず，手形の発行又は電子記録債権の発生記録の請求をしないこと。

(5) 本件譲渡債権について，第三債務者から約束手形，為替手形を受領したときは，乙に対し，直ちに当該手形を取立委任のために交付すること。ただし，乙の事前の同意があった場合はこの限りではない。

(6) 本件譲渡債権の価値を，設定時に比して著しく下回らせないこと。

(7) 本件譲渡債権について，通常の営業の範囲を超えて，第三債務者から弁済期日前の支払いを受け，又は弁済期日を延期し，若しくは減額，免除，放棄をしないこと。ただし，乙の事前の同意があった場合はこの限りではない。

(8) 本件譲渡債権について，第三債務者との間の契約書，債権証書その他本件譲渡債権の存在を示す書類の写しを第三債務者から徴求し，乙に写しを提出すること。

(9) 本件譲渡債権について，第三債務者との間で債権譲渡禁止特約を締結しないこと。ただし，乙の事前の同意があった場合，又は第三債務者との間で本件譲渡債権を甲が乙に譲渡することについての異議なき承諾を得られた場合はこの限りではない。

(10) 本件譲渡債権が発生するために必要な事業及び契約関係について，適法かつ適正に維持すること。ただし，乙の事前の同意があった場合はこの限りではない。

3．甲は，前二項に定める事項について遵守することができないと判断したときは，直ちに乙に対して通知しなければならない。

4．乙は，必要と認めるときは，本条に定める事項の遵守の有無について，甲の本店，支店又は事務所等に立ち入り，帳簿その他の書類の閲覧，謄写等の調査等を行うことができ，甲はこれに協力しなければならない。

5．甲は，本条に基づき開示する資料の内容を，真実かつ正確なものとしなければならない。

第11条（権利主張等がなされた場合の通知）（略）

第12条（質問に対する回答）（略）

第13条（増担保）

1．乙は，甲に対し，以下の事由が生じたと乙が判断したときは，担保の目的となる資産を明示して，増担保を提供するよう求めることができる。

(1) 本件譲渡債権の価値が不良債権化等により，設定時に比して著しく下回り，合理的期間内に回復する見込みがないとき。

(2) 甲が本契約の各条項に違反したとき。

(3) 甲が期限の利益を喪失したとき。

(4) その他本件被担保債権を保全するために相当の事由が生じたとき。

2．甲は，乙が前項の定めに基づき，増担保の提供を求めたときは，これに応じなければならない。ただし，増担保の提供を拒む合理的な理由があるときはこの限りではない。

3．前二項の定めに基づき，増担保の提供がなされるときは，甲と乙は，速やかに担保権設定契約の締結，対抗要

件具備行為その他担保権の有効な設定に必要な行為を行うものとする。

第5　期限の利益の喪失

第14条（期限の利益の喪失）

1．甲が本契約の各条項に違反したときは，乙は，甲に対し，相当な期間を定めて，合理的と認められる是正措置を講じるよう要請することができる。

2．前項に定める乙による是正措置の要請に甲が従わないとき，又は是正措置を講じることが不可能若しくは著しく困難であることが明らかなときは，乙は，甲乙間の平成●年●月●日付金銭消費貸借契約証書第●条●項に定める期限の利益喪失事由とみなすものとし，甲はこれに何ら異議を述べない。

3．前二項に定めるほか，本件被担保債権の期限の利益の喪失については，甲乙間の平成●年●月●日付銀行取引約定書及び貸付契約により定めるところによるものとする。

第6　本件譲渡担保権の実行

第15条（取立権限の消滅）

1．本件被担保債権について，弁済期が経過したとき，又は甲が期限の利益を喪失したときは，それと同時に，何らの通知を要せず，第4条第2項に基づく甲の本件譲渡債権についての取立権限は消滅するものとする。

2．甲は，前項の定めにより本件譲渡債権についての取立権限が消滅したときは，本件譲渡債権について，第三債務者から支払いを受け，又は弁済期日を延期し，若しくは減額，免除，放棄等の一切の処分行為をしてはならない。

3．甲は，第1項の定めにより本件譲渡債権の取立権限を失ったにもかかわらず，本件譲渡債権について，第三債務者から支払いを受けたときは，乙に対し，直ちに当該取立金の全額を交付しなければならない。

第16条（資料の提出等）

1．乙は，甲が前条の定めにより本件譲渡債権についての取立権限を失ったときは，直ちに第8条に定める実査を行うことができるものとし，甲はこれに協力しなければならない。

2．甲は，前条の定めにより本件譲渡債権の取立権限を失ったときは，乙に対し，直ちに取立権限消滅時点及びそれ以降の乙が定める時点における本件譲渡債権の一覧表を別途乙が定める様式により提出しなければならない。

3．乙は，甲に対し，必要に応じ，本件譲渡債権の取立権限消滅時点の直近●ヶ月間の本件譲渡債権についての内容，支払時期，回収状況の推移等について記載した資料の提出を求めることができる。

4．甲につき法的整理手続の開始決定があったとき，又は私的整理手続が開始されたときは，甲又はその管財人は，乙に対し，かかる開始決定時点（私的整理手続の場合は当該手続において基準日とされる時点，又は手続開始日時点）における本件譲渡債権の一覧表を別途乙が定める様式により提出しなければならない。

5．甲は，本条に基づき開示する資料の内容を，真実かつ正確なものとしなければならない。

第17条（乙による本件譲渡債権の取立て）

1．乙は，第15条の定めにより甲の本件譲渡債権についての取立権限が消滅したときは，自ら適当と認める方法，時期，価格，順序等により，本件譲渡債権を取り立て，若しくは第三者に売却することができる。

2．前項に定める取立て又は売却がなされたときは，乙は，その取立金若しくは売却代金から公租公課その他の諸経費を差し引いた残額を，法定の順序にかかわらず，自ら適当と認める順序，方法により本件被担保債権に対応する債務の弁済の全部又は一部に充当することができるものとする。

3．前項に定める債務の弁済充当後に残余金を生じたときは，乙は，甲に対し，これを清算金として返還するものとする。ただし，当該清算金には利息又は損害金を付さないものとする。

第18条（甲による本件譲渡債権の取立て）

1．第15条の定めにかかわらず，乙は，甲に対して通知をすることにより，乙が認めた時期，方法その他の条件の範囲内で，甲が本件譲渡債権を取り立て，自己の運転資金として使用することを認めることができる。

2．前項に基づき甲による本件譲渡債権の取立てが認められたときは，甲は取り立てた本件譲渡債権の明細を適時に記録し，乙の求めがあったときには，速やかにこれを乙に交付しなければならない。

3．甲は，本条に基づき開示する資料の内容を，真実かつ正確なものとしなければならない。

第7　雑則

第19条から第26条まで　（略）

上記のとおり合意したので，これを証するため本契約書2通を作成し，甲乙それぞれ1通ずつを保有する。

平成●年●月●日

　　　　　　　　甲

　　　　　　　　乙

出典：経済産業省ウェブサイト「債権譲渡担保権設定契約書（参考例）」（令和2年現在）より

＊1　民法467条の対抗要件具備ではなく，債権譲渡登記が原則例となっていることに注意したい。

＊2　表明・保証（Representation and Warranty）は，英米法の概念であるが，今日，日本企業同士の契約でも多く導入されている。

＊3　ここでは，違反した場合の特段の効果が明示されていない遵守事項であるが，コベナンツ（Covenants）すなわち誓約条項として，遵守できない場合に契約解除や契約条件の変更などができる条項が付される契約もある。

↑ ⑤ 登記事項概要証明書

↑ ⑥ 登記事項概要証明書
＊これは，譲渡登記がされていないことを証明するものである（実務では，「ないこと証明」と呼ばれる）。

↑ ⑦ 登記事項証明書（概要事項）
＊これは，詳細な登記事項証明書の１頁目である。

↑ ⑧ 登記事項証明書（債権個別事項）
＊これは，詳細な登記事項証明書の２頁目である。

7 債務引受・契約上の地位の移転（契約譲渡）

債務引受と契約上の地位の移転（契約譲渡）は，以前から実務で行われてきたが，これまで民法典に規定がなく，改正後民法は，初めてそれらの規定を置いた。債権譲渡が債権を譲受人へと移転する制度であるのに対して，債務引受は債務を引受人へと移転することである。しかし，債務者が交替することは，債務者の責任財産を変更することを意味するため，債務者が交替することで責任財産が減少する事態は，債権者にとって望ましくない。そこで，債権者自身が合意をしたり承諾をする場合に限って，債務者が完全に交替して，旧債務者が債務を免れる，いわゆる免責的債務引受が認められる（472条）。

債権者との間で債務の引受人が，元の債務を存続させたまま，債務を新たに引き受ける場合もある。債務者と引受人との間で債務を引き受ける契約をする場合，債務者の交替による資力の悪化の危険を債権者に及ぼすべきではない。こうして，旧来の債務者が債務を負担したまま引受人も債務を引き受ける，いわゆる併存的債務引受が認められる（470条）。ここでは，本来の債務に加えて新たな債務の引受があるため，これは実質的に，債権者と引受人との間で保証を締結したのに類似する（なお，改正後民法は，諸外国の例と異なり，併存的債務引受のほうを免責的債務引受より先に規定している）。

さらに，契約の当事者たる地位を第三者に移転することも認められる。契約譲渡は，債権譲渡の側面だけでなく，免責的債務引受の側面も有するため，契約譲渡当事者の合意に加えて契約の相手方の承諾が必要である（539条の2）。ただし，賃貸人の地位は，賃借人の承諾を要することなく，賃貸人である物件の旧所有者とその譲受人の合意によって，物件の譲受人に移転する（605条の3）（最判昭和46・4・23民集25巻3号388頁の明文化である）。

↓ 債務引受契約書

免責的債務引受契約書

株式会社A（以下「甲」という。），株式会社B（以下「乙」という。），株式会社C（以下「丙」という。）及び株式会社D（以下「丁」という。）とは，乙が丙に対し負担する買掛金債務を甲が免責的に引き受けることについて，本日次のとおり契約を締結する。

第1条（債務の確認）

乙は，乙が丙に対して，下記記載の買掛金債務を負担していることを確認する。

記

丙を売主，乙を買主とする，乙丙間の平成○○年○○月○○日付売買契約（以下「原契約」という。）に基づく玩具用ダンボール箱の売買代金金○○○○円（支払期平成○○年○○月○○日　遅延損害金　年○○パーセント）

第2条（債務引受）

甲は，前条（債務の確認）の乙の丙に対する債務を，乙に代わって引き受け，弁済の責めを負う。

第3条（免責）

丙は，甲が前条（債務引受）の債務を引き受けることにより，乙に対し債務を免除する。

第4条（連帯保証人）

原契約の連帯保証人丁は，本免責的債務引受契約を承諾し，今後甲と連帯して債務を保証する。

本契約を証するため本書4通を作成し，甲，乙，丙および丁は以下に署名または記名押印し，各自1通を保有する。

平成　　年　　月　　日

（甲）住所
　　　氏名

（乙）住所
　　　氏名

（丙）住所
　　　氏名

（丁）住所
　　　氏名

出典：企業法務実務研究会編『リスク管理と契約実務』（第一法規，2020年）7911頁（令和2年内容現在）をもとに作成

Ⅳ　契 約

　契約は，債権発生原因のひとつである。契約とともに「債権各論」で扱われる事務管理・不当利得・不法行為に基づく債権が法定債権といわれ，法律上の要件を満たすことで当然に発生し，その内容も法律上定まるのと異なり，契約債権は，当事者の合意に基づいて発生し，その内容も第1次的には当事者の合意によって定まる。契約当事者は，「契約自由の原則」の下で契約関係を作り出しているのであり，そこでは，必ずしも民法の規定にしばられない，当事者の自由な創意工夫がみられる。したがって，契約上の債権債務の内容を知るためには，民法の規定より先に当事者が合意した個々の「契約」そのものを見なければならないし，そうすることが民法に規定されている契約に関する諸制度をよりよく理解するためにも有益である。そこで本章では，多様な契約類型についての「契約書」の例を多く取り上げた（本書の他の章でも，任意後見契約，抵当権設定契約，保証契約など「契約書」の例が随所に登場する）。

　まず，当事者が合意内容を「契約書」として書面化することの意味と「約款」をめぐる問題を検討したうえで（1），「契約総論」（民法第3編第2章第1節）に規定されている制度に関連して，契約成立のプロセスのダイナミズムを紹介する（2）。契約総論上の制度である「同時履行の抗弁権」と「危険負担」については，売買契約をはじめとする具体的な契約類型に関連して3以下でとりあげることにしよう。また，「契約解除」については，債務不履行に関する他の諸制度とあわせてすでにとりあげた（→Ⅲ-3）。

　続いて，「契約各論」（民法第3編第2章第2節以下）に関連して，典型契約ごとに契約書等の例をとりあげた（3〜11）。そこでは，当事者が民法の規定と異なる特約を定めている例や，取引の適正化をめざして業界団体や行政が主導した「標準契約書」（ひな形）の例が多く存在し，民法の規定はあくまでも任意規定であることを実感できるであろう。

　非典型契約の例としては，リース契約，クレジットカード会員契約，フランチャイズ契約をとりあげた（12）。民法からは明らかでないこれらの新種の契約における当事者の権利義務関係を，契約によって明確化しようとする努力が払われていることに気づいてほしい。

　最後に，消費者取引については，消費者の保護・支援のために設けられた「クーリング・オフ」と「抗弁の接続」の制度をとりあげた（13）。

1 契約書・約款

(1) 典型契約と任意規定

民法典は，契約各則として売買・賃貸借・消費貸借・請負など13種類の典型契約を定めている。しかし，「契約自由の原則」から，どの典型契約の類型にもあてはまらない契約を締結することも認められるし（そのような非典型契約の例について，12参照），典型契約を締結する場合であっても，民法の規定と異なる内容の契約条項をおくことができる（91条・521条2項）。民法（債権法）の規定の大部分は，「任意規定」なのである。

したがって，契約当事者の権利義務関係は，まずは契約（当事者の合意）によって定まり，民法の任意規定は，契約で合意されていない事項がある場合に初めて補充的に適用されるにすぎない。そして，当事者の合意内容を確定するための手がかりとなるのが「契約書」である。

(2) 契約書の役割

a 契約の存在・内容の明確化，紛争予防，証拠

もっとも，「契約自由の原則」には「方式の自由」も含まれるから，契約書を作成しなくても契約は有効に成立するのが原則である（522条2項）。それにもかかわらず，現実の社会では契約書が頻繁に用いられる。これは，単なる口約束では契約内容が曖昧になって争いが生じやすいし，契約内容を証明しにくいためである。すなわち，契約書を作成することによって契約の存在や内容を明確化して紛争を予防することができ，また証明を容易にすることができるのである。また，契約内容を明確化するという観点から，契約書の規定とは異なる口約束があるという主張をすることを禁ずる契約条項がおかれることもある（4(3)b(b)および(c)参照）。

b 当事者の熟考，真意性の確保

契約書には，契約締結に際して当事者の熟考を促し，真意性を確保するという機能もある。この機能に着目して，例外的に書面によらなければ効力を生じない要式契約とされる契約もある。保証契約（Ⅲ-5参照），個人根保証における極度額の定め，諾成的消費貸借（5(1)参照），任意後見契約（Ⅰ-3(2)参照），定期借地契約・定期借家契約（6(2)b，(3)参照）などがそれにあたる（446条2項・465条の2第3項・587条の2第1項，任意後見3条，借地借家22条・38条1項等）。前三者にいう書面は電磁的記録による場合も含む（446条3項・465条の2第3項・587条の2第4項）。任意後見契約と事業用定期借地契約は公正証書によらなければならない（任意後見3条，借地借家23条3項）。

また，無償契約の拘束力は書面なしには完全ではない。このことも真意性確保の観点から説明できる。書面によらない贈与は未履行部分の解除（550条），書面によらない使用貸借・無償寄託は，目的物の受取り前の貸主・受寄者による解除が認められる（593条の2・657条の2第2項）。

c 書面交付義務

また，事業者には，相手方に対して書面を交付する義務が課されていることがある（特定商取引4条・18条・37条・42条・55条・58条の7・58条の8，割賦販売4条・29条の3・30条の2の3・35条の3の8・35条の3の9，宅建業37条など）。しかし，これらは契約成立の要件ではなく，それに違反した場合には行政上・刑事上の制裁があるにすぎない。もっとも，法令にクーリング・オフ（13(2)参照）の規定がある場合には，書面交付時がクーリング・オフ期間の起算点となることがあり，民事上の効果が全くないわけではない。

（3） 約　款

a　約款の意義と問題

　多くの取引では「約款」が用いられる。約款とは，当事者の一方（通常は企業）が，不特定多数との取引を画一的に処理するため，事前に準備する契約条件のことである（例，保険約款，運送約款，原材料調達のための売買契約約款）。企業は，約款を使用することによって，契約をするたびに相手方と契約内容について交渉するコストや，従業員の個別判断で内容の異なる契約を抱えることを避けることができる。

　もっとも，約款は当事者の一方が一方的に準備するものであり，なぜそれが契約内容に組み入れられるのか，また，一方に有利な不当条項をどう規制するか（約款の内容規制）が問題となる。

b　「定型約款」概念と約款の組入れ

　約款の契約への「組入れ」は，両当事者が，約款によることを合意して契約している場合に認められる。2017 年改正民法は，約款のなかでも，「定型約款」の組入れについて規定をおいた。定型約款とは，「定型取引」（不特定多数を相手とする取引で，内容が画一的であることが当事者双方にとって合理的なもの）を行う者が，契約の内容とすることを目的として準備した条項の総体をいう。保険約款や運送約款などがその典型例である。企業間の原材料調達のための売買契約（4⑶の Material ①）は，仮に約款によっていたとしても内容が画一的であることが当事者双方にとって合理的とはいえないから，定型取引にはあたらない。また，当事者の一方が用意したひな型に基づいて個別交渉がされた契約も，画一性を欠くから定型約款による契約ではない。

　定型約款は，それを契約の内容とする旨の合意がされたときや，それがあらかじめ相手方に「表示」されていれば，定型約款中の個別の条項について合意があるとみなされる（みなし合意〔548 条の 2 第 1 項〕）。公共運送に関する定型約款は，特別法（例，鉄営 18 条の 2）によって，

「公表」されていれば事前の表示は不要とされる。Material は，インターネット上で公表されている運送約款の例である。

↓ 運送約款の例（JR北海道の旅客営業規則〈抜粋〉）

旅客営業規則

昭和 62 年 4 月 1 日
北海道旅客鉄道株式会社
公　告　第　1　号

第 1 編　総　則

（この規則の目的）

第 1 条　この規則は，北海道旅客鉄道株式会社（以下「当社」という。）の旅客の運送及びこれに附帯する入場券の発売，携帯品の一時預り（以下これらを「旅客の運送等」という。）について合理的な取扱方を定め，もつて利用者の便利と事業の能率的な遂行を図ることを目的とする。

（適用範囲）

第 2 条　当社線及び当社線と他の旅客鉄道会社線に係る旅客の運送等については，別に定める場合を除いて，この規則を適用する。

　（注）　他の旅客鉄道会社線相互発着となる旅客の運送等については，当該旅客鉄道会社の定めるところによる。

出典：JR北海道ウェブサイト

c　約款の内容規制

　約款の「内容規制」については，約款に限らない一般的な内容規制法理である民法 90 条・消費者契約法 8 条～10 条による無効，不当条項の使用の差止め（消費契約 12 条以下。また，特定商取引 58 条の 18 以下，景表 30 条も参照）などを駆使した規制がある。これらに加え，定型約款については，相手方の権利を制限する条項（例，責任制限条項），義務を加重する条項（例，違約金条項）であって，定型取引の態様・実情，取引上の社会通念に照らして，信義則に反するかたちで相手方の利益を一方的に害するもの（内容が不当なものや不意打ち的なもの）については，みなし合意は認められず，契約内容にならない（548 条の 2 第 2 項）。

　なお，許認可制や行政指導などの方法による行政的な内容規制も行われている（例，旅行 12 条の 2，保険業 4 条 2 項 3 号・123 条 1 項）。

2 契約の成立

(1) 申込みと承諾

a 注文書と注文請書

契約は，契約を締結したい旨の両当事者の意思表示が合致することによって成立する（522条1項）。この意思表示を「申込み」と「承諾」という。

これらの意思表示は，原則として口頭で行うことができるが，書面の交換によって行うこともある。申込みを受けた当事者は，その申込みを無視してもかまわないが，商人が平常取引をする相手から申込みを受けた場合には，申込みに対して沈黙していると申込みを承諾したものとみなされることがある（商509条，諾否通知義務）。

Material ①（注文書）は，買主から売主に対する売買契約締結の「申込み」として用いられることが多い。これに対して売主は同様の書類を「注文請書」という表題で買主に送り，これを「承諾」とすることが多い。もっとも，「注文請書」が，「注文書」の内容に変更を加えている場合には，それは申込みの拒絶とともに新たな申込みをしたものとされるなど（528条），書面の表題がその書面の法的性質と一致するわけではない。

契約が成立するためには，申込みと承諾が完全に合致する必要がある。しかし，これらの書面の表面に記載されている，当事者，売買の目的物の品名，数量，代金（単価），引渡期日・場所，代金支払方法（決済条件）等の契約条件について，両当事者の書面が合致しても，裏側に記載されている詳細な契約条項（裏面約款。Material ②）は合致しないことが多い。両当事者は，自己に有利な契約内容を実現するために，お互いの書式を送りあうことになるが，これを「書式の戦い（battle of forms）」という。日本法においては，最後に送られた書式の内容で契約が成立することになると思われるが，比較法的には，両当事者の書面に共通する条件のみが契約内容

↓ ① 注文書の例

↓ ② 裏面約款の例

契約条件

本注文書による申込を貴方が承諾されることにより成立する売買契約（以下本契約という）は下記の特約条項の適用を受けるものといたします。
特約条項
① 天災地変，戦争，内乱，暴動，その他の不可抗力，内外法令の制定・改廃，公権力による命令・処分，争議行為，輸送機関および保管中の事故，製造業者等の債務不履行，通関・入港の遅延，その他売主の責に帰することのできない事由による契約の全部または一部の履行遅滞もしくは履行不能については売主は責任を負わない。この場合売主の履行遅滞部分について買主は受領を拒絶できないものとし，また

履行不能となった部分については本契約は消滅する。
② 買主は売主の書面による承諾がない限り，売主が商品の製造業者または輸入業者等と見做されるような表示等をしてはならない。買主は，商品または商品の加工物に関し，買主の費用負担にて売主の要求する生産物賠償責任保険を付保しなければならない。商品または商品の加工物の欠陥等に起因して損害が発生し，またはそのおそれがある場合，買主は直ちにその詳細を売主に通知しなければならない。なお，この場合，売主はその選択に従い本契約の全部または一部を無条件で解除することができる。製造物責任法に基づく損害賠償責任については，売主が商品の直接輸入業者であるか製造業者であることの明白な表示を行った場合でかつ商品自体に欠陥がある場合を除き買主が一切の責任

84

を負担する。なお，いずれの場合でも，買主により商品が加工されたとき，買主の販売方法に瑕疵があるとき，または商品が買主の指定した仕様通りであるときは，商品の欠陥の有無にかかわらず買主が一切の責任を負担する。

③ 本契約成立後の内外法令の制定・改廃による公租公課の創設・増額，運賃，保険料，保管料，その他の諸掛の増額または戦争その他の非常事態による一切の増加費用は買主が負担する。

④ 商品の所有権は商品代金が完済された時に売主から買主に移転する。

⑤ 買主において本契約もしくは他の契約の全部または一部を履行しないとき，手形または小切手を不渡りとしたとき，差押・仮差押・競売・破産・民事再生・会社更生・特定調停等の申立があったとき，清算または内整理の手続きにはいったとき，滞納処分を受けたとき，営業停止または営業免許・営業資格取消等の処分を受けたとき，その他信用状態が悪化しまたはそのおそれがあると売主において認めたときは買主は売主に対して負担するすべての債務（他の契約による債務を含む）につき当然に期限の利益を失い直ちに売主に対し債務金額を支払う。売主が買主に対し債務を負担しているときは他の契約の規定にかかわらずその負担する一切の債務の対当額につき，売主は相殺できる。また買主は商品について動産売買の先取特権に基づく売主の差押をあらかじめ承諾する。

⑥ 前項の場合売主は別に何等の通知・催告をなさず直ちに本契約はもとより他の一切の契約を解除しその損害金を請求できる。

⑦ 買主が支払を遅延した場合は100円につき日歩5銭の遅延損害金を売主に支払う。

⑧ 買主が商品を引取らないときは，売主は催告，履行の提供，その他何らの手続きを要せず，任意にこれを売却し（売却の相手・時期・方法・代価等は一切売主の任意とする），その売却代金をもって買主に対する一切の債権に充当できる。なお不足があるときは不足金を買主に請求する。

⑨ 本契約に関する訴訟の管轄裁判所は，本書に記載の売主の住所地を管轄する地方裁判所または簡易裁判所とする。

出典：北川善太郎ほか編『解説実務書式大系 2取引編 Ⅱ企業間動産取引契約』（三省堂，1998年）30頁を参考にした。

になるとする考え方が有力になっている。

b 基本契約と個別契約

企業間の動産売買契約は，継続的取引であることが多く，当事者間で継続的取引の基本的条件を定める「基本契約」が締結されていることが多い（基本契約の例として，4(3)の Material ①参照）。その場合，「基本契約」の存在を前提として，例えばaでみたような注文書と注文請書を取りかわして「個別契約」が締結される。

(2) 契約交渉

レター・オブ・インテント，基本合意書

大型の契約や複雑な契約は，注文書と注文請書のやりとりだけで成立することは稀で，長期間の交渉を経て締結されることが多い。その場合，交渉中になされた無数の意思表示のどれが申込みで，どれが承諾であるかを特定できないこともある（「申込承諾型」の契約成立と対比して「練り上げ型」の契約成立と称することがある）。

このような場合，最終的な契約締結にいたる前の段階で，当事者はそれまでの交渉内容を確認し，その後の誠実な交渉継続の意向を表明する趣旨の中間的な合意書が作成されることがある。実務上，これを「基本合意書」，「レター・オブ・インテント（letter of intent, L/I）」，「メモランダム・オブ・アンダースタンディング（memorandum of understanding, MOU）」などという。Material ①は，企業買収における基本合意書の例である。

このような基本合意書は，通常，法的拘束力のない紳士協定であると認識されており，Material ①の第15条1項はそのことを確認する。しかし，基本合意書には「秘密保持条項」や「独占交渉権条項」が含まれることがあり，このような条項には法的拘束力が認められる。同条2項は独占交渉権条項の例であり，同条1項はその法的拘束力を確認している。

Material ②は，金融機関の業務提携交渉において，独占交渉権条項（「〔前略〕各当事者は，直接又は間接を問わず，第三者に対し又は第三者との間で本基本合意書の目的と抵触しうる取引等にかかる情報提供・協議を行わないものとする。」）を含む基本合意書が締結された後に，当事者の一方が交渉相手を他の金融機関にのりかえたため，他方の当事者が独占交渉義務違反に基づく損害賠償を求めた事件に関する判決（東京地判平成18・2・13金判1238号12頁）についての記事である。この判決は，独占交渉義務違反が債務不履行になることを認めた（請求が棄却されたのは当事者の主張した法外な額の損害と義務違反の因果関係が認められなかったためである）。9か月後，当事者間で和解が成立している（Material ③）。

↓ ① 旧日本債券信用銀行の買収に係る基本合意書（抜粋）

基本合意書

　預金保険機構（以下「売主」という），株式会社日本債券信用銀行（以下「日債銀」という）並びにソフトバンク株式会社（以下「ソフトバンク」という），オリックス株式会社（以下「オリックス」という）及び東京海上火災保険株式会社（以下「東京海上」といい，ソフトバンク及びオリックスと併せて「買主」という）は，平成12年6月6日付で基本合意書（以下「本基本合意書」という）を締結する。

　売主は，売主が保有している日債銀の発行済普通株式を買主に売却する意向であり，買主はこれを買い受ける意向である。また，買主は，日債銀が新規に発行する普通株式を引き受ける意向である。なお，買主は他の金融機関等を共同出資者として加えることを検討しており，売主はこれを了承している。

　売主，日債銀及び買主は，平成12年2月24日付で，売主が買主に優先交渉権を与える趣旨の覚書（以下「本件覚書」という）を締結した。

　全当事者は，全当事者間で本件覚書に従って行われてきた協議の内容及び上記意向に従って最終的な株式売買契約（以下「最終契約」という）が締結される際の基礎となる全当事者の合意を明確化しておくことが好ましいと認識している。

　売主は，本基本合意書の締結交渉に当たっては，金融再生委員会（以下「再生委」という）の指導・監督を受けている。

　よって，全当事者間において次のとおり合意する。

（中　略）

第15条（諸手続及びその他の事項）

1．全当事者は，本基本合意書が，本第1項乃至4項を除き，法的拘束力を持たず，強制執行することができないものであることを確認する。

2．売主は，本基本合意書締結の日から平成12年7月9日までの期間，本基本合意書の内容に従い，買主との間で，本基本合意書で企図されている取引について排他的に交渉しなければならない。本基本合意書は，全当事者が本基本合意書を延長する旨同意した場合を除き，最終契約締結日又は平成12年7月9日のいずれか先に到来した日に終了するものとする。但し，相手方当事者が誠実な交渉を継続しない場合又は相手方当事者が本基本合意書の条項に重大な形で違反した場合には，売主又は買主は本基本合意書を解除することができる。

3．本基本合意書は日本法に従って解釈されるものとする。

4．当事者は，本基本合意書の対象事項については東京地方裁判所が専属管轄権を有する旨合意する。

出典：金融庁ウェブサイトより

↓ ② 日本経済新聞2006年2月13日夕刊

旧UFJ統合撤回

東京地裁判決「最終契約 義務なし」

住信の賠償請求棄却

交渉義務違反　UFJの責任は認定

↓ ③ 日本経済新聞2006年11月21日夕刊

三菱UFJ，住信と和解

経営統合撤回　損害賠償訴訟　25億円支払い合意

3 贈 与

(1) 贈与契約とは

贈与契約とは，当事者の一方（贈与者）があ
る財産を無償で相手方（受贈者）に与える意思
を表示し，相手方がそれを受諾することによっ
て成立する契約である（549条）。贈与契約は，
無償契約の典型であり，受贈者から贈与者に対
して経済的な対価関係に立つ反対給付がなされ
ない点が特徴である。そのため，書面によらな
い贈与は履行の終わった部分を除いて解除する
ことができ（550条），また，贈与者は，目的物
として特定した時の状態で目的物を引き渡し，
または移転すれば足りる——つまり特定時の現
状より高い品質を担保するものではない——と
推定される（551条1項）など，売買契約を典型
とする有償契約とは異なった規律に服する。

単純な贈与のほかに，負担付贈与（553条），死
因贈与（554条）など特殊の贈与がある。死因贈与
については，遺贈（→Ⅵ-9参照）との比較が重要
である。以下では，負担付贈与をとりあげる。

(2) 負担付贈与

負担付の贈与契約書

受贈者が贈与を受けるかわりに贈与者等をそ
の生存中扶養する（つまり老後の面倒をみる）と
いうように，受贈者が一定の給付義務を負うこと
がある（Material の契約書第4条参照）。この義務
のことを「負担」という。負担は，贈与者による給
付と経済的な対価関係に立つといえるほどのも
のではないから，負担付贈与も無償契約である。

負担付贈与は，贈与者が負担の限度で担保責
任を負い（551条2項），またその契約の性質に
反しない限り，双務契約に関する規定（同時履
行の抗弁権，危険負担，解除など）が準用される（553
条）。ここに挙げた契約書の第5条・第6条は
この点に関する特約である。特に，契約書の第5
条2号は，いわゆる「忘恩行為による贈与の解
除」に関する特約である。判例は，このような特
約がなくても負担付贈与契約の趣旨から契約の
解除を認めることがあるが（例，最判昭和53・2・
17判タ360号143頁），贈与者としては明文で特
約を置いておくほうが確実であろう。

⬇ 負担付の贈与契約書（抜粋）

負担付不動産贈与契約書

　贈与者甲野太郎（以下甲という）と受贈者乙野次郎（以下乙
という）の間で，左のとおり贈与契約を締結した。

第1条 甲は，その所有する後記不動産を以下に定める約定に
従い乙に贈与し，乙はこれを受諾した。

　〈中略〉

第3条 乙は，建物賃貸借契約の負担付で後記建物を譲り受け
る旨承諾する。

第4条 乙は，後記不動産の贈与を受ける負担として，甲およ
び甲の妻の生存中両名を扶養しなければならない。

　2　乙は，甲に対し，前条による扶養義務の一内容として，毎
月末日限り，第3条の建物賃貸借契約に基づいて現に得た賃
料のうち，金□万円を支払わなければならない。

第5条 乙が次の各号のいずれかに該当するときは，甲は本契
約を解除することができる。

一，前条の扶養義務を履行しないとき。

二，甲またはその親族に対して重大な犯罪を犯し，またはこれ
らの者に対し著しい非礼行為を重ねるとき。

三，生計の維持に差し支えるような賭博，飲酒などにより資産
を浪費するおそれがあるとき。

第6条 前条により本契約が解除された場合は，乙は甲に対し
遅滞なく後記不動産の所有権移転登記手続をし，かつ引渡し
をしなければならない。

　この場合，契約解除の日までに乙が支出した扶養の費用は，そ
れまでに後記不動産を使用収益した対価と相殺することとする。

令和○年○月○日

　　　　　　　　（住所）

　　　　　　　　　　贈与者（甲）甲　野　太　郎　㊞

　　　　　　　　（住所）

　　　　　　　　　　受贈者（乙）乙　野　次　郎　㊞

（不動産の表示）

　〈略〉

以　上

＊作成にあたり，『契約書式の作成全集〔改訂新版〕』（自由国民社，2017年）461～463頁を参考にした。

4 売 買

(1) 売買契約とは

売買契約とは，当事者の一方（売主）が，ある財産権を相手方（買主）に移転することを約束し，相手方（買主）がその代金の支払を約束することによって成立する契約である（555条）。

当事者が互いに経済的対価関係に立つ給付をする契約を「有償契約」というが，売主と買主が財産権とその代金を交換する契約である売買契約は有償契約の基本類型である。そのため，売買に関する民法の規定は，契約の性質がそれを許さない場合を除き，売買以外の有償契約に準用される（559条）。

(2) 不動産売買

不動産（土地・建物）のように高額な目的物の売買契約も，理論上は口頭の合意で契約が成立しうる。しかし，実際の不動産売買契約は，慎重を要することから契約書が作成されており，裁判例も，当事者意思を理由に，契約書が作成されるまでは契約は成立していないとするのが通常である。なお，宅地建物取引業者は，宅地・建物の売買に関し，遅滞なく契約内容を記載した書面を相手方等に交付しなければならないが（宅建業37条1項），これは契約の成立とは関係のない行政上の義務である。

不動産売買契約書では，当事者，目的物，代金の額と支払時期，所有権移転登記の時期，目的物の引渡時期を明確にしておくことが特に重要である。Material①は土地・建物売買契約書の例である。

a 土地・建物売買契約書

(i) 所有権の移転時期

不動産売買契約は，目的物の所有権の移転を目的とするものであるから，所有権がいつの時点で移転するのかは重要な関心事である。民法176条は所有権移転について意思主義を採用し，原則として所有権は契約締結時に移転すると解されている。もっとも，目的物の引渡し，所有権移転登記，代金支払等がなされていないのに所有権が移転するとすることは，必ずしも当事者意思と一致しない。そこで，学説上は，所有権が移転するのは引渡し・所有権移転登記または代金支払がなされた時であるとする見解が有力である。このような主張の背景には，Material①にみられるような契約慣行がある。すなわち，この契約書の第4条は，売買代金の全額の支払時を所有権の移転時期としている。

(ii) 契約不適合責任（担保責任）

(a) 契約不適合責任の内容 売主が引き渡した目的物の種類・品質・数量が契約の内容に適合しない場合，買主は，売主に対して，①追完請求（562条），②代金減額請求（563条），③契約解除（564条・541条・542条），④損害賠償請求（564条・415条）をすることができる。この場合の売主の責任を担保責任ともいう。

(b) 期間制限 買主の①～④の権利行使には，2段階の期間制限がある。第1に，買主は，不適合を「知った時」から1年以内にその旨を売主に通知しなければ，①～④の権利を行使することができなくなる（566条）。なお，商人間売買については商法526条参照。

第2に，消滅時効がある。買主の①～④の権利は，権利行使できること（＝不適合があること）を「知った時」から5年または権利行使できる時（＝引渡時）から10年（人身損害についての損害賠償請求については20年）の消滅時効にかかる（166条1項・167条）。

(c) 担保責任を負わない特約 売主が担保責任を負わないとする特約は原則として有効であるが，(i)売主が知りながら買主に告げなかった不適合については責任を免れることはできず（572条），(ii)新築住宅の売主は建物の構造耐力

上主要な部分等の瑕疵について引渡時から10年の担保責任を負い（住宅品質確保95条1項），これに反する特約で買主に不利なものは無効とされる（同条2項〔片面的強行規定〕→8(2)(c)参照）。さらに，(iii)売主が宅地建物取引業者である場合には，種類・品質の不適合について，566条の期間制限を，「引渡しの日から2年以上」とする特約をする場合を除き，買主に不利となる特約をすることはできない（宅建業40条）。

Material ①の第14条7項は，566条の通知の期間を引渡時から2年とするものである（566条にいう「知った時から1年」より長いとは限らない）。

↓ ① 土地・建物売買契約書

土地・建物売買契約書

(A) 売買の目的物の表示（登記簿の記載による）

	所 在	地 番	地 目	地 積
土 地	○○市○○○丁目	12番34	宅地	123.11 m²
	同上	12番35	宅地	45.22 m²
				m²
			合計	168.33 m²

建 物	所 在	○○市○○丁目12番地34	家屋番号	12番34
	種 類	居 宅	構 造	木造瓦葺2階建
	床面積	1階 65.67 m², 2階 35.56 m², 合計延べ床面積 101.23 m²		

特記事項

(B) 売買代金，手付金の額及び支払日

売買代金	総 額	金 38,500,000 円也
	土 地 建 物 （うち消費税相当額）	金 27,500,000 円也 金 11,000,000 円也 （金 3,500,000 円也）
手 付 金	本契約締結時に	金 1,000,000 円也
中 間 金	第1回令和○年○月○日までに 第2回令和 年 月 日までに	金 2,000,000 円也 金―――円也
残 代 金	令和○年○月○日までに	金 35,500,000 円也

（C～F）その他約定事項

(C)	所有権移転・引渡し・登記手続の日	令和○年○月○日
(D)	令和（○）年度公租公課分担の起算日	令和○年○月○日
(E)	手付解除の期限	契約の日から　か月後 令和__年__月__日
(F)	違約金の額（売買代金の20％相当額）	金 7,700,000 円也

契約条項

（売買の目的物及び売買代金）

第1条　売主は標記(A)の物件（以下「本物件」という。）を標記(B)の代金をもって買主に売り渡し，買主はこれを買い受けた。

（手付）

第2条　買主は，売主に手付として，この契約締結と同時に標記(B)の金額を支払う。

2　手付金は，残代金支払のときに，売買代金の一部に充当する。

（売買代金の支払時期及びその方法）

第3条　買主は，売主に売買代金を標記(C)の期日までに現金又は預金小切手で支払う。

（所有権移転の時期）

第4条　本物件の所有権は，買主が売買代金の全額を支払い，売主がこれを受領したときに売主から買主に移転する。

（引渡し）

第5条　売主は，買主に本物件を売買代金全額の受領と同時に引き渡す。

2　買主は，売主に引渡確認書を交付して，前項の引渡しの確認を行うものとする。

（所有権移転登記の申請）

第6条　売主は，売買代金全額の受領と同時に，買主の名義にするために，本物件の所有権移転登記の申請手続をしなければならない。

2　所有権移転登記の申請手続に要する費用は，買主の負担とする。

（負担の消除）

第7条　売主は，本物件の所有権移転の時期までに，抵当権等の担保権及び賃借権等の用益権その他買主の完全な所有権の行使を阻害する一切の負担を消除する。

（印紙代の負担）

第8条　この契約書に貼付する収入印紙は，売主，買主が平等に負担するものとする。

（公租公課の分担）

第9条　本物件に対して賦課される公租・公課は，引渡日の前日までの分を売主が，引渡日以降の分を買主が，それぞれ負担する。

2　公租公課分担の起算日は，1月1日とする。

3　公租公課の分担金の精算は，残代金支払時に行う。

（手付解除）

第10条　売主は，買主に受領済みの手付金の倍額を現実に提供して，また，買主は，売主に支払済の手付金を放棄して，それぞれこの契約を解除することができる。

2　前項による解除は，相手方がこの契約の履行に着手したとき，又は標記(E)の期日を経過したとき以降は，できないものとする。

（引渡前の滅失・損傷）

第11条　本物件の引渡前に，天災地変その他売主又は買主のいずれの責にも帰することができない事由によって本物件が滅失したときは，買主は売買代金の支払を拒むことができる。また，売主又は買主は，この契約を解除することができる。

2　本物件の引渡前に，前項の事由によって本物件が損傷したときは，売主は，本物件を修補して買主に引き渡すものとする。この場合，修補によって引渡しが標記(C)の期日を超えても，買主は，売主に対し，その引渡延期について異議を述べることはできない。

3　売主は，前項の修補が著しく困難なとき，又は過大な費用を要するときは，この契約を解除することができるものとし，買主は，本物件の損傷により契約の目的が達せられないときは，この契約を解除することができる。

4　第1項又は前項によってこの契約が解除された場合，売主は，受領済みの金員を無利息で遅滞なく買主に返還しなければならない。

（契約不適合を除く契約違反による解除）

第12条　売主又は買主がこの契約に定める債務を履行しないとき，その相手方は，自己の債務の履行を提供し，かつ，相当の期間を定めて催告したうえ，この契約を解除することができる。ただし，債務の不履行が，この契約及び取引上の社会通念に照らして軽微であるときは，この限りではない。

2　売主又は買主は，その相手方の債務の全部が履行不能である場合のほか，相手方がその債務の履行をせず，前項の催告をしても契約目的を達するのに足りる履行がされる見込みがないことが明らかであるときは，前項にかかわらず，催告をすることなく直ちにこの契約の解除をすることができる。

3　相手方の債務の不履行が，債権者たる売主又は買主の責めに帰すべき事由によるものであるときは，前2項の規定による契約の解除をすることはできない。

4　第1項又は第2項の契約解除に伴う損害賠償は，標記(F)の違約金による。ただし，債務の不履行がこの契約及び取引上の社会通念に照らして債務者たる売主又は買主の責めに帰することができない事由であるときは，損害賠償の請求はできない。

5　違約金の支払は，次のとおり，遅滞なくこれを行う。

①　売主の債務不履行により買主が解除したときは，売主は，受領済の金員に違約金を付加して買主に支払う。

②　買主の債務不履行により売主が解除したときは，売主は，受領済の金員から違約金を控除した残額を無利息で買主に返還する。この場合において，違約金の額が支払済の金員を上回るときは，買主は，売主にその差額を支払うものとする。

6　買主が本物件の所有権移転登記を受け，又は本物件の引渡しを受けているときは，前項の支払を受けるのと引換えに，その登記の抹消登記手続，又は本物件の返還をしなければならない。

7　本条の規定は，第14条に定める契約不適合による契約の解除には適用されないものとする。

（反社会的勢力の排除）

第13条　〈略〉

（契約不適合責任）

第14条　買主は，買主に引き渡された本物件が種類又は品質に関して契約の内容に適合しないこと（以下「契約不適合」という。）がある場合は，売主に対し，本物件の修補を請求することができる。ただし，売主は，買主に不相当な負担を課するものでないときは，買主が請求した方法と異なる方法により修補をすることができる。

2　買主は，前項の修補に代え，又は前項の修補とともに売主に損害賠償を請求することができる。ただし，契約不適合がこの契約及び取引上の社会通念に照らして売主

の責めに帰することができない事由によるものであるときは，この限りでない。

3　買主は，契約不適合について買主がこの契約を締結した目的を達せられないときは，この契約を解除することができる。

4　買主は，前項の契約解除とともに損害賠償を請求することができる。ただし，契約不適合がこの契約及び取引上の社会通念に照らして，売主の責めに帰することができない事由によるものであるときは，この限りでない。

5　契約不適合が買主の責めに帰すべき事由によるものであるときは，買主は第1項の修補の請求及び第3項の契約の解除をすることはできない。

6　第2項及び第4項の損害賠償の請求については，標記(F)の違約金の定めは適用されないものとする。

7　買主は，本物件の引渡しを受けてから2年以内に売主に本物件に契約不適合がある旨の通知をしなかったときは，売主に対して本条に定める権利を行使できないものとする。ただし，売主が引渡しの時にその不適合を知り，又は重大な過失によって知らなかったときは，この限りでない。

（諸規約の承継）

第15条　売主は，買主に対して，環境の維持又は管理の必要上定められた規約等に基づく売主の権利・義務を承継させ，買主はこれを承継する。

（協議事項）

第16条　この契約に定めのない事項，又はこの契約条項

に解釈上疑義が生じた事項については，民法その他関係法規及び不動産取引の慣行に従い，売主及び買主が，誠意を持って協議し，定めるものとする。

令和○年○月○日

売主　　　　　住　所　○○知事（○）第○○○○号
　　　　　　　　　　　○○市○○○丁目5 − 6
　　　　　　　　　　　○○不動産株式会社
　　　　　　　氏　名　代表取締役　住宅　太郎　㊞

　宅地建物取引士
　　　　　　　氏　名　甲山　三夫　　　　　　㊞
　　　　　　　登録番号　（○○）第○○○○○号

買主　　　　　住　所　○○市○○ 2 − 7 − 3
　　　　　　　氏　名　乙野　次男　　　　　　㊞

媒介業者　　　住　所　○○知事（○）第○○○○号
　　　　　　　　　　　○○市○○○丁目7 − 8
　　　　　　　　　　　○○土地建物株式会社
　　　　　　　氏　名　代表取締役　丙川　一郎　㊞

　宅地建物取引士
　　　　　　　氏　名　丙川　一郎　　　　　　㊞
　　　　　　　登録番号　（○○）第○○○○号

出典：（一財）不動産適正取引推進機構編『不動産売買の手引　令和2年度版』（2020年）63～68頁を参考にした。

(iii)　目的物の滅失・損傷

売買契約においては，震災など，いずれの当事者の帰責事由にもよらずに，目的物が滅失または損傷する危険を，どちらの当事者が負うのかが問題となる。

売主が買主に目的物を引き渡した後に，目的物が，いずれの当事者の帰責事由にもよらずに滅失または損傷した場合，民法は，買主はその滅失または損傷を理由として，売主の債務不履行責任を問うことはできず，代金支払を拒むこともできないとする（567条1項）。このことを引渡しによる「危険の移転」という。

これに対して，目的物の特定後（不動産のような特定物の売買であれば契約締結後），その引渡前に，いずれの当事者の帰責事由にもよらずに，目的物の滅失または損傷が生じた場合には，民法は，買主は①契約解除（541条・542条・564条），②

追完請求（562条），③代金減額請求（563条）をすることができるとする（②③は損傷した状態で引き渡された場合。なお，売主に帰責事由がなければ損害賠償請求はできない〔415条1項ただし書〕）。Material①の第11条3項は，この民法の原則を修正し，修補が著しく困難な場合または過大な費用を要する場合について，売主にも約定解除権を与えており，これによって売主は②③の請求を免れることができる。

(iv)　手　付

売買契約の締結時に，買主が売主に手付金を交付することがある。民法557条は，この手付を解約手付であると推定し，履行の着手があるまでは手付放棄または手付倍返しによる解除（Material②③）を認めている。同条は任意規定であるから，当事者が合意によって他の種類の手付金を交付することは自由である。例えば，

「買主不履行のときは，売主は手付金を返還する義務がなく，売主不履行のときは，買主へ既収手付金を返還すると同時に同額を違約金として別に賠償し，各損害補償に供するものとする」というのは違約手付の特約である。もっとも，判例は，このような違約手付と解約手付は両立するとして，これは解約手付の推定を排除するものではないとする（最判昭和 24・10・4民集 3 巻10 号 437 頁）。

(v) その他

Material ①には，不動産売買においてしばしばみられる，所有権移転登記の費用負担に関する条項，抵当権などの負担除去に関する条項，固定資産税などの公租公課の負担に関する条項もみられる。また，Material ①では略したが，反社会的勢力排除条項が定められることも多い（(3)の Material ①の第 13 条参照）。

b 重要事項説明書

宅地建物取引業法 35 条は，不動産の売買等をしようとする宅地建物取引業者に，契約締結前に重要事項説明書の交付を義務づけている。同法を所管する国土交通省は，説明すべき事項を Material ④ のとおり整理するとともに，Material ⑤ のような様式例を示している。

↓ ② 手付放棄による契約解除の通知書（内容証明郵便）の例

```
                                令和○年○月○日
札幌市北区北○条西○丁目○番○号
  ○○○○殿
              札幌市中央区大通り西○丁目○番○号
                          ○○○○    ㊞

            土地売買契約解除通知書
  私は，令和○年○月○日，下記土地及び建物について，
貴殿と売買契約を締結し，手付金として金○○○万円を
交付いたしました。しかし，都合により，貴殿が履行に
着手されていない本日の時点で，支払済みの手付金○○
○万円を放棄して売買契約を解除いたしますので，本書
面をもって通知いたします。

                    記
              不動産の表示〈略〉
```

↓ ③ 手付倍返しによる契約解除の通知書（内容証明郵便）の例

```
                                令和○年○月○日
札幌市中央区大通り西○丁目○番○号
  ○○○○殿
              札幌市北区北○条西○丁目○番○号
                          ○○○○    ㊞

            土地売買契約解除通知書
  私は，令和○年○月○日，下記土地及び建物について，
貴殿と売買契約を締結し，手付金として金○○○万円を
受領いたしました。しかし，都合により，貴殿が履行に
着手されていない本日の時点で，手付金の倍額である金
○○○万円を貴殿にお支払いして上記契約を解除いたし
ますので，本書面をもって通知いたします。上記金額は本
日貴殿の銀行口座に送金しましたのでご確認ください。

                    記
              不動産の表示〈略〉
```

＊内容証明郵便については，Ⅲ-3(5)，Ⅲ-6参照。

↓ ④ 宅地建物取引業法35条等に基づいて説明すべき事項の整理

○取引の態様（宅地建物取引業法第 34 条第 2 項）

Ⅰ 対象となる宅地又は建物に直接関係する事項
  1 登記記録に記録された事項
  2 都市計画法，建築基準法等の法令に基づく制限の概要
  3 私道に関する負担に関する事項
  4 飲用水・電気・ガスの供給施設及び排水施設の整備状況
  5 宅地造成又は建物建築の工事完了時における形状，構造等（未完成物件のとき）
  6 建物状況調査の実施の有無及び実施している場合におけるその結果の概要（既存の建物のとき）
  7 建物の建築及び維持保全の状況に関する書類の保存の状況（既存の建物のとき）
  8 当該宅地建物が造成宅地防災区域内か否か
  9 当該宅地建物が土砂災害警戒区域内か否か
  10 当該宅地建物が津波災害警戒区域内か否か
  11 水防法に基づく水害ハザードマップにおける当該宅地建物の所在地
  12 石綿使用調査の内容

| 13 | 耐震診断の内容 | | 6 | 金銭の貸借のあっせん |
| 14 | 住宅性能評価を受けた新築住宅である場合 | | 7 | 担保責任（当該宅地又は建物が種類又は品質に関して |

Ⅱ　取引条件に関する事項

| 1 | 代金及び交換差金以外に授受される金額 |

| 2 | 契約の解除に関する事項 |

| 3 | 損害賠償額の予定又は違約金に関する事項 |

| 4 | 手付金等の保全措置の概要（業者が自ら売主の場合） |

| 5 | 支払金又は預り金の保全措置の概要 |

契約の内容に適合しない場合におけるその不適合を担保
すべき責任）の履行に関する措置の概要

| 8 | 割賦販売に係る事項 |

Ⅲ　その他の事項

| 1 | 供託所等に関する説明（宅地建物取引業法第35条の2） |

出典：国土交通省「宅地建物取引業法の解釈・運用の考え方」（令和2年7月17日）別添2

⬇ ⑤ 重要事項説明書（抜粋）

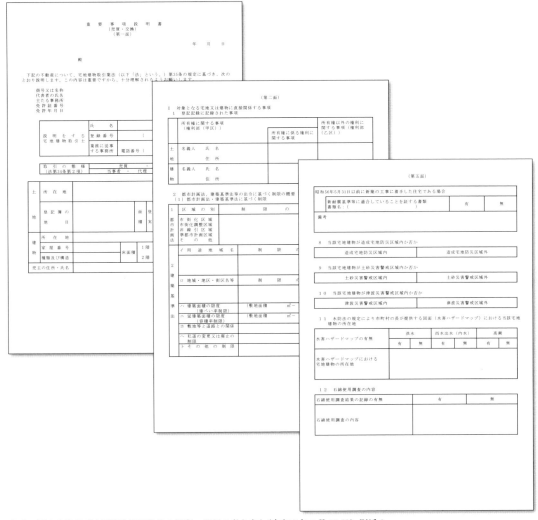

出典：国土交通省「宅地建物取引業法の解釈・運用の考え方」（令和2年7月17日）別添3

(3) 動産売買

(i) 基本契約と個別契約

　企業間の動産売買は，継続的反復的に行われることが多い。そのため，その当事者間で行われる個々の取引に共通して適用される契約条項を詳細に規定した「基本契約」を締結したうえで，「個別契約」は口頭でまたは注文書と注文請書等（2⑴a参照）のやりとりで締結されることが多い。Material①は，そのような基本契約書の例である。例えば，第1条2項が基本契約と個別契約の関係を定め，第4条は個別契約の締結方法について定める。

(ii) 所有権の移転，危険の移転

　Material①は，所有権移転時期および危険の移転時期を，ともに引渡時であると明示的に定めている。前者は当事者意思を明確にするものであり（176条参照），後者は民法567条1項を確認するものといえる。

(iii) 契約不適合責任（担保責任）

　不動産売買の場合と同様に（⑵a(ii)参照），動産の売主が引き渡した目的物の種類・品質・数量が契約の内容に適合しない場合にも，買主は，売主に対して，①追完請求（562条），②代金減額請求（563条），③契約解除（564条・541条・542条），④損害賠償請求（564条・415条）をす

ることができる。民法上，代金減額請求と解除は，買主が相当の期間を定めて追完や履行の催告をしたうえでなければ行使できない場合があり（563条1項・541条），また，解除は不履行が「軽微」である場合（541条ただし書）には認められないなど，制限されているが，Material①第8条は，買主に，無催告での代金減額請求や契約解除を認め，また，軽微な不履行であっても解除を認めている。第14条も，買主の約定解除権を定め，全般的に，買主に有利な契約内容になっているといえる（商法526条に基づく買主の検査通知義務の適用も排除され〔第8条4項〕，また，民法416条と異なり，売主の損害賠償の範囲は，売主の予見可能性によって制限されていない〔第15条〕）。

　また，民法は，売主が移転した権利が契約の内容に適合しない場合にも，売主の契約不適合責任を認める（565条）。これは，目的物の所有者が売主ではなかった場合や，目的物に抵当権等の担保物権や地上権等の用益物権が設定されている場合を主に想定した規定であるが，Material①第9条では，売主は引き渡した目的物の使用等が第三者の知的財産権を侵害しないことを保証するものとされ，目的物が第三者の知的財産権を侵害する場合も，契約不適合にあたることを明らかにしている。

(iv) その他

　企業間取引では，反社会的勢力排除条項も広く用いられるが，Material①にもその例がみられる（第13条）。

⬇ ① 売買基本契約書の例

売買基本契約書

　株式会社●●●●(以下，「甲」という) と株式会社○○○○(以下，「乙」という）は，次の通り売買基本契約を締結する。

第1条（本契約の目的）
1　本契約は，売主甲と買主乙間の次の商品（以下，「商品」という）の個別の売買契約（以下，「個別契約」という）に共通に適用される。

　　商品：▲▲の原材料，▲▲の製品，▲▲の雑貨及びそれに付帯する一切の商品

2　甲及び乙は，商品の個別契約について，本契約に定める条項

の一部の適用を排除し，又は本契約と異なる事項を定めることができる。

第2条（個別契約の契約書交換省略）
　甲乙間の商品の個別契約については，原則として都度の契約書の交換を省略する。

第3条（個別契約の条件）
1　甲乙間の商品の個別契約で売買される商品の品名，数量，取引価格，代金決済条件，及び受渡場所・受渡条件その他売買に必要な条件は，個別契約をもって定める。

2　甲は，商品が法令上の危険物である場合，その引渡しの前に，

品名，性質，その他商品の安全な運送，保管等取り扱いに必要な情報を適切な方法で乙に通知しなければならない。

第4条（個別契約の成立）

1 甲乙間の個別契約は，乙が甲に対し，文書（ファックス，電子メール，その他甲乙間で合意する電子データ含む，以下，「発注書」という）にて商品を発注し，甲がその注文を承諾した旨の注文請書が乙に到達することによって成立する。

2 甲は，前項に基づく乙の発注を承諾しない場合には，乙による発注書送付後5日以内に，乙に対しその旨通知するものとし，当該期間内にかかる通知がなされない場合，甲は乙の当該発注を承諾したものとみなす。

第5条（特殊事情に基づく諸掛高騰）

個々の商品の売買契約の成立後，法令の改廃その他特殊事情に基づき内外公租公課が増廃し，又は運賃，保険料，保管料若しくは運送経路等の変更に基づき運賃，保険料等諸掛が高騰したときは，その増額又は高騰部分は甲が負担する。

第6条（所有権，危険負担）

商品の所有権及び危険負担は，商品の引渡完了をもって甲から乙に移転する。

第7条（品質その他の保証）

1 甲は乙に売り渡す商品に関し，次の事項を保証する。

(1) 不正競争防止法，公正競争規約，食品衛生法及びその他関連諸法規及び各自治体条例等が定める規制又は基準に合致するものであること。

(2) 製造物責任法にいう欠陥のないこと。

2 甲は，次の事項が発生した場合は，自己の費用と責任により解決を図るとともに，万一に損害（弁護士費用及びリコール費用等を含むがこれに限らない）が生じたときは，直ちに賠償の責を負うものとする。

(1) 前項第(1)号に違反したとき。

(2) 商品に起因して第三者の権利を侵害したとき。

(3) 商品に起因して乙の転売先又は第三者からクレーム又は損害賠償請求その他の請求（製造物責任についてのクレーム及び請求を含む）がなされたとき。

第8条（契約不適合責任）

1 甲は，商品の品質・性能不良，数量不足，梱包不良等一切の契約不適合につき商品の引渡完了後1年間その担保の責めに任ずるものとし，乙は甲に対して，何等の催告をすることなく，又その不適合の程度が軽微なものであるかにかかわらず，乙の任意の選択により商品の売買契約の全部もしくは一部の解除，代金の減額，代替品の納入，不足分の引渡し又は当該契約不適合の修補を請求することができる。

2 前項に基づき乙が代替品の納入，不足分の引渡し又は当該契約不適合の修補を請求したときは，甲は，乙の負担の程度にかかわらず，これに従うものとし，乙が請求した方法と異なる方法による履行の追完をすることはできない。

3 乙は，甲に対し，第1項に基づいて解除をし，若しくは代金の減額，代替品の納入，不足分の引渡し若しくは当該契約不適合の修補の請求をするとともに，又は第1項に基づく解除権の行使若しくはこれらの請求をすることなく，当該契約不適合によって生じた乙の損害の賠償を請求することができる。

4 甲は，自らの責めに帰すべき事由がないことを理由として，又は，乙若しくは転売先の商品の検査若しくは検査結果の通知の遅延を理由として本条の契約不適合責任を免れることはできず，又本契約において商法526条の適用が排除されることに同

意する。

第9条（知的財産権等）

1 甲は，乙及び乙の販売先・委託先等乙の指定する者（以下，「乙の指定する者」という）による商品の使用，譲渡又は貸渡しが，第三者の商標権，特許権，実用新案権，意匠権，著作権等の知的財産権その他の権利（以下，併せて「知的財産権等」という）を侵害しないことを乙に対して保証する。

2 乙及び乙の指定する者による商品の使用，譲渡又は貸渡し等に関して，知的財産権等の侵害を理由として，乙又は乙の指定する者と第三者との間で係争が発生した場合は，甲の費用と責任によりその解決をはかるものとし，万一，乙に損害及び費用（弁護士費用，リコール費用等を含む）が生じたときは，直ちに賠償の責に任ずる。

第10条（不可抗力）

1 天災地変，戦争，内乱，法令の制定・改廃，公権力による命令処分，労働争議，感染症，交通機関の事故その他乙の責に帰すことができない事由（これらの事由が乙の転売先において生じた場合を含む）に起因する本契約又は個別契約の履行遅滞又は履行不能については，乙は何等の責をも負担せず，甲は，乙の履行遅滞又は履行不能を理由として本契約の全部又は一部を解除することはできない。

2 前項の事由に起因して乙の債務につき履行遅滞又は履行不能となった場合，乙はその任意の選択により本契約の全部又は一部を解除することができる。

第11条（秘密漏洩禁止）

甲は，本契約に関連して知り得た乙の営業上の秘密を本契約有効期間中は勿論本契約終了後においても，他に漏洩又は開示してはならない。

第12条（権利義務の譲渡禁止）

甲は，乙の文書による事前の同意なくして，本契約又は商品の個別契約より生ずる権利義務を第三者に譲渡し又は第三者のためにこの上に権利を設定してはならない。

第13条（反社会的勢力の排除）

1 甲及び乙は，現在，暴力団，暴力団員，暴力団員でなくなった時から5年を経過しない者，暴力団準構成員，暴力団関係企業，総会屋，社会運動等標ぼうゴロ又は特殊知能暴力集団等その他これらに準ずる者（以下これらを「暴力団員等」という）に該当しないこと，及び次の各号のいずれにも該当しないことを表明・保証し，かつ将来にわたっても該当しないことを確約する。

(1) 暴力団員等が経営を支配していると認められる関係を有すること

(2) 暴力団員等が経営に実質的に関与していると認められる関係を有すること

(3) 自己又は第三者の不正の利益を図る目的又は第三者に損害を加える目的をもってするなど，不当に暴力団員等を利用していると認められる関係を有すること

(4) 暴力団員等に対して資金等を提供し，又は便宜を供与するなどの関与をしていると認められる関係を有すること

(5) 役員又は経営に実質的に関与している者が暴力団員等と社会的に非難されるべき関係を有すること

2 甲及び乙は，自ら又は第三者を利用して次の各号のいずれかに該当する行為を行ってはならない。

(1) 暴力的な要求行為

(2) 法的な責任を超えた不当な要求行為

(3) 取引に関して，脅迫的な言動をし，又は暴力を用いる行為

(4) 風説を流布し，偽計を用い又は威力を用いて相手方の信用を毀損し，又は相手方の業務を妨害する行為

(5) その他前各号に準ずる行為

3　甲及び乙は，相手方が第1項のいずれかに違反すると疑われる合理的な事情がある場合には，当該違反の有無につき，相手方の調査を行うことができ，相手方はこれに協力するものとする。また，甲及び乙は，自己が，第1項のいずれかに違反し，又はそのおそれがあることが判明した場合には，相手方に対し，直ちにその旨を通知するものとする。

4　甲及び乙は，相手方が前三項のいずれかに違反した場合は，相手方の有する期限の利益を喪失させ，また，通知又は催告等何らの手続を要しないで直ちに本契約を解除することができるものとする。

5　甲及び乙は，前項に基づく解除により解除された当事者が被った損害につき，一切の義務及び責任を負わないものとする。

第14条（中途解除，期限の利益喪失等）

1　民法542条各項に掲げる場合のほか，甲が，次の各号のいずれかに該当するときは，乙は何等の通知若しくは催告を要せず，又，乙の帰責事由の存否及び甲の不履行が軽微であるかどうかを問わず，直ちに本契約及び個々の商品の個別契約の全部又は一部を解除することができる。

(1) 差押・仮差押，仮処分，その他強制執行若しくは競売の申立て，仮登記担保契約に関する法律第2条に定める通知，手形交換所の取引停止処分（電子記録債権につき，不渡りと同等の事態及び取引停止処分その他の法令上の処分を含む）若しくは公租公課の滞納その他滞納処分を受け又はこれらの申立，処分，通知を受くべき事由を生じたとき。

(2) 手形若しくは小切手が不渡りとなったとき，支払停止，支払不能若しくは債務超過の状態に陥ったとき，財産状態が著しく悪化し若しくはそのおそれがあると認められる相当の事由があるとき，又は特定認証ADR手続に基づく事業再生手続の利用申請その他これに類する私的整理手続の申請をし若しくはこれらに基づく一時停止の通知をしたとき。

(3) 破産，特別清算，会社更生手続，民事再生手続及び特定調停手続の倒産処理手続（本契約締結後に改定若しくは制定されたものを含む）の申立原因を生じ，又はこれらの申立を受け若しくは自らこれらの申立をしたとき。

(4) 解散決議のための手続を開始したときまたは解散の決議をしたとき。

(5) 事業の全部の譲渡又は事業の全部を対象とする会社分割を実行することを決定又は決議したとき。

(6) 本契約，個別契約又は乙との他取引約定に違反したとき。

(7) 甲の保証人が上記各号の一にでも該当したとき。

(8) その他本契約の円滑な履行が困難になったとき又は信用不安が生じる等債権保全を必要とする相当の事由が生じたとき。

(9) 甲の義務が履行遅滞又は履行不能となったとき。

(10) 乙が合理的根拠に基づいて甲の義務が履行遅滞又は履行不能に同視しうる状況にあると判断したとき。

2　前項の場合，乙が解除権を行使したかどうかにかかわらず，乙に損害が生じたときは，甲は直ちに賠償の責に任ずる。

3　甲が第1項各号のいずれかに該当するときは，甲は乙に対する一切の債務につき乙の通知又は催告を要せず期限の利益を喪失し，甲は直ちに全債務を乙に弁済するものとし，また，乙は何等の催告を要せず甲乙間の債権債務につき相殺することができる。但し，乙が相殺するときは，充当方法は乙の指定による。

第15条（損害賠償の範囲）

第7条乃至第9条及び第14条に基づき乙が甲に賠償請求できる損害には，甲が予見すべきであったか否かにかかわらず，乙の転売利益等の特別損害のほか，乙に生じた一切の損害を含むものとする。

第16条（有効期間）

本契約の有効期間は，本契約締結の日から1年間とする。但し，当該有効期間満了日の1か月前までに甲乙いずれからも相手方に対する文書による別段の意思表示ない限り，有効期間は更に1年間自動的に延長されるものとし，以後もこの例による。

第17条（本契約終了後の措置）

本契約が有効期間満了又は解除により終了した場合といえども，既に本契約に基づき締結した商品の個別契約については，なお本契約の定めるところによる。

第18条（管轄裁判所）

本契約に関連する訴訟については，東京地方裁判所を第一審の専属的合意管轄裁判所とする。

第19条（協議事項）

本契約に記載なき事項及び本契約の条項の解釈につき疑義を生じた事項については，都度甲乙間において協議の上定める。

本契約締結の証として本書2通を作成し，甲及び乙両者記名捺印の上各1通を保有する。

　　　年　　　月　　　日

　　　　　　　　　　　　甲

　　　　　　　　　　　　乙

b　国際売買契約

国際売買については，「国際物品売買契約に関する国際連合条約」（ウィーン売買条約，CISG）がある。日本もこの条約の締約国である（日本について発効したのは2009〔平成21〕年8月1日）。売主と買主の営業所が異なる締約国に所在する物品（動産）売買契約等には，この条約が適用される（CISG 1条(1)。ただし，消費者売買等は除く〔同2条(a)〕）。これによって，国際的な売買に適した契約法が適用され，また，なじみの薄い外国法の適用を受ける事態を回避することができる。

ところで，国際取引における紛争処理は国内取引以上にコストがかかる。そこで，契約書の作成においても，契約内容を明確化して紛争を予防するための工夫が施される。また，紛争解

決の方法についても規定がおかれるのが通常である。国際売買でよく用いられる契約条項としては次のようなものがある。

(a) FOB，CIF，CFR などの定型的取引条件

目的物の引渡場所，運送契約または保険契約の手配義務の有無，危険移転時期等について，FOB，CIF，CFR などの定型的な取引条件（トレードタームズ）を用いて定めるのが実務慣行である。これらの取引条件の意味は，国際商業会議所（ICC）の作成する「インコタームズ」というルールに従って解釈されるのが通例である。例えば，契約書に "FOB Kobe" という記載があれば，目的物の引渡場所・船積港は神戸港であり，運送および保険の手配は買主が行い，目的物が船に積み込まれた時点で危険が買主に移転することを意味する。CIF Kobe なら，神戸港が仕向港であることを意味し，運送および保険の手配は売主の義務となる（CFR なら運送の手配は売主の義務となるが，保険は買主が手配する）。

(b) 完全合意条項（Entire Agreement Clause）

この条項は，当事者が合意した内容は契約書にすべて規定されていると定める条項であって，契約書作成の前に別の合意がなされていたという主張等を排除して，契約内容の解釈をめぐる紛争を回避する役割を果たす。

(c) 契約変更条項（Modification Clause）・権利不放棄条項（Waiver Clause）

契約の変更は書面によってしなければならないと定める契約変更条項，相手方の契約違反を黙認してもそれは権利放棄にはあたらないと定める権利不放棄条項は，契約締結後に契約内容が変更されたという解釈が安易に行われることを防ぐ役割を果たす。

(d) 管轄条項（Jurisdiction Clause）・仲裁条項（Arbitration Clause）

紛争を裁判で解決する場合，どこの国の裁判所で争うかを予め合意するのが管轄条項である。また，国際取引においては，裁判ではなくて国際商事仲裁による紛争処理が合意されることも多い。管轄合意も仲裁合意も，書面によってしなければならない（民訴 11 条 2 項，仲裁 13 条 2 項）。

(e) 準拠法指定条項（Choice of Law Clause，Governing Law）

この条項は，裁判または仲裁において適用される法を合意で指定するものである（法の適用に関する通則法 7 条参照）。

c 保証書

引き渡した目的物の種類・品質・数量が契約の内容に適合しない場合，売主は買主に対して債務不履行責任（契約不適合責任〔特に 562 条～564 条〕）を負う。

ところで，売主の契約不適合責任は，民法上は，引渡時までに生じた不適合を対象とする（567 条 1 項参照）。しかし，引渡後に生じた不適合や，発生時期が不明な不適合であっても，売主（販売店）やメーカーが，商品に「保証書」（次頁の Material ②はその例）をつけ，一定期間は無償で目的物の修理・交換を行うとすることがある。なお，メーカーと買主は直接の契約関係にないため，メーカー保証についてはその拘束力の根拠をどう説明するかという問題がある。

（表）

冷蔵庫　保証書

形名　**HJ-12TR-M**　製造番号　**1234567**

| お客様 | ふりがな
お名前 | 様　☎ |
| | 〒
ご住所 | |

取扱販売店名・住所・電話番号

本書は，記載内容の範囲で無料修理をさせていただくことをお約束するものです。
保証期間中に故障が発生した場合は，お買いあげの販売店に修理をご依頼のうえ，本書をご提示ください。お買いあげ年月日，販売店名など記入漏れがありますと無効です。記入のない場合は，お買いあげの販売店にお申し出ください。
ご転居，ご贈答品などでお買いあげの販売店に修理をご依頼できない場合は，商品に同梱（または取扱説明書に記載）しております「お客様ご相談窓口のご案内」をご覧のうえ，お客様ご相談窓口にお問い合わせください。
本書は再発行いたしません。たいせつに保管してください。
お客様にご記入いただいた保証書の控えは，保証期間内のサービス活動およびその後の安全点検活動のために記載内容を利用させていただく場合がございますので，ご了承ください。
保証書記載の個人情報の取扱いに関する詳細は，
http://
をご参照ください。

Ｈエレクトリック株式会社

| **保証期間** | お買いあげ日

　　年　　月　　日より | 本体は **1 年間**
（消耗部品は除く）
ただし，密閉機械部分は 5 年間 | お問合せ先：お客様相談センター　📞0120- |

（裏）

〈無料修理規定〉

1. 取扱説明書・本体注意ラベルなどの注意書にしたがった正常な使用状態で，保証期間内に故障した場合には，お買いあげの販売店が無料修理いたします。
　　　ただし，離島およびこれに準ずる遠隔地への出張修理は，出張に要する実費をいただきます。

2. 保証期間内でも，次の場合には有料修理となります。
　（イ）本書のご提示がない場合。
　（ロ）本書にお買いあげ年月日・お客様名・販売店名の記入がない場合，または字句を書き換えられた場合。
　（ハ）使用上の誤り，または不当な修理や改造による故障・損傷。
　（ニ）お買いあげ後に落とされた場合などによる故障・損傷。
　（ホ）火災・公害・異常電圧・定格外の使用電源（電圧，周波数），および地震・雷・風水害・ガス害（硫化ガスなど）・塩害その他天災地変など，外部に原因がある故障・損傷。
　（ヘ）車輌・船舶等に搭載された場合に生じる故障・損傷。
　（ト）消耗部品（庫内灯）が損耗し，取り替えが必要な場合。

3. 本書は日本国内においてのみ有効です。

★5 年間保証の密閉機械部分とは，次のものをいいます。
　・放熱器（凝縮器）・圧縮機・毛細管・冷却器・配管。
　・冷気循環用又は，放熱器冷却用のファンが有るものはそのモータとファン。

★この保証書は本書に明示した期間・条件のもとにおいて無料修理をお約束するものです。したがいましてこの保証書によって保証書を発行している者（保証責任者），およびそれ以外の事業者に対するお客様の法律上の権利を制限するものではありませんので，保証期間経過後の修理などにつきましてもおわかりにならない場合はお買いあげの販売店またはＨエレクトリックお客様ご相談窓口にお問い合わせください。

★保証期間経過後の修理または補修用性能部品の保有期間につきまして，くわしくは取扱説明書をご覧ください。

| 修理メモ |
| |

5 消費貸借契約

(1) 消費貸借契約とは

消費貸借契約は，当事者の一方（借主）が，種類，品質および数量の同じ物を返還することを約して，金銭その他の代替物を受け取ることによって効力を生ずる契約である（587条）。これは，相手方（貸主）からその物を受け取ることによって成立するから，要物契約である。他方，書面でする消費貸借については，当事者双方の合意によって効力を生じる（587条の2第1項。電磁的記録もこの書面とみなされる。同条4項）。この場合は諾成契約となる。また，契約の成立後には，借主は目的物の所有権を取得し，消費することができるから，貸主の側には借主に使用収益させる債務が生じる余地はない。そして，借主のみが目的物の返還債務を負担するものと解されるため，片務契約としての性質をもつ。通常行われるのは，金銭の消費貸借である。

(2) 金銭消費貸借

(i) 金銭消費貸借の機能

金銭の消費貸借は，市民の日常生活における比較的少額の消費者金融から，企業の事業活動のための巨額な資金の調達にいたるまで，種々の金融を可能にする法的手段として，資本制社会の根幹に関わる機能を果たしている。他方，たとえば消費者金融では，いわゆるサラ金問題のほか，提携ローンのような物取引やサービス取引と結合するかたちの消費貸借につき消費者保護に関わる種々の問題が生じている。

(ii) 金銭消費貸借契約における公正証書の利用

金銭消費貸借に際しては，金銭消費貸借契約書を作成し，Material に掲げた契約書にみられる項目（当事者，貸借の金額，返済期日，返済方法，利息・損害金の約定，期限の利益喪失，連帯保証人，合意管轄など）を明記しておくのが一般的である。借主からの返済が滞った場合には訴えを提起し，この金銭消費貸借契約書を証拠として確定判決を得て，これを債務名義として強制執行をすることができる。

しかし，訴訟には時間もコストもかかる。そこで，これを回避するために，金銭消費貸借契約書を作成する際に公正証書にしておくことが多い。公正証書とは，公証人が公証人法等の法令に従い法律行為その他私権に関することがらについて作成する文書である（公証人1条・26条以下）。公正証書のうち民事執行法22条5号の要件を備えたものは，執行証書として債務名義となり，債務不履行の場合には訴訟手続を経ることなく直ちに強制執行を可能にする。この要件とは，その公正証書が，金銭の一定の額の支払等の給付を目的とする請求について公証人によって作成されたもので，そこに，債務者が直ちに強制執行に服する旨の陳述（執行認諾の意思表示。Material の公正証書6条参照）が記載されていることである。そのような要件をみたす公正証書は，債権者があらかじめ債務名義を得ておく手段としてきわめて便利であり，広く利用されている。

ここに掲げたのは，上記の要件を備えた金銭消費貸借契約公正証書の一例である。

↓ 金銭消費貸借契約公正証書

令和○○年第○○○○号

金銭消費貸借契約公正証書

本職は，当事者の嘱託により，左の法律行為に関する陳述の趣旨を録取し，この証書を作成する。

（金銭の授受）

第1条 債権者山本一男（以下「甲」という。）は，令和○○年○○月○○日，債務者佐藤三郎（以下「乙」という。）に対し，次条以下の約定で，金○○○○万円を貸し渡し，乙はこれを受け取り借用した。

（返済期）

第2条　元金は，令和○○年○○月末日に一括して支払う。

（利息，損害金）

第3条　利息は，年1割の割合とし，毎月末日限り経過分を支払う。

　　2　元金の支払が期限に遅れたときは，完済に至るまで，年1割4分の割合による遅延損害金を支払う。

（履行地等）

第4条　債務の弁済は，甲の現時の住所に持参し又は指定の預金口座に送金して行う。

（期限の利益の喪失）

第5条　乙は，次のいずれかに該当する場合においては，甲からの通知・催告を要せずに，当然に期限の利益を失い，直ちに残元金と完済までの遅延損害金を支払う。

　　1　利息の支払を2か月以上遅滞したとき。

　　2　他の債務につき，強制執行，競売，執行保全処分を受けたとき。

　　3　破産手続開始・民事再生手続開始の決定を受けたとき。

　　4　国税滞納処分又はその例による差押えを受けたとき。

　　5　住所を変更し，その旨を甲に告知しないとき。

（強制執行認諾）

第6条　乙は，本証書上の金銭債務を履行しないときは，直ちに強制執行に服する旨を陳述した。

以上

本旨外要件

東京都○○区○○1丁目2番3号

　　債権者　甲　　会社役員　山　本　一　男

昭和○○年○○月○○日生

東京都○○市○○町3丁目4番5号

　　右代理人　　　　弁護士　田　中　太　一

昭和○○年○○月○○日生

　右は，本職氏名を知り面識がある。同人の提出した委任状は，本人の印鑑証明書によりその真正が認められる。

神奈川県○○市○○区4丁目5番6号

　　債務者　乙　医師　佐　藤　三　郎

昭和○○年○○月○○日生

東京都○○区○○3丁目2番1号

　　右代理人　　　　弁護士　鈴　木　大　助

昭和○○年○○月○○日生

　右は，本職氏名を知り面識がある。同人の提出した委任状は，本人の印鑑証明書によりその真正が認められる。

　以上のとおり録取し列席者に閲覧させたところ，各自これを承認して，次に署名押印する。

田　中　太　一　㊞

鈴　木　大　助　㊞

　本証書は，令和○○年○○月○○日，本職役場において法令の規定に従い作成し，次に署名押印する。

東京都○○区○○5丁目6番7号

　　東京法務局所属　　公証人　北　山　四　郎　[職印]

出典：公正証書文例研究会編『最新公正証書モデル文例集』（新日本法規出版，1999年）173～174ノ2頁（令和3年内容現在）

(3)　住宅ローン

(i)　住宅ローンとは

　住宅ローンとは，個人の住宅取得に関わる融資制度であり，本人やその家族のための住宅や土地の購入，あるいは，新築・増改築，既存の住宅ローン借り換えなどを行うために金融機関から受ける融資のことを広く指している。

　わが国では，1950年に住宅金融公庫が発足して，公的な個人向け住宅ローンが開始され，1960年代に入ると，銀行が住宅ローンに参入した。かつては，住宅ローンを組む場合に，主に住宅金融公庫から融資を受け，これが必要額に満たない場合に銀行などからさらに借り入れることが多かったが，後に民業圧迫の批判を受けるようになり，住宅金融公庫は2007年4月に独立行政法人の住宅金融支援機構に改組され，民間金融機関による長期固定金利型住宅ローンの供給のための証券化支援を主な業務とす

ることとなった。現在，民間の住宅ローンとしては，銀行や信用金庫などの金融機関，農業協同組合（JAバンク），生命保険会社などの融資が中心となっている。ここでは，Materialとして，ある都市銀行の住宅ローン契約約款を掲げた。

(ii)　住宅ローンに伴う各種の契約

　住宅ローンは，個人向けの融資であること，融資額が個人の借入額としては高額であること，返済期限が30年前後と長期にわたることなどから，返済方法にも多様なものが予定され，また，債権回収の確実性を担保するための手段が幾重にも設けられていることが大きな特色となる。たとえば，住宅ローンには，一般的に利用される元利均等返済（返済初期の金利負担が大きい）や元金均等返済（返済が進むにつれ返済額が軽くなる）があり，他方，資金に余裕がある場合には，増額返済して元金を減らすことも行われる。また，債権回収の手段として，保証会社へ

5

消費貸借契約

の保証委託，建物や土地への抵当権の設定，さらに団体信用生命保険への加入などを求めるものが一般的である。

そして，住宅ローン契約を締結する際に，これらの関連する契約もあわせて締結する。そこで用いられるのは，住宅ローン契約の「金銭消費貸借契約書」に加え，借主の債務を担保する「抵当権設定契約書」，保証会社との「保証委託契約書」，借主の死亡時に備えた「団体信用生命保険の申込書」であり，さらに，「火災保険証券」と「火災保険金請求権質権設定承認請求書」を貸主に提出することもある（最近は質権設定を求めない金融機関も多い）。

(iii) 保証委託契約

住宅ローン契約とともに締結される契約のうち，保証委託契約は，特に重要な役割を果たしている。これは，借主が住宅ローンを支払えなくなったり，支払が滞ったりした場合に，保証会社が融資先にローン残代金を支払うという内容の，借主と保証会社の間の契約である。通常，融資銀行は特定の保証会社と資金的にも人的にも密接なつながりがあるので（実質的には，融資

銀行が自己の融資リスクを密接な関連のある保証会社に移す関係になっているので），融資銀行がその特定の保証会社を指定するのが一般的である。

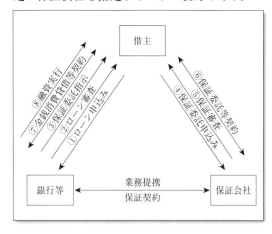

(4) 銀行取引

(i) 銀行取引と約款

銀行取引は，銀行と顧客との契約に基づいて行われ，そこには民法・商法等の一般私法のほか，金融商品取引法等の市場秩序の維持に関わる法律や利息制限法等の金利の規律に関わる法

↓ 住宅ローン契約約款（抜粋）

住宅ローン契約約款

第1章　個人ローンに共通に適用される規定

第1条（個人ローン規定書の承認）

1．借主は株式会社○○銀行（以下「銀行」といいます）から金銭を借り受けるため個人ローン契約書（金銭消費貸借契約証書）を差し入れるにあたりこの個人ローン規定書を承認するものとします。

第2条（変動金利借入・固定金利選択借入間相互の借入方式の切り換え）

1．本状の規定は，変動金利借入（第2章第1条に定める「標準金利」を「短期プライムレート連動長期貸出金利の最優遇金利」としている場合に限ります）・固定金利選択借入の二種類の借入方式を有するローンにおいてのみ適用されます。

2．借主は，予め銀行が認めた場合，総借入の金額の範囲内で，変動金利借入・固定金利選択借入の中から二口まで選択して（同一の借入方式を二口選択することも含みます），借入ができることとし，次項に定める日に変動金利借入・固定金利選択借入間の相互の借入方式の切り換えができるものとします。ただし，固定金利選択借入（固定金利選択借入の固定金利適

用期間終了後に再度固定金利選択借入を選択する場合を含みます）に切り換えを行う場合，銀行所定の手数料を支払うものとします。

第3条（元利金の返済方法）

2．利息は各返済日に後払いするものとします。〈以下略〉

第7条（繰り上げ返済）

1．借主が，個人ローン契約による債務を期限前に繰り上げて返済できる日は借入要項に定める毎月の返済日とし，この場合には，借主は繰り上げ返済日の5営業日前までに通知することとし，銀行所定の申込書を差し入れることとします。

第8条（担保）

1．担保価値の減少，借主または保証人の信用不安等の債権保全を必要とする相当の事由が生じた場合には，銀行からの請求により，借主は遅滞なく個人ローン契約による債権を保全しうる担保，保証人をたて，またはこれを追加，変更するものとします。

2．借主は，担保について現状を変更し，または第三者のために権利を設定もしくは譲渡するときは，あらかじめ書面により銀行の承諾を得るものとします。銀行は，その変更等がなされても担保価値の減少等債権保全に支障を生ずるおそれがない場合には，これを承諾するものとします。

第9条（期限前の全額返済義務）

1. 借主について次の各号の事由が一つでも生じた場合には，借主は個人ローン契約による債務全額について期限の利益を失い，借入要項記載の返済方法によらず，直ちに個人ローン契約による債務全額を返済するものとします。

　①借主が返済を遅延し，銀行から書面により督促しても，次の返済日までに元利金（損害金を含みます。）を返済しなかったとき。

　②借主が住所変更の届出を怠るなど借主の責めに帰すべき事由によって銀行に借主の所在が不明となったとき。

第11条（銀行からの相殺）

1. 銀行は，個人ローン契約による債務のうち各返済日が到来したもの，または第1章第9条，第1章第10条，第1章第19条によって返済しなければならない個人ローン契約による債務全額と，借主の銀行に対する預金その他の債権とを，その債権の期限のいかんにかかわらず相殺することができます。この場合，書面により通知するものとします。

第12条（借主からの相殺）

1. 借主は，個人ローン契約による債務と期限の到来している借主の銀行に対する預金その他の債権とを，個人ローン契約による債務の期限が未到来であっても，相殺することができます。

第18条（報告および調査）

1. 借主は，銀行が債権保全上必要と認めて請求をした場合には，担保の状況ならびに借主および保証人の信用状態について直ちに報告し，また調査に必要な便益を提供するものとします。

2. 借主は，担保の状況，または借主もしくは保証人の信用状態について重大な変化を生じたとき，または生じるおそれのあるときは，銀行に報告するものとします。

第19条（団体信用生命保険付保）

1. 団体信用生命保険を付保する場合には，次の各項を適用するものとします。

2. 借主は，個人ローン契約による債務の担保とするため，銀行が借主を被保険者とし，銀行を保険契約者ならびに保険金受取人とする団体信用生命保険契約を締結することに同意します。なお，保険料は銀行の負担とします。

第20条（債権譲渡）

1. 借主は，銀行が将来個人ローン契約による債権を他の金融機関等に譲渡（以下本条においては信託を含む）すること，および銀行が譲渡した債権を再び譲り受けることをあらかじめ承諾するものとします。この場合，借主に対する通知は省略するものとします。

2. 前項により債権が譲渡された場合，銀行は譲渡した債権に関し，譲受人（以下本条においては信託の受託者を含む）の代理人になるものとします。借主は銀行に対して，従来どおり借入要項に定める方法によって毎回の元利金返済額を支払い，銀行はこれを譲受人に交付するものとします。

第22条（保証料）

保証料を一部前払いする場合の前払い保証料を除き，保証料は利息に含めるものとし，銀行を通じて保証会社に支払うものとします。利息の支払いを遅延した場合には，当該保証料は銀行が代わって保証会社宛支払うものとします。なお，本条の規定は，「無担保ローン（除く「住宅融資つなぎローン」）」においては適用いたしません。

第25条（保証）

1. 保証人は，借主が個人ローン契約によって負担するいっさいの債務について，借主と連帯して保証債務を負い，その履行については，個人ローン契約に従うものとします。

2. 保証人は，借主の銀行に対する預金その他の債権をもって相殺は行わないものとします。

3. 保証人は，銀行が相当と認めるときは担保または他の保証を変更，解除しても，免責を主張しないものとします。

4. 保証人が，個人ローン契約による保証債務を履行した場合，代位によって銀行から取得した権利は，借主と銀行の取引継続中は，銀行の同意がなければ行使できないものとします。また，保証人が，代位の目的となった権利の対価たる金銭については，銀行が保証人に優先して弁済に充当することができるものとします。

律も適用されるが，それらに加えて，多様な銀行取引約款が整備され重要な働きをしている。そのなかから，「銀行取引約定書」を Material として示す。

(ii) 銀行取引約定書ひな形とその廃止

銀行取引約定書は，各種の融資取引の基本となる包括的な条項が記載された取決めであり，消費者金融以外のすべての与信取引に適用される。貸付が開始される際に必ず取り交わされるものであり，与信取引の基本契約書ということができる。

銀行取引約定書は，銀行の与信取引について，その運用の統一をはかることと，銀行の債権保全を確実なものにするために，全国銀行協会連合会（現在の全国銀行協会）が1962年に，そのひな形を作成・公表したものである。これを受けて，各銀行が逐次このひな形を採用し，数年後には，すべての銀行がこれを用いるようになった。その後，この約定書は，信用金庫，農業協同組合等においても広く利用されるようになり，貸付業務の統一・安定に寄与してきた。また，1977年には，その後の判例変更や学界・消費者団体からの要望等に応えて，銀行・顧客関係の対等化・明確化をはかる趣旨から，ひな形の改正も行われた。

しかし，1990年代に入ると，金融業務の多様化や金融機関を取り巻く環境の変化とともに，金融機関間における適正な競争により金融業務の改善等をはかることが求められるようになった。さらにその後，銀行取引約定書ひな形が銀行間の横並びを助長するおそれがあるとの批判も生じたため，2000年に，全国銀行協会は銀行取引約定書ひな形を廃止するに至った。

この廃止により，銀行取引約定書の採用・改訂等は各銀行の判断において行うこととなり，それぞれが独自の銀行取引約定書を採用する例が急速に増えてきた。しかし，今日もなお全国銀行協会のひな形による銀行取引約定書を用いている銀行も残っており，また，改訂された銀行取引約定書も債権保全上の重要条項等については，かつてのひな形の仕組みをなお維持しているものが多い。ここでは，ある都市銀行の銀行取引約定書をMaterialに掲げることにする。

(iii) 銀行取引約定書の特色

銀行取引約定書には，融資取引に関する基本的取決めとして，融資取引の総則条項，債権保全に関する条項，危険負担・免責条項，担保・保証条項などが規定されているが，特に，預金との相殺により貸付金債権の保全を強化することに大きなねらいがある。

すなわち，手形債権と電子記録債権が併存する場合に，その選択行使を認め（約定書10条），手形の返還免除により相殺を容易にし（約定書11条1項），また，民法137条の期限の利益喪失事由を拡大し（約定書5条），割引手形の満期前買戻事由等を定めて（約定書6条），相殺を可能にしている。さらに，民法505条の場合のほかに銀行が相殺できる場合を拡大し（約定書8条），他方，民法488条の適用を排除して，弁済，相殺等の場合における銀行の自由な順序・方法による充当を特約している（約定書12条）。銀行からの通知等についてみなし到達を規定しているのも同様の趣旨である（約定書15条2項）。

↓ 銀行取引約定書（抜粋）

銀行取引約定書

○○○（以下，甲という）と株式会社○○○銀行（以下，乙という）は，甲乙間の取引について，以下のとおり合意しました。

第5条（期限の利益の喪失）

①甲について次の各号の事由が一つでも生じた場合には，乙からの通知催告等がなくても，甲は乙に対するいっさいの債務について当然期限の利益を失い，直ちに債務を弁済するものとします。

　1．支払の停止または破産手続開始，民事再生手続開始，会社更生手続開始もしくは特別清算開始の申立があったとき。

　2．手形交換所または電子債権記録機関の取引停止処分を受けたとき。

　3．甲またはその保証人（譲渡記録とともにされた保証記録に係る電子記録保証人を除きます。以下同じ。）の預金その他の乙に対する債権について仮差押，保全差押または差押の命令，通知が発送されたとき。

　4．甲の責めに帰すべき事由によって，乙に甲の所在が不明となったとき。

②甲について次の各号の事由が一つでも生じ，乙が債権保全を必要とするに至った場合には，乙からの請求によって，甲は乙に対するいっさいの債務について期限の利益を失い，直ちに債務を弁済するものとします。

　1．乙に対する債務の一部でも履行を遅滞したとき。

　2．担保の目的物について差押または競売手続の開始があったとき。

　3．乙との約定に違反したとき。

　4．甲の保証人が前項または本項の各号の一つにでも該当したとき。

　5．前各号のほか甲の債務の弁済に支障をきたす相当の事由が生じたとき。

③前項において，甲が乙に対する住所変更の届け出を怠るなど甲の責めに帰すべき事由により，乙からの請求が延着しまたは到達しなかった場合には，通常到達すべき時に期限の利益が失われたものとします。

第6条（割引手形または割引電子記録債権の買戻し）

①甲が乙より手形または電子記録債権の割引を受けた場合，甲について前条第1項各号の事由が一つでも生じたときは，乙からの通知催告等がなくても，甲は全部の手形および電子記録債権について当然に手形面記載の金額または電子記録債権の債権額の買戻債務を負担し，直ちに弁済するものとします。

②割引手形の主債務者もしくは割引電子記録債権の債務者が期日に支払わなかったときまたは割引手形の主債務者もしくは割引電子記録債権の債務者について前条第1項各号の事由が

一つでも生じたときは，その者が主債務者となっている手形およびその者が債務者となっている電子記録債権について，前項と同様とします。

第8条（乙による相殺，払戻充当）

①期限の到来，期限の利益の喪失，買戻債務の発生，求償債務の発生その他の事由によって，甲が乙に対する債務を履行しなければならない場合には，乙は，その債務と甲の預金その他の乙に対する債権とを，その債権の期限のいかんにかかわらず，いつでも相殺することができるものとします。

②前項の相殺ができる場合には，乙は事前の通知および所定の手続を省略し，甲に代わり諸預け金の払戻しを受け，債務の弁済に充当することもできるものとします。この場合，乙は甲に対して充当した結果を通知するものとします。

③前2項により乙が相殺または払戻充当を行う場合，債権債務の利息，割引料，保証料，損害金等の計算については，その期間を計算実行の日までとします。また，利率，料率等は甲乙間に別の定めがない場合には乙の定めによるものとし，外国為替相場については乙による計算実行時の相場を適用するものとします。

第9条（甲による相殺）

①期限の到来その他の事由によって，乙が甲の預金その他の甲に対する債務を履行しなければならない場合には，甲は，その債務と乙の甲に対する債権とを，その債権の期限が未到来であっても，次の各号の場合を除き，相殺することができるものとします。なお，満期前の割引手形または支払期日前の割引電子記録債権について甲が相殺する場合には，甲は手形面記載の金額または割引電子記録債権の債権額の買戻債務を負担して相殺することができるものとします。

　1．乙が他に再譲渡中の割引手形または割引電子記録債権について相殺するとき。

　2．弁済または相殺につき法令上の制約があるとき。

　3．甲乙間の期限前弁済を制限する約定があるとき。

②前項によって甲が相殺する場合には，相殺通知は書面によるものとし，相殺した預金その他の債権の証書，通帳は届出印を押印もしくは届出署名を記入して遅滞なく乙に提出するものとします。

③甲が相殺した場合における債権債務の利息，割引料，保証料，損害金等の計算については，その期間を相殺通知の到達の日までとします。また，利率，料率等は甲乙間に別の定めがない場合には乙の定めによるものとし，外国為替相場については乙による計算実行時の相場を適用するものとします。この場合，期限前弁済について別途の損害金，手数料等の定めがあるときは，その定めによるものとします。

第10条（手形または電子記録債権に係る権利の選択）

乙の甲に対する債権に関して手形または電子記録債権が存する場合，乙はその債権または手形上の債権もしくは電子記録債権のいずれによっても請求することができるものとします。

第11条（手形の呈示，交付または電子記録債権の支払等記録等）

①乙の甲に対する債権に関して手形が存する場合，乙が手形上の債権によらないで第8条による相殺または払戻充当をするときは，相殺または払戻充当と同時にその手形を返還することは要しないものとします。

⑤乙の甲に対する債権に関して電子記録債権が存する場合，乙

が電子記録債権によらないでまたは電子記録債権によって第8条の相殺または払戻充当をするとき，乙は，その電子記録債権について，甲が支払等記録の請求をすることについての承諾をすること，および第8条の相殺もしくは払戻充当と同時に甲を譲受人とする譲渡記録もしくは乙を譲受人とする譲渡記録を削除する旨の変更記録の請求をすることを要しないものとします。

⑥乙は，第8条または第9条の相殺または払戻充当後遅滞なく，その相殺または払戻充当に関して存する電子記録債権について，支払等記録または甲を譲受人とする譲渡記録（保証記録を付さないものとします。）もしくは乙を譲受人とする譲渡記録を削除する旨の変更記録の請求をするものとします。ただし，電子債権記録機関が電子記録の請求を制限する期間はこの限りではなく，また，支払期日前の電子記録債権については乙はそのまま支払を受けることができるものとします。

第12条（乙による相殺等の場合の充当指定）

乙が相殺または払戻充当をする場合，甲の乙に対する債務全額を消滅させるに足りないときは，乙は適当と認める順序方法により充当することができるものとし，甲はその充当に対して異議を述べることができないものとします。

第13条（甲による弁済等の場合の充当指定）

①甲が弁済または相殺する場合，甲の乙に対する債務全額を消滅させるに足りないときは，甲は乙に対する書面による通知をもって充当の順序方法を指定することができるものとします。

第14条（危険負担，免責条項等）

①甲が振出，裏書，引受，参加引受もしくは保証した手形または甲が乙に提出した証書等または甲が電子記録債務者である電子記録債権の電子記録が，事変，災害，輸送途中の事故等やむをえない事情によって紛失，滅失，損傷，消去または延着した場合には，甲は乙の帳簿，伝票等の記録に基づいて債務を弁済するものとします。なお，乙が請求した場合には，甲は直ちに代りの手形，証書等を提出し，または，代りの電子記録債権について電子債権記録機関に対し，発生記録もしくは譲渡記録を請求するものとします。この場合に生じた損害については，乙の責めに帰すべき事由による場合を除き，甲が負担するものとします。

④乙が手形，証書等の印影，署名を甲の届け出た印鑑，署名鑑と相当の注意をもって照合し，入力されたID，パスワード等の本人確認のための情報が乙に登録されたものと一致することを乙所定の方法により相当の注意をもって確認し相違ないと認めて取引したときは，手形，証書，印鑑，署名，ID，パスワード等について偽造，変造，盗用，不正使用等の事故があってもこれによって生じた損害は甲の負担とし，甲は手形または証書等の記載文言または電子記録債権の電子記録にしたがって責任を負うものとします。

第15条（届出事項の変更）

①甲は，その印章，署名，名称，商号，代表者，住所その他の乙に届け出た事項に変更があった場合には，書面により直ちに乙に届け出るものとします。

②前項の届出を怠るなど甲の責めに帰すべき事由により，乙が行った通知または送付した書類等が延着しまたは到達しなかった場合には，通常到達すべき時に到達したものとします。

6　賃貸借契約

(1)　賃貸借契約とは

賃貸借契約は，当事者の一方（賃貸人）が，相手方（賃借人）に，ある物の使用・収益をさせ，相手方がこれに対し賃料を支払い，引渡しを受けた物を契約が終了したときに返還することを内容とする契約である（601条）。本来，物の使用・収益は所有権に含まれる権能であるが，賃貸借契約を結ぶことにより，その権能が一定期間，相手方当事者に帰属することになる。

(2)　借地関係

a　土地賃貸借契約

(i)　土地の賃貸借

賃貸借契約の中で，特に重要なのは，土地や建物の賃貸借契約である。土地や建物の賃貸借は，当然民法の規定の適用を受けるが，これらは，賃借人の生存（日々の生活，種々の経済活動）の根幹に関わるものであるから，特に，借地借家法がおかれ重要な機能を果たしている。

同法は，建物所有を目的とする地上権または土地賃借権を「借地権」としている（同法2条1号）。借地権には，一般借地権（普通借地権）のほか，特別な借地権として定期借地権，一時使用目的の借地権がある。Material ①は，一般借地権の契約書である。

(ii)　土地賃貸借契約書の特質

この契約書からうかがえるように，土地賃貸借においては，土地賃貸借の目的，建築建物の条件，契約の期間，賃料，禁止事項ないし賃貸人の同意を得なければならない事項（土地賃借権の譲渡転貸，増改築など），解除事由，明渡義務，損害金の額，更新・更新料，立退料（の不請求），権利金・敷金，連帯保証人，管轄裁判所などを契約書に定めておくのが通例である。

これらは，借地借家法の規定を前提として，当事者間で契約上明らかにしておくべきと考えられることがらである。たとえば，借地借家法は，堅固・非堅固という建物の構造による区別をなくしたが（借地借家3条参照），建物の構造の相違によって，改築の際の承諾料，契約満了の際の建物買取り価格，取壊しや再建築の時期等に大きな違いが出てくるから，建てることができる建物の構造・規模を契約書に規定しておくことが望ましいのである。他方，立退料の不請求条項のように，それを契約書に定めてはいても，実際の明渡しの交渉の際にはある程度の立退料の授受が行われることが多いというものもある（同法6条参照）。

↓　①　土地賃貸借契約書（抜粋）

土地賃貸借契約書

賃貸人××（以下「甲」という。）と賃借人△△（以下「乙」という。）とは，次のとおり土地賃貸借契約を締結する。

第1条（目的）

甲は，その所有する下記の土地（以下「本件土地」という。）を建物所有の目的で乙に賃貸し，乙はこれを賃借する。

記

所在　神奈川県鎌倉市○○町○丁目○番○号
宅地　○○．○○平方メートル（別紙図面のとおり）

第2条（建築建物）

乙は，本件土地上に下記の建物（以下「本件建物」という。）を建築所有することができる。

記

種類　居宅
構造　木造2階建て
床面積　1階○○．○○平方メートル
　　　　2階○○．○○平方メートル

第3条（期間）

本賃貸借の期間は，令和○○年○○月○○日から同○○年○

○月○○日までの 30 年間とする。

第 4 条（賃料）

賃料は，1 か月あたり金○○○○○円とし，乙は，翌月分の賃料を，毎月末日までに甲に持参又は送金して支払うものとする。

ただし，賃料が公租公課等の増加，土地価格の上昇その他経済事情の変動により，又は近隣の賃料に比して不相当になったときは，甲は乙に対し，賃料の増額を請求することができる。

第 5 条（禁止事項）

乙は，次の場合には，事前に甲の書面による承諾を受けなければならない。

(1) 本件土地賃借権を譲渡し，又は本件土地を転貸するとき，その他名目のいかんを問わず，これらと同様の結果を生ずる行為をするとき。

(2) 本件建物を増築又は改築するとき。

(3) 本件土地の現状を変更しようとするとき。

第 6 条（契約解除）

甲は，乙が次の各号の一に該当したときは，催告なくただちに本契約を解除することができる。

(1) 2 か月分以上賃料の支払を怠ったとき。

(2) 賃料の支払をしばしば遅滞し，その遅延が甲乙間の信頼関係を著しく損なうと認められるとき。

(3) 前条の規定に違反したとき。

(4) その他本契約に違反したとき。

第 7 条（土地の明渡し）

本契約が合意解約，解除その他の事由により終了したときは，乙は，ただちに自己の費用により建物を収去し，本件土地を原状に回復したうえで，これを甲に明け渡さなければならない。

第 8 条（損害金）

乙が前条の義務を履行しないときは，乙は，本契約の終了の日の翌日から本件土地の明渡しが完了するまで，賃料の倍額に相当する損害金を甲に支払わなければならない。

第 9 条（更新及び更新料）

1 甲及び乙は，協議の上，本契約を更新することができる。

2 前項の場合，乙は甲に対し，近隣の相場にしたがって算定した金額を更新料として支払うものとする。

第 10 条（立退料等の不要求）

乙は，本件土地の明渡しに際し，立退料その他名目のいかんを問わず，甲に対し，一切金銭的な要求をしないものとする。

第 11 条（権利金，敷金）

1 乙は，甲に対し，本日，賃借権設定の権利金として金○○○○○円を支払い，敷金として金○○○○○円を預託する。ただし，敷金には利息を付さない。

2 甲は，本契約が終了し，乙から本件土地の明渡しを受けたときは，前項の敷金から延滞賃料，損害金等の乙の甲に対する債務を控除した残額を返還する。

本契約の成立を証するため，本書 3 通を作成し，各自署名捺印の上，各 1 通を所持する。

令和　　年　　　月　　　日

賃貸人（甲）　住所

　　　　　　　氏名

賃借人（乙）　住所

　　　　　　　氏名

保証人（丙）　住所

　　　　　　　氏名

~~~~~~

b　一般定期借地権設定契約

~~~~~~

(ⅰ)　定期借地権

定期借地権とは，期間が満了すると契約の更新等が問題とならず，当初の存続期間どおりに必ず借地関係が終了する形態の借地権である（借地借家 22 条以下）。旧借地法のように，借地契約の存続を強く保障すると，借地市場に借地が供給されにくくなるという問題や借地権価格が高騰するという問題などが生じかねず，また，今日の多様な形態の土地利用の需要に応えて，存続の保障を弱めた借地権の成立を認めることも必要と考えられるようになったからである。

借地借家法は，定期借地権等として，期間満了により当然に終了して更新のない 3 種の借地権（一般定期借地権〔同法 22 条〕，事業用定期借地権等〔同法 23 条〕，建物譲渡特約付借地権〔同法 24 条〕）を認める。ここでは，Material ②として，「〔一般〕定期借地権設定契約書」をとりあげる。すなわち，存続期間を 50 年以上として借地権を設定する場合においては，同法 9 条および 16 条の規定にかかわらず，契約の更新および建物の築造による存続期間の延長がなく，かつ期間満了時に地主に対して建物買取請求をしない旨の特約をすることができる（同法 22 条）。この特約は，公正証書による等書面によってしなければならない。

(ⅱ)　一般定期借地契約の特質

ここに示した一般定期借地権設定契約書の条項は，借地借家法の規定を前提にして，合意しておくべきことがらを定めたものである。

たとえば，一般定期借地権設定契約書においては，50 年以上は契約の更新を排除する旨を規定する条項が必要である（契約書 2 条）。これを明確にしておかないと，普通借地権として扱われることになる。また，一般定期借地権では，建物再築による期間延長や建物買取請求権に関

する規定も排除することができるので（借地借家22条），借地上にどのような建物が建築されても地主に不利益はないはずであるが，建物が再築・増築される場合の承諾料の額等にも影響するため，借地上の建物について契約書に明記しておくのが通常である。さらに，後日，一般定期借地権か普通借地権かが争いとなったとき

に備え，登記の協力義務について規定しておくことも多い（契約書9条）。なお，建物が滅失し，かつ契約の残存期間が短い場合を考慮し，賃借人からの解約申入れを規定しておくこともある（契約書6条2項）。解約しないと建物再築を行わないことにした場合でも残存期間に応じた賃料の支払義務が残ってしまうからである。

↓ ② 定期借地権設定契約書

定期借地権設定契約書

　賃貸人甲野一郎（以下「甲」という。）と賃借人乙山花子（以下「乙」という。）は，甲が所有する後記物件表示記載の土地（以下「本件土地」という。）について，借地借家法第22条に定める定期借地権の設定契約を，以下の条項に従って締結する。

　（目的）
第1条　甲は，本件土地を，後記物件表示記載の建物（以下「本件建物」という。）の所有の目的をもって乙に賃貸し，乙はこれを賃借する。

　（賃貸借期間）
第2条　賃貸借の期間は，令和3年4月1日から令和53年3月31日までの50年間とする。
　2　前項の賃貸借の期間は更新しないものとする。
　3　第1項の期間が満了する場合及びその期間が満了した後，乙が本件土地の使用を継続する場合にも，乙は契約の更新を請求することができない。

　（賃料）
第3条　賃料は1か月金350,000円とし，乙は，毎月末日までに翌月分を甲の住所に持参して支払う。ただし，その賃料が経済事情の変動，公租公課の増額，近隣の賃料との比較等により不相当となったときは，甲は，契約期間中であっても，賃料の増額の請求をすることができる。

　（転貸等の禁止）
第4条　乙は，次の場合には，事前に甲の書面による承諾を受けなければならない。
　1　乙が本件土地の転貸をするとき。
　2　乙が本件土地上に所有する建物を改築又は増築するとき。

　（契約解除）
第5条　乙が次の一つに該当したときは，甲は催告をしないで直ちに本契約を解除することができるものとする。
　1　3か月分以上の賃料の支払を怠ったとき。
　2　賃料の支払をしばしば遅延し，その遅延が本契約における甲と乙との信頼関係を著しく害すると認められるとき。
　3　乙が，前条の規定に違反したとき。
　4　その他，本契約に違反したとき。

　（建物再築）
第6条　第2条第1項の期間の満了前に，乙が本件土地上に所有する建物が滅失し（乙による取壊しを含む。），乙が新たに建物を築造した場合でも，本契約は第2条第1項の期間の満了により当然に終了するものとする。
　2　第2条第1項の期間の満了前に，乙が本件土地上に所有

する建物が滅失した場合においては（乙による取壊しを含む。），乙は本契約の解約を申し入れることができる。
　3　前項の場合においては，賃貸借契約は，解約の申入れがあった日から3か月を経過することによって消滅する。

　（明渡）
第7条　乙は，本契約終了の時，本件土地を原状に回復して直ちに甲に明け渡さなければならない。
　2　乙は，甲に対し，本契約終了の時に本件土地上に所有する建物その他乙が土地に付属させた物の買取りを求めることはできない。
　3　乙は，本契約が終了した場合において，現実に本件土地の明渡しをしない間は，賃料相当額の2倍の損害金を支払う。

　（立退料）
第8条　乙は，本件土地の明渡しに際し，甲に対し，移転料その他これに類する金銭上の請求をしない。

　（定期借地権の登記）
第9条　甲が乙に対し，本件借地権を登記するように求めた場合には，乙はこの登記手続に協力しなければならない。この場合の登記手続費用は甲・乙折半とする。

　上記契約の成立を証するため，本契約書2通を作成し，甲乙各1通を保有するものとする。

　令和3年○○月○○日

　　　　　　　　　　　　　　　甲　住所
　　　　　　　　　　　　　　　　甲野一郎　㊞
　　　　　　　　　　　　　　　乙　住所
　　　　　　　　　　　　　　　　乙山花子　㊞

　　　　　　　　　　　　　　記

（土地）
　　所　在　○○市○○町○○丁目
　　地　番　○○番
　　地　目　宅地
　　地　積　○○m²
（建物）
　　所　在　○○市○○町○○丁目
　　家屋番号　○○
　　種　類　○○
　　床面積　○○m²

(3) 借家関係

(i) 建物賃貸借と借地借家法

借地借家法の「建物の賃貸借」(借地借家1条)における「建物」としては，土地に定着し，周壁・屋蓋を有し，住居・営業などの用に供することのできる永続性ある建造物であって，かつ，独立の不動産として登記することができるものでなければならない。必ずしも物理的に独立した建物の全体である必要はなく，その一部であってもよいが，その一部は障壁などによりその他の部分と客観的に区画され，排他的な支配・占有が可能となるような独立性を備えることは必要である。利用関係は，賃貸借としての性質を持つものであることが必要である。なお，一時使用のための建物賃貸借には，借地借家法の適用はない(同法40条)。

(ii) 定期建物賃貸借

定期建物賃貸借(定期借家)とは，期間の定めがある建物の賃貸借をする場合において，公正証書による等書面によって契約をして，契約の更新がないことを定めた建物賃貸借契約である(借地借家38条)。契約で定めた期間が満了することにより，更新されることなく，確定的に賃貸借が終了する(契約終了後も賃借人が居住し続け賃貸人がこれに異議を述べないような場合であっても，契約関係は終了する)。旧借家法のように，借家契約一般に強い存続の保障をすると，市場に対する良質な借家の供給が減少したり，権利金，家賃，立退料などの形成が不適切なものとなりかねないことから，2000(平成12)年からこの制度が施行された。Material ①は，国土交通省によって作成された「定期賃貸住宅標準契約書」(平成29年民法改正をふまえ平成30年3月改定)である。

定期建物賃貸借では，契約において期間を確定的に定めることがまず必要となる。たとえば，ここに掲げた標準契約書にあるように，契約期間の始期と終期を規定しておけばそれが明確となる。

次に，形式上の要件として，公正証書による等書面によって契約することが必要である(借地借家38条1項)。この場合，建物賃貸人は建物賃借人に対して，契約書とは別にあらかじめ書面を交付して，この契約の更新はなく，期間満了により終了することを，説明しなければならない(同条2項)。Material ②は，その際に用いる「定期賃貸住宅契約書についての説明書」である。建物賃貸人がこの説明を怠るときは，契約更新がないものとする特約は無効となり(同条3項)，契約の更新のある普通借家契約となる。

定期建物賃貸借の場合には，期間の満了により契約が終了する。ただ，契約期間が1年以上の場合は，建物賃貸人は期間満了の1年前から6月前までの間(通知期間)に，建物賃借人に契約が終了することを通知しなければ終了を建物賃借人に対抗できないこととされている(同条4項)。

他方，定期建物賃貸借契約をしていても転勤等の一定の事情変更が生じた場合には途中解約の必要が出てくることもある。そこで，床面積が200平方メートル未満の居住用建物について，契約期間中に，建物賃借人にやむを得ない事情(転勤，療養，親族の介護など)が発生し，その住宅に住み続けることが困難となった場合には，建物賃借人から解約の申入れができるものとした(同条5項)。

なお，期間満了前に，引き続きその建物を使用することについて当事者双方が合意すれば，再契約したうえで，引き続きその建物を使用することができるのは当然である。

(iii) 定期賃貸住宅標準契約書の特質

ここに掲げた「定期賃貸住宅標準契約書」は，定期建物賃貸借による民間住宅の賃貸契約書の標準的なひな形として，国土交通省により作成されたものである。建築方法，構造等のいかんを問わず，居住を目的とする民間賃貸住宅一般(社宅を除く)を対象としている。ここに規定された条項は，借地借家法の規律を前提にして，契約上規定しておくべきことがらを定めたものである。たとえば，契約期間の明記が必要なこ

定期賃貸住宅標準契約書

(1) 賃貸借の目的物（略）

(2) 契約期間

始期	年 月 日から	年 月間
終期	年 月 日まで	
（契約終了の通知をすべき期間 年 月 日から 年 月 日まで）		

(3) 賃料等（略）

(4) 貸主及び管理人（略）

(5) 借主及び同居人（略）

（契約の締結）

第1条 貸主（以下「甲」という。）及び借主（以下「乙」という。）は，頭書(1)に記載する賃貸借の目的物（以下「本物件」という。）について，以下の条項により借地借家法（以下「法」という。）第38条に規定する定期建物賃貸借契約（以下「本契約」という。）を締結した。

（契約期間）

第2条 契約期間は，頭書(2)に記載するとおりとする。

2 本契約は，前項に規定する期間の満了により終了し，更新がない。ただし，甲及び乙は，協議の上，本契約の期間の満了の日の翌日を始期とする新たな賃貸借契約（以下「再契約」という。）をすることができる。

3 甲は，第1項に規定する期間の満了の1年前から6月前までの間（以下「通知期間」という。）に乙に対し，期間の満了により賃貸借が終了する旨を書面によって通知するものとする。

4 甲は，前項に規定する通知をしなければ，賃貸借の終了を乙に主張することができず，乙は，第1項に規定する期間の満了後においても，本物件を引き続き賃借することができる。ただし，甲が通知期間の経過後乙に対し期間の満了により賃貸借が終了する旨の通知をした場合においては，その通知の日から6月を経過した日に賃貸借は終了する。

（敷金）

第6条 乙は，本契約から生じる債務の担保として，頭書(3)に記載する敷金を甲に交付するものとする。

2 甲は，乙が本契約から生じる債務を履行しないときは，敷金をその債務の弁済に充てることができる。この場合において，乙は，本物件を明け渡すまでの間，敷金をもって当該債務の弁済に充てることを請求することができない。

3 甲は，本物件の明渡しがあったときは，遅滞なく，敷金の全額を乙に返還しなければならない。ただし，本物件の明渡し時に，賃料の滞納，第15条に規定する原状回復に要する費用の未払いその他の本契約から生じる乙の債務の不履行が存在する場合には，甲は，当該債務の額を敷金から差し引いた額を返還するものとする。

（禁止又は制限される行為）

第8条 乙は，甲の書面による承諾を得ることなく，本物件の全部又は一部につき，賃借権を譲渡し，又は転貸してはならない。

2 乙は，甲の書面による承諾を得ることなく，本物件の増築，改築，移転，改造若しくは模様替又は本物件の敷地内における工作物の設置を行ってはならない。

3 乙は，本物件の使用に当たり，別表第1に掲げる行為を行ってはならない。

4 乙は，本物件の使用に当たり，甲の書面による承諾を得ることなく，別表第2に掲げる行為を行ってはならない。

5 乙は，本物件の使用に当たり，別表第3に掲げる行為を行う場合には，甲に通知しなければならない。

（契約の解除）

第10条 甲は，乙が次に掲げる義務に違反した場合において，甲が相当の期間を定めて当該義務の履行を催告したにもかかわらず，その期間内に当該義務が履行されないときは，本契約を解除することができる。

　一　第4条第1項に規定する賃料支払義務

　二　第5条第2項に規定する共益費支払義務

　三　前条第1項後段に規定する乙の費用負担義務

2 甲は，乙が次に掲げる義務に違反した場合において，甲が相当の期間を定めて当該義務の履行を催告したにもかかわらず，その期間内に当該義務が履行されずに当該義務違反により本契約を継続することが困難であると認められるに至ったときは，本契約を解除することができる。

　一　第3条に規定する本物件の使用目的遵守義務

　二　第8条各項に規定する義務（同条第3項に規定する義務のうち，別表第1第六号から第八号に掲げる行為に係るものを除く。）

　三　その他本契約書に規定する乙の義務

（乙からの解約）

第11条 乙は，甲に対して少なくとも1月前に解約の申入れを行うことにより，本契約を解約することができる。

2 前項の規定にかかわらず，乙は，解約申入れの日から1月分の賃料（本契約の解約後の賃料相当額を含む。）を甲に支払うことにより，解約申入れの日から起算して1月を経過する日までの間，随時に本契約を解約することができる。

（再契約）

第18条 甲は，再契約の意向があるときは，第2条第3項に規定する通知の書面に，その旨を付記するものとする。

2 再契約をした場合は，第14条の規定は適用しない。この場合において，本契約における原状回復の債務の履行については，再契約に係る賃貸借が終了する日までに行うこととし，敷金の返還については，明渡しがあったものとして第6条第3項に規定するところによる。

IV

契約

年　　月　　日

定期賃貸住宅契約についての説明

貸　主（甲）住所
　　　　　　氏名　　　　　　　　　　　㊞
代理人　　　住所
　　　　　　氏名　　　　　　　　　　　㊞

　下記住宅についての定期建物賃貸借契約を締結するに当たり，借地借家法第38条第2項に基づき，次のとおり説明します。

　下記住宅の賃貸借契約は，更新がなく，期間の満了により賃貸借は終了しますので，期間の満了の日の翌日を始期とする新たな賃貸借契約（再契約）を締結する場合を除き，期間の満了の日までに，下記住宅を明け渡さなければなりません。

記

(1)住　宅	名　　　称		
	所 在 地		
	住戸番号		
(2)契約期間	始期	年　月　日から	年　　　月間
	終期	年　月　日から	

　上記住宅につきまして，借地借家法第38条第2項に基づく説明を受けました。

　　　　　　　　　　　年　　月　　日
　　　　　　　　　借　主（乙）住所
　　　　　　　　　　　　　　　氏名　　　　　　　　㊞

とはいうまでもないが（契約書2条1項），期間満了時に契約の更新がないこととする旨を明記することは定期建物賃貸借と認められるために必須のものである（契約書2条2項本文）。ただ，定期賃貸住宅契約は，地域慣行，物件の構造や管理の多様性等が合意内容に反映され，個々のケースで事情が異なりうるので，本標準契約書も，特約条項を設けている。

（4）　動産賃貸借

　賃貸借契約は，不動産のみならず動産や無体財産権などを対象とする場合にも重要な機能を果たしている。動産の賃貸借については，不動産や無体財産権（たとえば，意匠権や実用新案権等）の賃貸借とは異なり，直接契約内容を規律する特別法はなく，民法と契約自由に委ねられている（ただし，船舶について商703条参照）。そのうえ

で，民法上は，動産の賃貸借につき，区別した扱いをする場合がある（たとえば，602条・603条・617条1項3号）。

　ここでは，比較的身近なレンタカーの賃貸借契約を取り上げる。レンタカーの賃貸借契約は，特に自家用自動車を有償で貸し渡すことを内容とするものであり，これを業として行う場合には，国土交通大臣の許可を受ける必要がある（道路運送80条）。

　そして，この許可の条件として，貸渡しの契約内容にも関わる諸事項が公にされており，一般社団法人全国レンタカー協会は，それらの事項を考慮して（消費者保護の観点から国民生活審議会，経済企画庁国民生活局，独禁法の観点から公正取引委員会経済部団体課との審議を経て），「標準レンタカー貸渡約款」を1986年に策定した（その後，数次の改正を経ている。最終改正：2020年）。同協会は，会員事業者に対しこの標準約款にならって約款

を作成し，提出するよう指導しているため，現在，レンタカー業界で使用されている貸渡約款のほとんどが，この標準約款の内容をほぼそのまま採用している。ここに Material として示したのは，あるレンタカー会社の貸渡約款である。

この約款の特質としては，たとえば，契約成立時につき，貸渡料金の支払とレンタカーの引渡しがあった時としていること（約款10条），レンタカーの使用中に故障・事故・盗難等があった場合には貸渡契約が終了するものとし，それを使用できなかったことによって生ずる借受人の損害については，貸主の責任制限を規定して（約款29条），借受人の民法上の権利を制限していることも注目される。また，貸渡業者は，借受人が起こした事故について運行供用者となることもありうるので，損害保険に加入することなどにより一定範囲で借受人の責任を塡補するものとしている（約款30条。もっとも，保険料等は借受人の費用負担となっている）。

↓ レンタカー貸渡約款（抜粋）

レンタカー貸渡約款

（代替レンタカー）

第5条 当社は，借受人から予約のあった車種クラスのレンタカーを貸し渡すことができないときは，予約と異なる車種クラスのレンタカー（以下「代替レンタカー」といいます。）の貸渡しを申し入れることができるものとします。

（免責）

第6条 当社及び借受人は，予約が取り消され，又は貸渡契約が締結されなかったことについて，第4条及び第5条に定める場合を除き，相互に何らの請求をしないものとします。

（貸渡契約の成立等）

第10条 貸渡契約は，借受人が当社に貸渡料金を支払い，当社が借受人にレンタカーを引き渡したときに成立するものとします。この場合，受領済の予約申込金は貸渡料金の一部に充当されるものとします。

（事故発生時の措置）

第27条 借受人又は運転者は，使用中にレンタカーに係る事故が発生したときは，直ちに運転を中止し，事故の大小にかかわらず法令上の措置をとるとともに，次に定める措置をとるものとします。

(1) 直ちに事故の状況等を当社に報告し，当社の指示に従うこと。

(2) 前号の指示に基づきレンタカーの修理を行う場合は，当社が認めた場合を除き，当社又は当社の指定する工場で行うこと。

(4) 事故に関し相手方と示談その他の合意をするときは，あらかじめ当社の承諾を受けること。

（使用不能による貸渡契約の終了）

第29条 使用中において故障，事故，盗難その他の事由（以下「故障等」といいます。）によりレンタカーが使用できなくなったときは，貸渡契約は終了するものとします。

2 借受人は，前項の場合，レンタカーの引取り及び修理等に要する費用を負担するものとし，当社は受領済みの貸渡料金を返還しないものとします。ただし，故障等が第3項又は第5項に定める事由による場合はこの限りでないものとします。

3 故障等が貸渡し前に存した欠陥・不具合その他レンタカーが借受条件に適合していないことに起因する場合は，新たな貸渡契約を締結したものとし，借受人は当社から代替レンタカーの提供を受けることができるものとします。

5 故障等が借受人，運転者及び当社のいずれの責めにも帰することができない事由により生じた場合は，当社は，受領済の貸渡料金から，貸渡しから貸渡契約の終了までの期間に対応する貸渡料金を差し引いた残額を借受人に返還するものとします。

（賠償及び営業補償）

第30条 借受人は，借り受けたレンタカーの使用に関し，借受人又は運転者が当社のレンタカーに損害を与えたときは，その損害を賠償するものとします。ただし，借受人及び運転者の責めに帰することができない事由による場合を除きます。

2 前項により借受人が損害賠償責任を負う場合，事故，盗難，故障，レンタカーの汚損・臭気等により当社がそのレンタカーを利用できないことによる損害については料金表等に定めるところにより損害を賠償し，又は営業補償をするものとします。

（中途解約）

第33条 借受人は，使用中であっても，当社の同意を得て次項に定める中途解約手数料を支払った上で貸渡契約を解約することができるものとします。この場合，当社は，別途定める規定に該当するときを除き，受領済の貸渡料金から，貸渡しから返還までの期間に対応する貸渡料金を差し引いた残額を借受人に返還するものとします。

7 請負契約

(1) 請負契約とは

請負契約とは，当事者の一方（請負人）がある仕事を完成し，相手方（注文者）がその仕事の結果に対して報酬を支払うことを内容とする契約である（632条）。請負契約によって引き受けられるのは，請負人による役務（サービス）の提供そのものではなく，「仕事の完成」という役務提供の成果である。この点に請負契約の（他の役務提供型契約との対比における）特質がある。請負契約において完成されるべき「仕事」としては，建物の建築，洋服の仕立て，自動車の修理のような有形の仕事が典型的であるが，運送，音楽の演奏，翻訳などのような無形の仕事もありうる。

請負人の報酬請求権は請負契約成立と同時に発生し，仕事完成によって報酬支払債務の弁済期が到来するものと解されている（判例・多数説）。したがって，請負契約成立後は，仕事完成前でも報酬債権を差し押さえることができ，転付命令も許される（判例）。

(2) 建設請負契約

a 建設工事における約款の利用

(i) 建設請負における約款

建設請負契約に用いられる約款は，かつての建設請負における著しく請負人に不利な側面を是正し，契約内容を適正化する目的で，建設請負契約のひな形として作成され，改正を重ねてきた。

すなわち，1949年制定された建設業法は，注文者と請負人との力関係の差を考慮し，公正な契約の締結と信義に従った誠実な履行を求めるとともに（建設業18条），工事内容，請負代金額，危険負担などの項目について書面化することを求めた（同法19条）。そのうえで，同法は，

中央建設業審議会を設置し，これが建設工事の標準請負契約約款を作成し，その実施を当事者に勧告することができるものとした（同法34条）。その結果，「公共工事標準請負契約約款」，「民間建設工事標準請負契約約款（甲），（乙）」および「建設工事標準下請負契約約款」が公表されたが（いずれも2019年改正），特に，この公共工事標準請負契約約款は，各省庁等の国の機関，都道府県，政令指定都市，公共法人等のみならず，電力会社，ガス会社，NTT等の民間企業に対しても，中央建設業審議会から実施の勧告が行われている。

民間工事に関しては，さらに，日本建築学会等の4団体による「四会連合協定工事請負契約約款」が1951年に公表され，広く使用されてきた。その後，数次の改正を経て，その間には参加団体（建築業者・発注者双方の団体が含まれる）も増え，さらに，1997年には「民間（旧四会）連合協定工事請負契約約款」と名称が変更され，2020年より「民間（七会）連合協定工事請負契約約款」となり，今日では年間15万件を超える建築工事に利用されている。Material ①として，同約款を掲げた。

(ii) 民間（七会）連合協定工事請負契約約款の特質

この約款は，いわゆる実施約款として，現実の工事契約にそのまま利用されることが多い点で，公共工事標準請負契約約款が標準約款であるのとは異なる性格を持っている。ある程度規模の大きな新築工事で，工事監理者がおかれているものを念頭において作成されているが，実際には，監理者のおかれていない小規模な新築工事や増改築工事にも使用されているようである。通常の建設工事請負契約においては，基本的な「工事請負契約書」にこの約款と設計図書・仕様書が添付されるかたちで，一体として建設工事請負契約書が構成される。

この約款においては，請負人の危険負担の軽

減（約款21条），物価・労賃の変動による価格変更（約款29条）など，民法上の原則を修正・変更する多数の重要な規定が設けられている。上記のような沿革において，請負人に不利となる面の改善が試みられてきた帰結である。

また，中止権が規定されていること（約款31条・31条の2・32条），契約解除の場合の出来形等の引受けについて，明文の規定が設けられていること（約款33条），さらに，委任契約の要素や売買契約の要素も盛り込まれており，この約款を採用することにより，実際の建設工事契約が複合契約的性格を帯びるものとなっていることなども注目される。

なお，近時は民間工事の注文者が消費者としての立場に立つことも考慮され，消費者としての注文者保護の観点も重要となってきた。今後はそのような観点にも重点を置いた新しい建設請負約款のあり方が検討されるべきであろう（その意味で，日本弁護士連合会による「住宅建築工事請負契約約款」も注目される）。

↓ ① 民間（七会）連合協定工事請負契約約款（抜粋）

工事請負契約約款

第17条　工事用図書のとおりに実施されていない施工

(1)　施工について，工事用図書のとおりに実施されていない部分があると認められるときは，監理者の指示によって，受注者は，その費用を負担して速やかにこれを修補又は改造する。このために受注者は，工期の延長を求めることはできない。

(5)　次の各号の一によって生じた工事用図書のとおりに実施されていないと認められる施工については，受注者は，その責任を負わない。

　a　発注者又は監理者の指示によるとき。

　b　支給材料，貸与品，工事用図書に指定された工事材料もしくは建築設備の機器の性質又は工事用図書に指定された施工方法によるとき。

　c　第13条(1)又は(2)の検査又は試験に合格した工事材料又は建築設備の機器によるとき。

　d　その他，この工事について発注者又は監理者の責めに帰すべき事由によるとき。（以下略）

第21条　不可抗力による損害

(1)　天災その他自然的又は人為的な事象であって，発注者と受注者のいずれの責めにも帰することのできない事由（以下「不可抗力」という。）によって，この工事の出来形部分，工事仮設物，工事現場に搬入した工事材料，建築設備の機器（有償支給材料を含む。）又は施工用機器について損害が生じたときは，受注者は，事実発生後速やかにその状況を発注者に通知する。

(2)　本条(1)の損害について，発注者及び受注者が協議して重大なものと認め，かつ，受注者が善良な管理者としての注意をしたと認められるものは，発注者がこれを負担する。（以下略）

第23条　完成，検査

(1)　受注者は，この工事を完了したときは，設計図書等のとおりに実施されていることを確認して，発注者に対し，検査（発注者が立会いを監理者に委託した場合は，監理者立会いのもとに行う検査）を求める。

(2)　本条(1)の検査に合格しないときは，受注者は，工期内又は発注者（発注者が本項の業務を監理者に委託した場合は，監理者）の指定する期間内に修補又は改造して，発注者に対し，検査（発注者が立会いを監理者に委託した場合は，監理者立会いのもとに行う検査）を求める。（以下略）

第23条の2　法定検査

(1)　第23条の規定にかかわらず，受注者は，法定検査（建築基準法第7条から同法第7条の4までに定められる検査その他設計図書等に定める法令上必要とされる関係機関による検査のうち，発注者が申請者となっているものをいう。以下同じ。）に先立つ適切な時期に，この工事の内容が設計図書等のとおりに実施されていることを確認して，発注者に対し，検査（発注者が立会いを監理者に委託した場合は，監理者立会いのもとに行う検査）を求める。（以下略）

第27条　契約不適合責任

(1)　発注者は，引き渡されたこの契約の目的物に契約不適合があるときは，受注者に対し，書面をもって，目的物の修補又は代替物の引渡しによる履行の追完を請求することができる。ただし，その履行の追完に過分の費用を要するときは，発注者は履行の追完を請求することができない。

(2)　本条(1)本文の場合において，受注者は，発注者に不相当な負担を課するものでないときは，発注者が請求した方法と異なる方法による履行の追完をすることができる。

(3)　本条(1)本文の場合において，発注者が相当の期間を定めて，書面をもって，履行の追完の催告をし，その期間内に履行の追完がないときは，発注者は，その不適合の程度に応じて，書面をもって，代金の減額を請求することができる。ただし，次の各号のいずれかに該当する場合は，催告をすることなく，直ちに代金の減額を請求することができる。

　a　履行の追完が不能であるとき。

　b　受注者が履行の追完を拒絶する意思を明確に表示したとき。

　c　この契約の目的物の性質又は当事者の意思表示により，特定の日時又は一定の期間内に履行しなければ契約をした目的を達することができない場合において，受注者が履行の追完をしないでその時期を経過したとき。

　d　本項a，b及びcに掲げる場合のほか，発注者が本項本文の催告をしても履行の追完を受ける見込みがないことが明らかであるとき。

第30条　発注者の損害賠償請求等

(1)　発注者は，受注者が次の各号のいずれかに該当する場合は，これによって生じた損害の賠償を請求することができる。た

だし，当該各号に定める場合がこの契約及び取引上の社会通念に照らして受注者の責めに帰することができない事由によるものであるときは，この限りでない。

 a 受注者が契約期間内にこの契約の目的物を引き渡すことができないとき。

 b この契約の目的物に契約不適合があるとき。

 c 第31条の2(1)又は第31条の3(1)（eを除く。）の規定により，この契約が解除されたとき。

 d 本項a，b及びcに掲げる場合のほか，受注者が債務の本旨に従った履行をしないとき又は債務の履行が不能であるとき。（以下略）

第30条の2　受注者の損害賠償請求等

(1) 受注者は，発注者が次の各号のいずれかに該当する場合は，これによって生じた損害の賠償を請求することができる。ただし，当該各号に定める場合がこの契約及び取引上の社会通念に照らして発注者の責めに帰することができない事由によるものであるときは，この限りでない。

 a 第32条(1)の規定により工事が中止されたとき（ただし，dは除く。）。

 b 第32条の2(1)及び第32条の3(1)の規定によりこの契約が解除されたとき。

 c 本項a又はbに掲げる場合のほか，発注者が債務の本旨に従った履行をしないとき又は債務の履行が不能であるとき。（以下略）

第31条　発注者の任意の中止権及び解除権

(1) 発注者は，受注者が工事を完成しない間は，必要によって，書面をもって受注者に通知してこの工事を中止し又はこの契約を解除することができる。この場合，発注者は，これによって生じる受注者の損害を賠償する。（以下略）

第31条の2　発注者の中止権及び催告による解除権

(1) 発注者は，この契約に別段の定めのあるほか，次の各号の一にあたる場合は，書面をもって受注者に通知してこの工事を中止し又は書面をもって，受注者に相当の期間を定めてその履行の催告をし，その期間内に履行がないときはこの契約を解除することができる。ただし，当該期間を経過した時における債務の不履行がこの契約及び取引上の社会通念に照らして軽微であるときは，この限りでない。

 a 受注者が正当な理由なく，着手期日を過ぎてもこの工事に着手しないとき。

 b この工事が正当な理由なく工程表より著しく遅れ，工期内又は期限後相当期間内に，受注者がこの工事を完成する見込がないと認められるとき。

 c 受注者が第17条(1)の規定に違反したとき。

 d 受注者が正当な理由なく，第27条(1)の履行の追完を行わないとき。

 e 本項a，b，c及びdに掲げる場合のほか，受注者がこの契約に違反したとき。（以下略）

第31条の3　発注者の催告によらない解除権

(1) 発注者は，受注者が次の各号のいずれかに該当するときは，書面をもって受注者に通知し直ちにこの契約を解除することができる。

 a 受注者が第6条(1)の規定に違反して，請負代金債権を譲渡したとき。

 b この契約の目的物を完成させることができないことが明らかであるとき。

 c 受注者が第5条の規定に違反したとき。

 d 受注者が建設業の許可を取り消されたとき又はその許可が効力を失ったとき。

 e 受注者が支払を停止する（資金不足による手形，小切手の不渡りを出すなど）等により，この工事を続行することができないおそれがあると認められるとき。

 f 引き渡されたこの契約の目的物に契約不適合がある場合において，その契約不適合が目的物を除却した上で再び建設しなければ，この契約の目的を達成することができないものであるとき。

 g 受注者がこの契約の目的物の完成の債務の履行を拒絶する意思を明確に表示したとき。

 h 受注者の債務の一部の履行が不能である場合又は受注者がその債務の一部の履行を拒絶する意思を明確に表示した場合において，残存する部分のみではこの契約をした目的を達することができないとき。

 i この契約の目的物の性質や当事者の意思表示により，特定の日時又は一定の期間内に履行しなければこの契約をした目的を達することができない場合において，受注者が履行をしないでその時期を経過したとき。

 j 前各号に掲げる場合のほか，受注者がその債務の履行をせず，発注者が第31条の2(1)の催告をしてもこの契約をした目的を達するのに足りる履行がされる見込みがないことが明らかであるとき。（以下略）

第33条　解除に伴う措置

(1) この工事の完成前にこの契約が解除されたときは，発注者がこの工事の出来形部分並びに検査済みの工事材料及び設備の機器（有償支給材料を含む。）を引き受けるものとし，発注者が受ける利益の割合に応じて受注者に請負代金を支払わなければならない。（以下略）

＊民間（七会）連合協定工事請負契約約款委員会の許諾を得て，執筆者の判断で抜粋して転載。

b　建設工事の下請契約と約款

請負人が，自己の請け負った仕事の完成債務の全部または一部を他の者に請け負わせる契約を下請（下請負）契約という。建設請負の下請契約（建設業2条4項参照）はその典型である。

下請契約により，元請側は，すべての工程にわたる施工能力を維持する必要がなくなり，下請側としても，受注量が安定することや独自の営業活動を行わなくてもすむことなどのメリットがあるため，今日広く行われている。

ただ，下請負人は零細な業者であることが多

いため，建設業法はその保護をはかる規定を整備し（同法24条の2以下），また，中央建設業審議会は「建設工事標準下請契約約款」（1977年制定，2019年改正）を作成・実施勧告等を行い（同法34条2項参照），下請契約の適正化を図っている（これに準拠した下請契約約款が，公共工事・民間工事の別を問わず建設工事の下請契約全般において利用されている）。Material②としてこれを掲げた。

この約款は，たとえば，元請負人が請け負った仕事をそのまま一括して下請負人に請け負わせる一括下請負（丸投げ）を原則として禁じ（約款6条。建設業法22条も参照），元請負人の工事変更権・中止権を認め（約款18条），不可抗力による損害を原則として元請負人の負担とし（約款26条），工事目的物の契約不適合責任として，概ね民法の規律に即しつつも，追完請求の制限について過分の費用を要件として規定し（約款35条(A)(B)），さらに，民法641条と同趣旨の元請負人の任意解除権を規定している（約款36条）。

c 欠陥住宅問題

Material③の新聞記事にも現れているよう

↓ ② 建設工事標準下請契約約款（抜粋）

建設工事標準下請契約約款

（一括委任又は一括下請負の禁止）

第6条 下請負人は，一括してこの工事の全部又は一部を第三者に委任し又は請け負わせてはならない。ただし，公共工事及び共同住宅の新築工事以外の工事で，かつ，あらかじめ発注者及び元請負人の書面による承諾を得た場合は，この限りでない。

（工事の変更及び中止等）

第18条 元請負人は，必要があると認めるときは，書面をもって下請負人に通知し，工事内容を変更し，又は工事の全部若しくは一部の施工を一時中止させることができる。この場合において，必要があると認められるときは，元請負人と下請負人とが協議して，工期又は請負代金額を変更する。

2 工事用地等の確保ができない等のため又は天災その他の不可抗力により工事目的物等に損害を生じ若しくは工事現場の状態が変動したため，下請負人が工事を施工できないと認められるときは，元請負人は，工事の全部又は一部の施工を中止させる。この場合において，必要があると認められるときは，元請負人と下請負人とが協議して，工期又は請負代金額を変更する。

（賃金又は物価の変動に基づく請負代金額の変更）

第22条 工期内に賃金又は物価の変動により請負代金額が不適当となり，これを変更する必要があると認められるときは，元請負人と下請負人とが協議して請負代金額を変更する。

2 元請負人と発注者との間の請負契約において，この工事を含む元請工事の部分について，賃金又は物価の変動を理由にして請負代金額が変更されたときは，元請負人又は下請負人は，相手方に対し，前項の協議を求めることができる。

（天災その他不可抗力による損害）

第26条 天災その他不可抗力によって，工事の出来形部分，現場の工事仮設物，現場搬入済の工事材料又は建設機械器具（いずれも元請負人が確認したものに限る。）に損害を生じたときは，下請負人が善良な管理者の注意を怠ったことに基づく部分を除き，元請負人がこれを負担する。

（契約不適合責任）

第35条(A) 元請負人は，引き渡された工事目的物が種類又は品質に関して契約の内容に適合しないもの（以下「契約不適合」という。）であるときは，下請負人に対し，目的物の修補又は代替物の引渡しによる履行の追完を請求することができる。ただし，その履行の追完に過分の費用を要するときは，元請負人は履行の追完を請求することができない。

2 前項の場合において，下請負人は，元請負人に不相当な負担を課するものでないときは，元請負人が請求した方法と異なる方法による履行の追完をすることができる。

3 第1項の場合において，元請負人が相当の期間を定めて履行の追完の催告をし，その期間内に履行の追完がないときは，元請負人は，その不適合の程度に応じて代金の減額を請求することができる。ただし，次の各号のいずれかに該当する場合は，催告をすることなく，直ちに代金減額を請求することができる。

一 履行の追完が不能であるとき。

二 下請負人が履行の追完を拒絶する意思を明確に表示したとき。

三 工事目的物の性質又は当事者の意思表示により，特定の日時又は一定の期間内に履行しなければ契約をした目的を達することができない場合において，下請負人が履行の追完をしないでその時期を経過したとき。

四 前三号に掲げる場合のほか，元請負人がこの項の規定による催告をしても履行の追完を受ける見込みがないことが明らかであるとき。

第35条(B) （略）

（元請負人の任意解除権）

第36条 元請負人は，工事が完成しない間は，次条及び第38条に規定する場合のほか必要があるときは，この契約を解除することができる。

2 元請負人は，前項の規定によりこの契約を解除した場合において，これにより下請負人に損害を及ぼしたときは，その損害を賠償する。この場合における賠償額は，元請負人と下請負人とが協議して定める。

に，欠陥住宅問題は，かねてから大きな社会問題となってきた。住宅の欠陥によって損害をこうむった被害者に対する契約法上の救済として，買主または注文者は，売主または請負人の契約不適合責任（562条以下。請負にも準用される〔559条〕）を追及することができ，建物賃借人は賃貸人に対する修繕義務（606条）の不履行責任または契約不適合責任（562条以下・559条）を主張することもできる。しかし，これらの救済には，救済内容や権利行使期間の制限があり，また，任意規定のため，特約で排除されることもありうる。

これに対し，欠陥住宅の（改正前民法における）瑕疵担保責任に関する特別法として，「住宅の品質確保の促進等に関する法律」（2000年4月施行，2019年改正）が設けられた。請負人または売主は，新築住宅を引き渡したときから10年間，住宅の構造耐力上主要な部分（基礎，壁，床，柱など）または雨水の浸入を防止する部分として政令で定めるもの（屋根，外壁，戸など）の瑕疵について，担保責任を負うこととされている（同法94条・95条）。また，これらの規定に反する特約で注文者等に不利なものは無効とされている（同法94条2項・95条2項）。さらに同法は，住宅の性能を第三者が客観的に評価する「住宅性能表示制度」を設け，第三者機関の判断のもとにトラブルの解決を行う住宅紛争処理体制の整備を規定している。

しかし，2005年11月に明るみに出た「構造計算書偽装事件」は欠陥住宅紛争に新たな問題を提起した。すなわち，請負人や売主が後に経営破綻して担保責任の履行能力を失う場合は，上記のような救済も絵に画いた餅にすぎないという点である。10年間責任が課されるといっても10年後にその企業が十分な資力をもって存続しているとは限らない。

そこで，この問題を立法的に解決するため，「特定住宅瑕疵担保責任の履行の確保等に関する法律」が2007（平成19）年5月成立した（2017年改正）。この法律は，建設業者等に対し，住宅瑕疵担保保証金の供託または住宅瑕疵担保責任保険契約の締結を義務付けるとともに，住宅瑕

↑ ③ 朝日新聞2020年5月28日

疵担保責任保険法人を指定して，住宅瑕疵担保責任保険をめぐる紛争の処理体制の整備をはかることなどを規定するものである。

(3) 運送契約

一般に，運送契約も，民法上の請負契約にあたるとされている。しかし，陸上運送契約・海上運送契約・航空運送契約のそれぞれの貨物運送・旅客運送については，商法に規定があり（商569条～594条・737条～770条），また，陸上運送のうちの鉄道運送については鉄道事業法・鉄道営業法も重要な規範となる。さらに，通常は各種の運送約款も利用されている。運送をめぐる当事者の法律関係はこれらによって規律されるため，民法の規定が直接適用される余地はほとんどない。さらに，運送約款については，各種の運送事業規制法において行政的規制（許可，届出）も行われている。ここでは，Material ④として，身近な宅配便に関する標準宅配便運送約款を取り上げる。

従来の標準貨物自動車運送約款，標準貨物軽自動車運送約款などは，企業間の取引を前提として作成されたものであったが，これとは別に，宅配便のような一般消費者を対象とする物流サービスについて，内容の適正さなどを確保し消

費者保護をはかるため，国土交通省が約款に記載すべき事項の標準的な内容を定め，標準約款として公表したものである。

標準宅配便運送約款においては，荷物の運送を引き受ける時に，運送契約の重要事項を記載した送り状を荷物1個ごとに荷送人に交付すること（約款3条），原則として送り状に荷物引渡予定日を記載すること（約款3条9号），荷受人が不在の場合は，荷受人あてに不在連絡票により通知したうえで，事業者はその荷物を持ち帰って保管すること（約款12条），荷物の引渡し

ができない場合に一定の条件のもとで運送人がそれを処分することができること（約款14条）などが規定されている。さらに，荷物に破損等があった場合は，発送地における荷物の価格を基準として，き損等についてはその程度に応じ責任限度額の範囲内で，賠償するものとされていること（約款25条。この責任限度額は各運送人によって定められ送り状に記載されている。この定めが荷受人と運送人との関係においてもつ意味につき，最判平成10・4・30判時1646号162頁参照）が注目される。

↓ ④ 標準宅配便運送約款（抜粋）〔最終改正：2003年〕

標準宅配便運送約款

（送り状）

第3条 当店は，荷物の運送を引き受ける時に，次の事項を記載した送り状を荷物一個ごとに発行します。この場合において，第一号から第四号までは荷送人が記載し，第五号から第十四号までは当店が記載するものとします。ただし，第九号は記載しない場合があります。

一 荷送人の氏名又は名称，住所及び電話番号

二 荷受人の氏名又は名称並びに配達先及びその電話番号

三 荷物の品名

四 運送上の特段の注意事項（壊れやすいもの，変質又は腐敗しやすいもの等荷物の性質の区分その他必要な事項を記載するものとします。）

八 荷物受取日

九 荷物引渡予定日（特定の日時に荷受人が使用する荷物の運送を当店が引き受けたときは，その使用目的及び荷物引渡日時を記載します。）

（荷受人以外の者に対する引渡し）

第11条 当店は，次の各号に掲げる者に対する荷物の引渡しをもって，荷受人に対する引渡しとみなします。

一 配達先が住宅の場合　その配達先における同居者又はこれに準ずる者

二 配達先が前号以外の場合　その管理者又はこれに準ずる者

（荷受人等が不在の場合の措置）

第12条 当店は，荷受人又は前条に規定する者が不在のため引渡しを行えない場合は，荷受人に対し，その旨を荷物の引渡しをしようとした日時及び当店の名称，問い合わせ先電話番号その他荷物の引渡しに必要な事項を記載した書面（以下「不在連絡票」という。）によって通知した上で，営業所その他の事業所で荷物を保管します。

2　前項の規定にかかわらず，荷受人の隣人（荷受人が共同住宅に居住する場合はそのその管理人を含む。）の承諾を得て，その隣人に荷受人への荷物の引渡しを委託することがありま

す。この場合においては，不在連絡票に当店が荷物の引渡しを委託した隣人の氏名を記載します。

（引渡しができない荷物の処分）

第14条 当店は，相当の期間内に前条第1項に規定する指図がないときは，荷送人に対し予告した上で，その指図を求めた日から三月経過した日まで荷物を保管した後，公正な第三者を立ち会わせてその売却その他の処分をすることができます。ただし，荷物が変質又は腐敗しやすいものである場合であって，相当の期間内に指図がないときは，荷送人に対し予告した上で，直ちに荷物の売却その他の処分をすることができます。

（損害賠償の額）

第25条 当店は，荷物の滅失による損害については，荷物の価格（発送地における荷物の価格をいう。以下同じ。）を送り状に記載された責任限度額（以下「限度額」という。）の範囲内で賠償します。

2　当店は，荷物のき損による損害については，荷物の価格を基準としてき損の程度に応じ限度額の範囲内で賠償します。

3　前二項の規定に基づき賠償することとした場合，荷送人又は荷受人に著しい損害が生ずることが明白であると認められるときは，前二項の規定にかかわらず，当店は限度額の範囲内で損害を賠償します。

4　当店は，荷物の遅延による損害については，次のとおり賠償します。

一　第10条第1項の場合　第12条の不在連絡票による通知が荷物引渡予定日の翌日までに行われたときを除き，荷物の引渡しが荷物の引渡予定日の翌日まで行われなかったことにより生じた財産上の損害を運賃等の範囲内で賠償します。

二　第10条第2項の場合　その荷物をその特定の日時に使用できなかったことにより生じた財産上の損害を限度額の範囲内で賠償します。

6　前五項の規定にかかわらず，当店の故意又は重大な過失によって荷物の滅失，き損又は遅延が生じたときは，当店はそれにより生じた一切の損害を賠償します。

8 委任契約

(1) 委任契約とは

委任契約とは，当事者の一方（委任者）が，法律行為をすることを相手方に委託し，相手方（受任者）がこれを承諾することによって成立する契約である（643条）。民法は，法律行為でない事務を委託する場合についても，準委任として，これに委任の規定を全面的に準用するから（656条），委託する事務が法律行為か否かという区別は，重要ではなく，委任の本質は広く自己の事務の処理を他者に委託することにあるものということができる。

ここでは，不動産仲介契約と旅行契約の約款を取り上げる（なお，訴訟委任状については，Ⅰ-8②を参照）。

(2) 不動産仲介契約

(i) 不動産仲介契約の規律

不動産仲介契約は，不動産取引の仲介という事実行為の委託を内容とする契約であるが，民法の規定を直接適用すると，やや妥当性を欠く場合がありうる。たとえば，民法によれば，委任においては任意解除（651条1項）が認められているが，不動産仲介において，依頼者が仲介契約を解除した後に，仲介者を通して知った相手方と直接取引をして仲介者への報酬支払を免れることは妥当ではない。他方，依頼者を長期にわたって拘束することも望ましくない。この点について，宅地建物取引業法は，専任媒介契約に関連する諸規定（同法34条の2第1項・3項・4項）をおいているが，さらに，不動産仲介全般にわたり約款の整備が進められてきた。

(ii) 標準媒介契約約款の特質

現在では，依頼者と不動産業者の権利や義務を明確にするため，国土交通省が，業界との協力のもと，「宅地建物取引業法施行規則の規定による標準媒介契約約款」を策定している。これによれば，現在の不動産仲介契約は，以下の3種に分けることができ，それぞれの形態に即した規律を受けるべきことになる。

すなわち，①専属専任媒介契約は，特定の不動産業者1社のみに仲介を依頼する契約形態であり，依頼人は，複数の業者に重ねて媒介を依頼すること，自ら購入希望者を探して売買または交換の契約を結ぶことはできないものとされている。②専任媒介契約は，特定の不動産業者1社のみに仲介を依頼する契約形態であるが，専属専任媒介契約とは異なり，依頼人は，自分で購入希望者を探すこともできる。③一般媒介契約は，複数の不動産業者に重ねて媒介を依頼することができる契約形態であり，依頼者が他のどの業者と媒介契約を結んでいるのかを明らかにする明示型と，明らかにしない非明示型がある。

ここでは，上記の標準媒介契約約款のなかか

↓ 専属専任媒介契約約款（抜粋）〔最終改正：2005年〕

専属専任媒介契約約款

（目的）
第1条 この約款は，宅地又は建物の売買又は交換の専属専任媒介契約について，当事者が契約の締結に際して定めるべき事項及び当事者が契約の履行に関して互いに遵守すべき事項を明らかにすることを目的とします。

（目的物件の表示等）
第3条 目的物件を特定するために必要な表示及び目的物件を

売買すべき価額又は交換すべき評価額（以下「媒介価額」といいます。）は，専属専任媒介契約書の別表に記載します。

（宅地建物取引業者の義務等）
第4条 乙は，次の事項を履行する義務を負います。

一　契約の相手方を探索するとともに，契約の相手方との契約条件の調整等を行い，契約の成立に向けて積極的に努力すること。

二　甲に対して，専属専任媒介契約書に記載する方法及び頻度により業務の処理状況を報告すること。

三　目的物の売買又は交換の申込みがあったときは，甲に対して，遅滞なく，その旨を報告すること。

四　広く契約の相手方を探索するため，目的物につき，所在地，規模，形質，媒介価額その他の事項を，専属専任媒介契約書に記載する指定流通機構に媒介契約の締結の日の翌日から専属専任媒介契約書に記載する期間内（乙の休業日を含みません。）に登録すること。

五　前号の登録をしたときは，遅滞なく，指定流通機構が発行した宅地建物取引業法第50条の6に定める登録を証する書面を甲に対して交付すること。

（媒介価額の変更の助言等）

第5条　媒介価額が地価や物価の変動その他事情の変更によって不適当と認められるに至ったときは，乙は，甲に対して，媒介価額の変更について根拠を示して助言します。

2　甲は，媒介価額を変更しようとするときは，乙にその旨を通知します。この場合において，価額の変更が引上げであるとき（甲が乙に目的物件の購入又は取得を依頼した場合にあっては，引下げであるとき）は，乙の承諾を要します。

3　乙は，前項の承諾を拒否しようとするときは，その根拠を示さなければなりません。

（有効期間）

第6条　専属専任媒介契約の有効期間は，3ヶ月を超えない範囲

で，甲乙協議の上，定めます。

（直接取引）

第10条　専属専任媒介契約の有効期間の満了後2年以内に，甲が乙の紹介によって知った相手方と乙を排除して目的物件の売買又は交換の契約を締結したときは，乙は，甲に対して，契約の成立に寄与した割合に応じた相当額の報酬を請求することができます。

（違約金の請求）

第11条　甲は，専属専任媒介契約の有効期間内に，乙以外の宅地建物取引業者に目的物件の売買又は交換の媒介又は代理を依頼することはできません。甲がこれに違反し，売買又は交換の契約を成立させたときは，乙は，甲に対して，約定報酬額に相当する金額（この媒介に係る消費税額及び地方消費税額の合計額に相当する額を除きます。）の違約金の支払を請求することができます。

2　甲は，専属専任媒介契約の有効期間内に，自ら発見した相手方と目的物件の売買又は交換の契約を締結することはできません。甲がこれに違反したときは，乙は，甲に対して，約定報酬額に相当する金額（この媒介に係る消費税額及び地方消費税額の合計額に相当する額を除きます。）の違約金の支払を請求することができます。

ら専属専任媒介契約の部を掲げる。

（3）　旅行契約

（i）　旅行契約と約款

旅行契約とは，旅行業者が旅行者に対して，各種の旅行サービスを提供することを内容とする契約である。この旅行サービスの内容としては，旅行の企画の作成，航空券等の手配，宿泊施設の予約などから，渡航手続の代行にも及ぶ広い範囲のものが考えられる。

旅行業法によれば，旅行業者は，旅行者と締結する旅行業務の取扱いに関する契約に関し，旅行業約款を定め，観光庁長官の認可を受けなければならない（旅行業12条の2第1項）。しかし，観光庁長官が定めて公示した「標準旅行業約款」を旅行業者において用いる場合には，その旅行業約款については，上記の認可を受けたものとみなされるため（同法12条の3），ほとんどの旅行業者は，この標準旅行業約款を使用しており，この約款の内容は，わが国の旅行契約にほぼ共通する内容となっている。2007年には，旅行業法施行規則等の改正により，第三種旅行業者（海外・国内の手配旅行のみを行う旅行業者）が一定

の条件の下で募集型企画旅行（かつては「主催旅行」と呼んでいた）を実施することができるようになり，この約款も改正された。

この標準旅行業約款は，募集型企画旅行，受注型企画旅行，手配旅行，渡航手続代行，旅行相談の各契約について，旅行業者の提供するべきサービスおよび責任の内容に関する定めをおいている。ここでは，募集型企画旅行の部の規定を Material として示す。

（ii）　標準旅行業約款における募集型企画旅行の規定の特質

募集型企画旅行契約においては，旅行者が旅行業者の定める旅行日程に従って，運送・宿泊機関等の提供する運送・宿泊その他の旅行に関するサービスの提供を受けることができるように，手配し，旅程を管理することが引き受けられている。

そして，まず，契約の締結について，申込金の授受による一種の要物性を規定するとともに（約款5条），契約内容に関する書面の交付義務が定められている（約款9条）。また，契約締結後に著しい事情の変更が生じた場合に，旅行業者による契約内容の変更を認めている（約款13

条）。さらに，解除につき，民法の原則を超える広い解除事由を旅行者，旅行業者の双方に認めている点（約款16条・17条）が注目される。

↓ 標準旅行業約款（抜粋）〔最終改正：2020年〕

募集型企画旅行契約の部

第2章　契約の締結

（契約の申込み）

第5条　当社に募集型企画旅行契約の申込みをしようとする旅行者は，当社所定の申込書（以下「申込書」といいます。）に所定の事項を記入の上，当社が別に定める金額の申込金とともに，当社に提出しなければなりません。

（契約書面の交付）

第9条　当社は，前条の定める契約の成立後速やかに，旅行者に，旅行日程，旅行サービスの内容，旅行代金その他の旅行条件及び当社の責任に関する事項を記載した書面（以下「契約書面」といいます。）を交付します。

第3章　契約の変更

（契約内容の変更）

第13条　当社は，天災地変，戦乱，暴動，運送・宿泊機関等の旅行サービス提供の中止，官公署の命令，当初の運行計画によらない運送サービスの提供その他の当社の関与し得ない事由が生じた場合において，旅行の安全かつ円滑な実施を図るためやむを得ないときは，旅行者にあらかじめ速やかに当該事由が関与し得ないものである理由及び当該事由との因果関係を説明して，旅行日程，旅行サービスの内容その他の募集型企画旅行契約の内容（以下「契約内容」といいます。）を変更することがあります。ただし，緊急の場合において，やむを得ないときは，変更後に説明します。

（旅行代金の額の変更）

第14条　募集型企画旅行を実施するに当たり利用する運送機関について適用を受ける運賃・料金（以下この条において「適用運賃・料金」といいます。）が，著しい経済情勢の変化等により，募集型企画旅行の募集の際に明示した時点において有効なものとして公示されている適用運賃・料金に比べて，通常想定される程度を大幅に超えて増額又は減額される場合においては，当社は，その増額又は減額される金額の範囲内で旅行代金の額を増加し，又は減少することができます。

第4章　契約の解除

（旅行者の解除権）

第16条　旅行者は，いつでも別表第一に定める取消料を当社に支払って募集型企画旅行契約を解除することができます。通信契約を解除する場合にあっては，当社は，提携会社のカードにより所定の伝票への旅行者の署名なくして取消料の支払いを受けます。

2　旅行者は，次に掲げる場合において，前項の規定にかかわらず，旅行開始前に取消料を支払うことなく募集型企画旅行契約を解除することができます。

一　当社によって契約内容が変更されたとき。ただし，その

変更が別表第二上欄に掲げるものその他の重要なものであるときに限ります。

二　第14条第1項の規定に基づいて旅行代金が増額されたとき。

三　天災地変，戦乱，暴動，運送・宿泊機関等の旅行サービス提供の中止，官公署の命令その他の事由が生じた場合において，旅行の安全かつ円滑な実施が不可能となり，又は不可能となるおそれが極めて大きいとき。

四　当社が旅行者に対し，第10条第1項の期日までに，確定書面を交付しなかったとき。

五　当社の責に帰すべき事由により，契約書面に記載した旅行日程に従った旅行の実施が不可能となったとき。

（当社の解除権等―旅行開始前の解除）

第17条　当社は，次に掲げる場合において，旅行者に理由を説明して，旅行開始前に募集型企画旅行契約を解除することがあります。

一　旅行者が当社があらかじめ明示した性別，年齢，資格，技能その他の参加旅行者の条件を満たしていないことが判明したとき。

二　旅行者が病気，必要な介助者の不在その他の事由により，当該旅行に耐えられないと認められるとき。

三　旅行者が他の旅行者に迷惑を及ぼし，又は団体旅行の円滑な実施を妨げるおそれがあると認められるとき。

五　旅行者の数が契約書面に記載した最少催行人員に達しなかったとき。

六　スキーを目的とする旅行における必要な降雪量等の旅行実施条件であって契約の締結の際に明示したものが成就しないおそれが極めて大きいとき。

七　天災地変，戦乱，暴動，運送・宿泊機関等の旅行サービス提供の中止，官公署の命令その他の当社の関与し得ない事由が生じた場合において，契約書面に記載した旅行日程に従った旅行の安全かつ円滑な実施が不可能となり，又は不可能となるおそれが極めて大きいとき。

第7章　責　任

（当社の責任）

第27条　当社は，募集型企画旅行契約の履行に当たって，当社又は当社が第4条の規定に基づいて手配を代行させた者（以下「手配代行者」といいます。）が故意又は過失により旅行者に損害を与えたときは，その損害を賠償する責に任じます。ただし，損害発生の翌日から起算して2年以内に当社に対して通知があったときに限ります。

2　旅行者が天災地変，戦乱，暴動，運送・宿泊機関等の旅行サービス提供の中止，官公署の命令その他の当社又は当社の手配代行者の関与し得ない事由により損害を被ったときは，当社は，前項の場合を除き，その損害を賠償する責任を負うものではありません。

9　寄託契約

(1)　寄託契約とは

寄託契約とは，当事者の一方（寄託者）がある物の保管をすることを相手方（受寄者）に委託し，相手方がこれを承諾することによって成立する契約である（657条）。寄託契約をめぐって実際上争いとなるのは，倉庫寄託や金銭消費寄託の場合が多い。また，宿泊施設や飲食店などにおいて客が所持品等を寄託した場合の主人の重い責任（商596条以下参照）も問題となる。ここでは，倉庫寄託に関する標準約款と金銭の消費寄託としての預金契約約款を取り上げる。

(2)　倉庫寄託

(i)　倉庫寄託契約の各約款

倉庫寄託契約については，民法657条以下，商法599条以下の諸規定のほか，倉庫業法が適用される。倉庫業法は，倉庫業者は倉庫寄託約款を定め，その実施前に国土交通大臣に届け出なければならないものとする（倉庫業8条1項）。ただし，国土交通大臣が「標準倉庫寄託約款」を定めて公示し，倉庫業者が，この標準倉庫寄託約款と同一の倉庫寄託約款を定めたときは，その倉庫寄託約款については，この届出をした

ものとみなされるため（同条3項），標準倉庫寄託約款が，わが国において事実上共通の約款となっている。同趣旨の標準約款としては，標準倉庫寄託約款のほか，標準冷蔵倉庫寄託約款，標準トランクルームサービス約款がある。ここでは，「標準倉庫寄託約款（甲）」を掲げる（甲は，倉庫証券の発行許可を受け国土交通大臣の許可を得た倉庫業者用の約款である）。

(ii)　標準倉庫寄託約款の特質

標準倉庫寄託約款の規定の特質としては，種々の点があげられるが，たとえば，倉庫業者は，寄託者の承諾を得て，寄託者の費用において，受寄物の内容を検査することができ（約款12条），受寄者の検査の拒絶は解除事由となる。また，倉庫業者の寄託者に対する責任は，故意または重過失による場合（寄託者の証明責任）に限られるとするとともに（約款38条），寄託物の性質・欠陥によって倉庫業者側に生じた損害については民法661条の規定を修正して，寄託者に無過失責任を課していること（約款45条）も注目される。なお，寄託物が受寄者の責めに帰することができない事由によって滅失した場合の危険は寄託者の負担とされている（約款51条）。

↓　標準倉庫寄託約款（甲）（抜粋）〔最終改正：1981年〕

標準倉庫寄託約款（甲）

（受寄物の検査）

第12条　当会社は，入庫に当り又は受寄の後に，寄託者の承諾を得て，寄託者の費用において受寄物の全部又は一部についてその内容を検査することができる。ただし，承諾を求めるいとまのないときは，この限りでない。

（保管方法）

第17条　当会社は，受寄物を入庫当時の荷姿のまま当会社が定めた方法により保管する。

2　当会社は，寄託者又は証券所持人の承諾を得ずに，受寄物の入庫当時の保管箇所又は保管設備の変更，受寄物の積換，他の貨物との混置その他保管方法の変更をすることができる。

ただし，特約がある場合は，この限りでない。

（再寄託）

第18条　当会社は，やむを得ない事由があるときは，寄託者又は証券所持人の承諾を得ないで，当会社の費用で他の倉庫業者に受寄物を再寄託することができる。

（出庫の拒絶）

第25条　当会社は，保管料，荷役料，その他の費用，立替金及び延滞金の支払を受けない間は，出庫の請求に応じないことができる。この場合，出庫の請求に応じないことによる損害については，当会社は，その責任を負わない。

2　前項の場合において，留置期間中の保管料，荷役料，その他の費用，立替金及び延滞金は，寄託者又は証券所持人の負担とする。

（3）　消費寄託

　受寄者が，受寄物を消費することができ，後にその物と同種・同等・同量の物を返還する寄託を，消費寄託という。目的物は，代替性があれば何でもよいが，金銭が一般である。消費寄託は，民法の寄託に関する節のなかに規定がおかれ寄託の一種とされるものの，消費貸借に類似する性格を有しているため，消費貸借のいくつかの規定が準用される。すなわち，消費貸主の引渡義務（590条），消費借主の価額償還義務（592条）に関する規定が準用される（666条2項）。そのうえで，特に預金契約については消費借主からの任意返還に関する規定（591条2項・3項）も準用される（666条3項）。

a　普通預金契約

　金融機関，特に銀行の貸付資本の主要部分は，社会に散在する金銭を預金という手段によって吸収することによって調達されるものであるが，この場合の預金者と預金の受入れ機関との関係，つまり預金契約に基づく関係は，一般に消費寄託と理解されている（判例・通説。他方，預金契約は銀行と預入人との双方の利益のために行われるものであるため，消費寄託と消費貸借の両者の性質をあわせもつ無名契約とみる見解や，銀行・預金者間の複雑な関係を包括した特別な契約類型として把握する見解などもある）。その意味において消費寄託契約は資本制社会においてきわめて重要な機能を果たしている。また，消費寄託契約として実際上もっとも重要な意義を有するのは，銀行預金，郵便貯金，社内預金などのかたちをとる預金契約であるともいうことができる。しかし，消費寄託に関する民法上の規定は666条のみであり，銀行等は，実際には，自治的規定に基づく制度，約款，慣習などによって預金の法律関係を明確にし，その運用を行っている。Material①は，ある都市銀行の「普通預金規定」である。

▼　①　普通預金規定（抜粋）

　3．振込金の受け入れ
　　(1)　この預金口座には，為替による振込金を受け入れます。
　　(2)　この預金口座への振込について，振込通知の発信金融機関から重複発信等の誤発信による取消通知があった場合には，振込金の入金記帳を取り消します。
　5．預金の払い戻し
　　(1)　この預金を払い戻すときは，当行所定の払戻請求書に届出の印章（または署名）により記名押印（または署名）して，通帳とともに提出してください。
　　(2)　この預金口座から各種料金等の自動支払いをするときは，あらかじめ当行所定の手続をしてください。
　　(3)　同日に数件の支払いをする場合にその総額が預金残高をこえるときは，そのいずれを支払うかは当行の任意とします。
　9．印鑑照合等
　　払戻請求書，諸届その他の書類に使用された印影（または署名）を届出の印鑑（または署名鑑）と相当の注意をもって照合し，相違ないものと認めて取り扱いましたうえは，

それらの書類につき偽造，変造その他の事故があってもそのために生じた損害については，当行は責任を負いません。
　10．譲渡，質入等の禁止
　　(1)　この預金，預金契約上の地位その他この取引にかかるいっさいの権利および通帳は，譲渡，質入れその他第三者の権利を設定すること，または第三者に利用させることはできません。
　　(2)　当行がやむをえないものと認めて質入れを承諾する場合には，当行所定の書式により行います。
　13．保険事故発生時における預金者からの相殺
　　(1)　この預金は，当行に預金保険法の定める保険事故が生じた場合には，本条各項の定めにより相殺することができます。
　　なお，この預金に預金者の当行に対する債務を担保するため，もしくは第三者の当行に対する債務で預金者が保証人となっているものを担保するために質権等の担保権が設定されている場合にも同様の取り扱いとします。

b　キャッシュカードによる払戻し

　預金契約の締結の際に，預金者があわせてキャッシュカードの利用を申し込み，銀行からその交付を受けることが多い。キャッシュカードは，現金自動入出機（ATM）や現金自動支払機（CD）を利用して，自己の預金口座からの預金の引出し等を行うものである。

　このような仕組みは，銀行には省力化を，預金者には利便性をもたらしたが，他方で，無権限者（キャッシュカードを偽造した者や盗取した者）がATMやCDから不正に預金の払戻しを受けるという事件も発生し，預金者の保護と銀行の免責の対立が大きな問題となった。

　預金者との紛争において銀行は，免責の根拠として民法478条またはキャッシュカード規定などにおかれた免責約款（民法478条とほぼ同内容のものが多い）の適用を主張することが多かったが，ATMやCDを通じた払戻し（機械払い）は非対面の行為であるから，民法478条の適用の可否やその要件，特に，銀行の無過失要件については機械払いに即した判断基準が必要となった。また，免責約款についても，その適用要件を明確にすることが求められ，さらに，預金者側のキャッシュカード等の不適切な管理を，どのように考慮に入れるかも問題となった。

　これらの問題についてはすでに，盗んだキャッシュカードを用いた不正な機械払いのケースに関して，最判平成5・7・19（判時1489号111頁）（キャッシュカード約款中におかれた免責約款に基づく銀行の免責を原則として肯定した）が，また，盗んだ通帳を用いた不正な機械払いのケースについては，最判平成15・4・8（民集57巻4号1頁）（民法478条の適用を明確に認めつつも銀行の過失を肯定して免責を否定し，一定の範囲で預金者保護をはかった）があった。

　しかし，2006（平成18）年2月には「偽造カード等及び盗難カード等を用いて行われる不正な機械式預貯金払戻し等からの預貯金者の保護等に関する法律」（預貯金者保護法）が施行され，預金者保護の新しい枠組みが示されたため（ただ，盗難カード〔真正カード〕による払戻しについては，なお，上記平成15年判決が先例としての価値を持っている），これを受けて各銀行においてキャッシュカード約款の改訂が行われた。

　Material ②として掲げたのは，ある都市銀行の個人の顧客用「キャッシュカード規定」の例である。

キャッシュカード規定

2．ATM/CD による預金の払い戻し

(1) 預金の払い戻しにあたっては，ATM/CD にカードを挿入し，届け出の暗証および払戻金額を正確に入力してください。この場合，通帳および払戻請求書の提出は必要ありません。

(2) 預金の払い戻しは，ATM/CD の機種により当行（または払出提携先）が定めた金額単位とし，1 回あたりの払戻金額および 1 日あたりの払戻金額は，当行（または払出提携先）が定めた金額の範囲内とします。

3．ATM による預金の預け入れ

(1) 預金の預け入れにあたっては，ATM にカードを挿入し，現金を投入してください。ATM が現金を確認したうえで受け入れの手続をします。この場合，通帳および入金票の提出は必要ありません。

(2) 預金の預け入れは，ATM の機種により当行（または預入提携先）所定の種類の紙幣および硬貨に限ります。また，1 回あたりの預け入れは，当行（または預入提携先）が定めた枚数の範囲内とします。

10．カード・暗証の管理等

(1) 当行は，ATM/CD の操作の際に使用されたカードが，当行が本人に交付したカードであること，および入力された暗証と届け出の暗証とが一致することを当行所定の方法により確認のうえ預金の払い戻しを行います。当行の窓口においても同様にカードを確認し，払戻請求書，諸届その他の書類に使用された暗証と届け出の暗証との一致を確認のうえ取り扱いをいたします。

(2) カードは他人に使用されないよう保管してください。暗証は生年月日・電話番号等の他人に推測されやすい番号の利用を避け，他人に知られないよう管理してください。なお，当行の ATM を使用して，届け出の暗証を変更することもできます。この場合は，第 13 条の定めにかかわらず，書面の提出は不要とします。カードが，偽造，盗難，紛失等により他人に使用されるおそれが生じた場合または他人に使用されたことを認知した場合には，すみやかに本人から当行に通知してください。この通知を受けたときは，直ちにカードの利用を停止します。

(3) カードの盗難にあった場合には，当行所定の届出書を当行に提出してください。

11．偽造カード等による払い戻し等

(1) 偽造または変造カードによる預金の払い戻しについては，本人の故意による場合または当該預金の払い戻しについて当行が善意かつ無過失であって本人に重大な過失があることを当行が証明した場合を除き，その効力を生じないものとします。

(2) この場合，本人は，当行所定の書類を提出し，カードおよび暗証の管理状況，被害状況，警察への通知状況等

について当行の調査に協力するものとします。

12．盗難カードによる払い戻し等

(1) カードの盗難により，他人に当該カードを不正使用され生じた預金の払い戻しについては，次の各号のすべてに該当する場合，本人は当行に対して当該預金の払い戻しにかかる損害（手数料や利息を含みます。）の額に相当する金額の補てんを請求することができます。

①カードの盗難に気づいてからすみやかに，当行への通知が行われていること

②当行の調査に対し，本人より十分な説明が行われていること

③当行に対し，警察署に被害届を提出していること

(2) 前項の請求がなされた場合，当該預金の払い戻しが本人の故意による場合を除き，当行は，当行へ通知が行われた日の 30 日（ただし，当行に通知することができないやむを得ない事情があることを本人が証明した場合は，30 日にその事情が継続している期間を加えた日数とします。）前の日以降になされた預金の払い戻しにかかる損害（手数料や利息を含みます。）の額に相当する金額（以下，「補てん対象額」といいます。）を補てんするものとします。

　　ただし，当該預金の払い戻しが行われたことについて，当行が善意かつ無過失であり，かつ，本人に過失があることを当行が証明した場合には，当行は補てん対象額の 4 分の 3 に相当する金額を補てんするものとします。

(3) 前 2 項の規定は，第 1 項にかかる当行への通知が，盗難が行われた日（当該盗難が行われた日が明らかでないときは，当該盗難にかかる盗難カード等を用いて行われた不正な預金払い戻しが最初に行われた日。）から，2 年を経過する日以降に行われた場合には，適用されないものとします。

(4) 第 2 項の規定にかかわらず，次のいずれかに該当することを当行が証明した場合には，当行は補てん責任を負いません。

①当該預金の払い戻しが行われたことについて当行が善意かつ無過失であり，かつ，次のいずれかに該当する場合

　　a．本人に重大な過失があることを当行が証明した場合

　　b．本人の配偶者，二親等内の親族，同居の親族，その他の同居人，または家事使用人（家政婦などをいいます。）によって行われた場合

　　c．本人が，被害状況についての当行に対する説明において，重要な事項について偽りの説明を行った場合

②戦争，暴動等による著しい社会秩序の混乱に乗じまたはこれに付随してカードが盗難にあった場合

10 組合契約

(1) 組合契約とは

組合契約とは，2人以上の当事者が出資（その形態には種々の可能性がある）をして共同の事業を営むことを内容とする契約である（667条1項）。この組合契約により複数の構成員（組合員）からなる，共同事業のための一種の団体（組合）が形成される。

組合契約は，構成員の主体性を維持しつつ特定の共同事業を行い，その終了後に解散することを予定して団体を結成したいという状況の下で，種々の目的のために利用されている。ここでは，建設工事共同企業体を取り上げる。

(2) 建設工事共同企業体

建設工事共同企業体（ジョイントベンチャー，JV）とは，主として規模の大きな建設業界において，1つの工事について複数の企業が共同でそれを受注し施工することを目的として形成する事業組織体であり，法的性質としては民法上の組合にあたると解されている（もっとも，近時は民法上の組合契約以外の多様な法律構成によるJVが現れている）。大規模かつ技術的難度の高い工事の施工に際して，各分野に秀でた複数の企業体が建設工事共同企業体を形成してその技術力等を結集すれば，施工の安定を実現することができ，また，構造物による企業ごとの得手不得手によって単体では受注可能分野に偏りが生じるのを避けることができる。他方，発注者側にも，各専門工事ごとに分割して発注することはしばしば困難であり，これを避けたいという事情もある。

ここでは，国土交通省による「特定建設工事共同企業体協定書（甲）」を取り上げる（甲は共同施工方式に，乙は分担施工方式に用いられる）。

特定建設工事共同企業体協定書（甲）（抜粋）

（目的）

第1条 当共同企業体は，次の事業を共同連帯して営むことを目的とする。

一 ○○発注に係る○○建設工事（当該工事内容の変更に伴う工事を含む。以下，単に「建設工事」という。）の請負

二 前号に附帯する事業

（成立の時期及び解散の時期）

第4条 当企業体は，平成 年 月 日に成立し，建設工事の請負契約の履行後○ヶ月以内を経過するまでの間は，解散することができない。

(注)○の部分には，たとえば3と記入する。

2 建設工事を請け負うことができなかつたときは，当企業体は，前項の規定にかかわらず，当該建設工事に係る請負契約が締結された日に解散するものとする。

（構成員の出資の割合）

第8条 各構成員の出資の割合は，次のとおりとする。ただし，当該建設工事について発注者と契約内容の変更増減があつても，構成員の出資の割合は変わらないものとする。

○○建設株式会社 ○○%

○○建設株式会社 ○○%

2 金銭以外のものによる出資については，時価を参しやくのうえ構成員が協議して評価するものとする。

（工事途中における構成員の脱退に対する措置）

第16条 構成員は，発注者及び構成員全員の承認がなければ，当企業体が建設工事を完成する日までは脱退することができない。

2 構成員のうち工事途中において前項の規定により脱退した者がある場合においては，残存構成員が共同連帯して建設工事を完成する。

3 第1項の規定により構成員のうち脱退した者があるときは，残存構成員の出資の割合は，脱退構成員が脱退前に有していたところの出資の割合を，残存構成員が有している出資の割合により分割し，これを第8条に規定する割合に加えた割合とする。

4 脱退した構成員の出資金の返還は，決算の際行うものとする。ただし，決算の結果欠損金を生じた場合には，脱退した構成員の出資金から構成員が脱退しなかつた場合に負担すべき金額を控除して金額を返還するものとする。

5 決算の結果利益を生じた場合において，脱退構成員には利益金の配当は行わない。

（工事途中における構成員の破産又は解散に対する処置）

第17条 構成員のうちいずれかが工事途中において破産又は解散した場合においては，第16条第2項から第5項までを準用するものとする。

（解散後のかし担保責任）

第18条 当企業体が解散した後においても，当該工事につきかしがあつたときは，各構成員は共同連帯してその責に任ずるものとする。

11 和解契約

(1) 和解契約とは

　和解は，両当事者が互いに譲歩し，その間に存在する紛争を終了させることを約する契約である（695条）。裁判による民事紛争の解決は費用と時間がかかるため，これを回避する方策として和解は有用である。また，紛争解決後にも残りがちな人的関係の破綻を緩和する機能も期待される。

(2) 和解と示談

　和解契約が利用される紛争は多岐にわたるが，たとえば，交通事故の補償交渉の際に行われる「示談」も和解契約であると解されることが多い。示談は，裁判によるよりも簡易な紛争解決手段であり，また，被害者が自動車損害賠償保障法上の保険金請求を早く行いたいという事情も手伝って，広く利用されている。

　ただ，示談の当時には予想できなかった重大な後遺症が後に生じてきた場合に，示談における請求権放棄の約束がそれに及ぶかについて問題となることがあった。判例は，全損害を正確に把握し難い状況のもとにおいて，早急に小額の賠償金をもって満足する旨の示談がされた場合においては，示談によって被害者が放棄した損害賠償請求権は，示談当時予想していた損害についてのみのものと解すべきであるとして，その当時予想できなかった不測の再手術や後遺症による損害についてまで賠償請求権を放棄した趣旨と解するのは，当事者の合理的意思に合致するものとはいえないとした（最判昭和43・3・15民集22巻3号587頁）。これを受けて，同旨の条項を挿入する示談書も多い。

⬇ 示談書

示　談　書

　　住所　神奈川県西大和市幸町3－2
　　氏名　海川太郎（甲）
　　住所　東京都世田谷区経塚4－12－6
　　氏名　山谷花子（乙）

　上記甲乙間において示談により以下のように争いを解決した。

1．事故の概要
　事故の日時　2017年3月1日午後1時32分
　事故の場所　東京都世田谷区緑ヶ丘3丁目23の歩道
　加害者所有自動車
　　登録番号　横浜300－さ－＊＊＊
　　車種形式　＊＊＊＊＊
　事実
　　甲が上記の自動車を運転してガソリンスタンドから通りに出ようとした際に，同自動車が左方向から歩道を自転車に乗って走ってきた乙と接触した。
2．被害の概要
　乙は，右大腿骨骨折，右前腕裂傷，右手首捻挫
　　入院　2017年3月1日から2017年3月15日まで
　　通院　2017年3月17日から2か月間
　自転車は，使用不能
3．示談の内容

(1) 甲は乙に対して金＊＊万円を損害賠償金として支払うことを確認する。
内訳
　治療費　　金＊＊万円也
　休業補償費　金＊＊万円也
　慰謝料　　金＊＊万円也
　自転車の損害　金＊＊万円也
(2) 甲は乙に上記損害賠償金を以下の通り支払う。
　示談成立のとき，金＊＊万円を乙の銀行口座に振り込むものとする。
　残金は，2017年9月から2018年3月までの間において，分割にて月末までに乙の銀行口座に振り込むものとする。
(4) 本件事故による傷害に基づき，将来乙に後遺症が発生したときは，甲は乙に後遺症損害の一切を賠償するものとする。
(7) 本示談書に記載された債権債務以外は，甲と乙において債権債務が存在しないことを確認する。

　上記の通り示談が成立したので本書面2通を作成し，甲乙各その1通を所持するものとする。

2017年6月20日
　　　　（甲）海川太郎　㊞
　　　　（乙）山谷花子　㊞

12 その他の契約

a リース契約

(i) リースの意義

「リース」という言葉は，今日，きわめて多義的に用いられるが，「リース契約」という場合には，リース業者が特定の物件（たとえば，自動車，事務機器，土木機械）の利用を希望するユーザーのために，ユーザーがサプライヤーとの間で交渉・決定した物件を，ユーザーに代わって購入し，ユーザーとの間で締結したリース契約に基づいて，物件をユーザーに使用収益させ，ユーザーがリース期間内に支払うリース料をもって，物件購入代金，金利，費用，諸手続料等を回収しようとする契約を指すことが多い。これによって，たとえば，機械設備などを導入しようとする企業（ユーザー）に代わってリース会社がそれを購入し，企業は，長期間，一定のリース料を支払いながらそれを使用することが可能となる。このような取引はその金融的側面に本質があるから，これを「ファイナンスリース」と呼ぶことも多い。この場合には，リース会社は，リース期間内に物件の金額の全額をリース料として回収する必要があるため，ユーザーはその期間内は解約できないものとされている（このファイナンスリースの他に，オペレーティング・リースがあり，これは，一定の要件のもとに解約できる形態である）。この契約の法的性質に関しては見解の対立があるが，裁判例には，金融的性格の無名契約とするものが多い。

(ii) ファイナンスリースの特質

わが国のリース産業は昭和30年代後半に設立された2社から始まり，現在では200を超えるリース会社が存在する。リース契約書も種々のものが発達しているが，Material ①は，あるリース会社のものである。

この契約書のように，ファイナンスリース契約においては，上記のリース期間内の解約禁止（1条2項）のほか，ユーザーからの物件借受証の発行をもって引渡しがあったものとすること（2条2項），ユーザーが物件の保守修繕義務を負うこと（3条），リース会社の担保責任が免除されていること（15条2項），ユーザーが物件の滅失・損傷の危険を負担すること（17条1項）など，ユーザーに負担となる内容が多いが，今日では，このようなファイナンスリース契約の有効性も判例上原則的には承認されている。

⬇ ① リース契約書（抜粋）

リース契約書

賃借人（乙）　　　　　　　　　　　　　　　　　　　　賃貸人（甲）
　住　所　　　　　　　　　　　　　　　　　　　　　　　住　所
　氏　名　　　　　　　　　　　　㊞　　　　　　　　　　氏　名　　　　　　　　　　　　㊞

連帯保証人　　　　　　　　　　　　　　　　　　　　　連帯保証人
　住　所　　　　　　　　　　　　　　　　　　　　　　　住　所
　氏　名　　　　　　　　　　　　㊞　　　　　　　　　　氏　名　　　　　　　　　　　　㊞

　　上記の者は下記のとおり契約し，この契約の成立を証するため本書2通を作成し，甲，乙が各1通を保持します。

（リース契約の趣旨）
第1条① 甲は，乙が指定する別表(1)記載の売主（以下「売主」という。）から，乙が指定する別表(2)記載の物件（ソフトウエア付きの場合はソフトウエアを含む。以下同じ。以下「物件」という。）を買受けて乙にリース（賃貸）し，乙はこれを借受けます。

② この契約は，この契約に定める場合を除き解除することはできません。
（物件の引渡し）
第2条① 物件は，売主から別表(3)記載の場所に搬入されるものとし，乙は，物件が搬入されたときから引渡しのときまで善良な管理者の注意をもって，乙の負担で売主のために物件

を保管します。

② 乙は，搬入された物件について直ちに乙の負担で検査を行い，瑕疵のないことを確認したとき，借受日を記載した物件借受証を甲に発行するものとし，この借受日をもって甲から乙に物件が引渡されたものとします。

（物件の使用・保存）

第3条① 乙は，前条による物件の引渡しを受けたときから別表(3)記載の場所において物件を使用できます。この場合，乙は，法令等を遵守し善良な管理者の注意をもって，業務のために通常の用法に従って使用します。

② 乙は，物件が常時正常な使用状態及び十分に機能する状態を保つように保守，点検及び整備を行うものとし，物件が損傷したときは，その原因のいかんを問わず修繕し修復を行い，その一切の費用を負担します。この場合，甲は何らの責任も負いません。

（物件の所有権標識）

第7条① 甲は，甲が物件の所有権を有する旨の標識（以下「甲の所有権標識」という。）を物件に貼付することができるものとし，また，乙は，甲から要求があったときは，物件に甲の所有権標識を貼付します。

② 乙は，リース期間中，物件に貼付された甲の所有権標識を維持します。

（物件の所有権侵害の禁止等）

第8条① 乙は，物件を第三者に譲渡したり，担保に差入れるなど甲の所有権を侵害する行為をしません。

（相殺禁止）

第13条 乙は，この契約に基づく債務を，甲または甲の承継人に対する債権をもって相殺することはできません。

（物件の瑕疵等）

第15条① 天災地変，戦争その他の不可抗力，運送中の事故，労働争議，法令等の改廃，売主の都合及び甲の故意または重大な過失が認められない事由によって，物件の引渡しが遅延し，または不能になったときは，甲は，一切の責任を負いません。

② 物件の規格，仕様，品質，性能その他に契約不適合があった場合並びに物件の選択または決定に際して乙に錯誤があった場合においても，甲は一切の責任を負いません。

（物件使用に起因する損害）

第16条① 物件自体または物件の設置，保管及び使用によって，第三者が損害を受けたときは，その原因のいかんを問わず，乙の責任と負担で解決します。また，乙及び乙の従業員が損害を受けた場合も同様とします。

② 前項において，甲が損害の賠償をした場合，乙は甲が支払った賠償額を甲に支払います。

③ 物件が第三者の特許権，実用新案権，商標権，意匠権または著作権その他知的財産権に抵触することによって生じた損害及び紛争について，甲は一切の責任を負いません。

（物件の滅失・毀損）

第17条① 物件の引渡しからその返還までに，盗難，火災，風水害，地震その他甲乙いずれの責任にもよらない事由により生じた物件の滅失，毀損その他一切の危険はすべて乙の負担とし，物件が修復不能となったときは，乙は直ちに別表(8)記載の損害賠償金を甲に支払います。

② 前項の支払いがなされたとき，この契約は終了します。

（権利の移転等）

第18条① 甲は，この契約に基づく権利を第三者に担保に入れ，または譲渡することができます。

② 甲は，物件の所有権をこの契約に基づく甲の地位とともに，第三者に担保に入れ，または譲渡することができるものとし，乙はこれについてあらかじめ承諾します。

b クレジットカードによる決済

クレジットカードによる取引では，消費者がカード発行者とカード利用契約を締結して会員となり，交付されたクレジットカードを利用して商品を購入し，銀行口座からの引落し等のシステムを利用して，後日に代金決済が行われる。今日，クレジットカードは，多様なキャッシュレスの決済手段のなかで中心的な地位を占めるようになっている。

クレジットカードの多くは，3者間クレジットカードであり，これによる取引は，カード会社と会員の間のカード会員契約，カード会社と加盟店の間の加盟店契約，加盟店と会員の間の売買等の契約によって成り立っている（総合割賦購入あっせん。13(3) a の Material 参照）。ただ，

会員が加盟店で商品を購入したとき，カード会社が加盟店に商品の代金等を支払い，会員に対してカード利用代金を請求するという関係をどのように理解するかについては，債権譲渡とする見解，立替払いとする見解などがあり，その理解の相違は，利用代金の短期消滅時効の成否や対抗要件の具備の要否に関する議論に反映されることになる。

他方，2者間クレジットカードもあり，百貨店やスーパーなどが自店舗においてのみ利用可能なクレジットカード（ハウスカード）を発行するのがその典型例である。これを利用した取引は，一種の掛売りとしての性質を持つ。

ここでは，Material ② として，ある銀行系クレジットカードの会員規約（債権譲渡構成をとっている）を示す。

クレジットカード会員規約

第7条（代金決済）

1．第20条第1項に定めるショッピングサービス及び第28条第1項に定めるキャッシングサービス（それらの手数料・利息を含みます。）のご利用代金は，原則として毎月10日に締め切り（以下「締切日」と称します。），翌月5日（金融機関休業日の場合は翌金融機関営業日とし，以下これを「約定支払日」と称します。）に本人会員が予め指定した金融機関口座（以下「お支払預金口座」と称します。）から口座振替の方法によりお支払いいただきます。なお，事務上の都合により翌々月以降の当社が指定した日にお支払いいただくことがあります。また，支払方法について別に当社が指定した場合は，その方法に従いお支払いいただきます。

第13条（カードの盗難・紛失の場合の責任と損害のてん補）

1．万一会員がカードを盗難，詐取もしくは横領（以下「盗難」と総称します。）され，又は紛失した場合は，速やかに当社に電話等により届出のうえ，所定の喪失届を提出していただくと共に，所轄警察署へもお届けいただきます。

2．カードの盗難・紛失により第三者に不正使用された場合，その代金等の支払いは本人会員の責任となります。

3．但し，前項により会員が被る損害は，次に掲げる場合を除き当社が全額てん補します。
   (イ) 会員の故意又は重大な過失に起因する場合。
   (ロ) 会員の家族，同居人，留守人その他の会員の委託を受けて身の回りの世話をする者など，会員の関係者の自らの行為もしくは加担した盗難の場合。

第20条（カード利用方法）

1．会員は次の(イ)(ロ)(ハ)に掲げる加盟店にカードを提示し所定の売上票等にカード上の署名と同じ署名をすることにより，物品の購入並びにサービスの提供（以下「ショッピングサービス」と称します。）を受けることができます。但し，当社が適当と認める店舗・売場，又は商品・サービス等については，カードの提示，売上票等への署名にかえて暗証番号を入力するなど当社が指定する操作方法により，ショッピングサービスを受けることができるものとします。
   (イ) 当社と契約した加盟店。
   (ロ) 当社と提携したクレジット会社・金融機関等が契約した加盟店。
   (ハ) 国際提携組織に加盟するクレジット会社・金融機関等が契約した加盟店。

第22条（債権譲渡）

1．会員はショッピングサービスにより生じた加盟店の会員に対する債権の任意の時期並びに方法での譲渡について，次のいずれの場合についても予め承諾するものとします。なお，債権譲渡について，加盟店・クレジット会社・金融機関等は，会員に対する個別の通知又は承認の請求を省略するものとします。
   (イ) 加盟店が当社に譲渡すること。
   (ロ) 加盟店が当社と提携したクレジット会社・金融機関等に譲渡した債権を，さらに当社に譲渡すること。
   (ハ) 加盟店が国際提携組織に加盟するクレジット会社・金融機関等に譲渡した債権を，国際提携組織を通じ当社に譲渡すること。

第24条（商品の所有権）

商品の所有権は，ショッピングサービスにより生じた加盟店の会員に対する債権を当社が加盟店から譲り受けるに伴って，加盟店から当社に移転し，当該商品にかかわる債務が完済されるまで当社に留保されることを認めるものとします。

第26条（支払停止の抗弁）

1．会員は，ショッピングサービスに下記事由が存するときは，その事由が解消されるまでの間，支払いを停止することができるものとします。
   (イ) 商品，権利又は役務の提供がなされないこと。
   (ロ) 商品の破損，汚損，故障，その他瑕疵（欠陥）があること。
   (ハ) 商品，権利又は役務の提供について，その他加盟店に対して生じている事由があること。

c　フランチャイズ契約

　フランチャイズ契約においては，事業者（フランチャイザー）は，他の事業者（フランチャイジー）に対し，自己の商標，サービス・マーク，トレード・ネームその他の営業の象徴となる標識，および経営のノウハウを用いて，同一のイメージのもとで特定の商品・サービスの販売その他の事業を行う権利を与えるとともに，商品や原材料の供給，営業上または技術上の指導・支援も行う。他方，フランチャイジーは，その見返りとして一定の対価（契約金・保証金・ロイヤルティ

など）を支払う義務を負うことにより，フランチャイザーの指導・支援のもとに必要な資金を投下して自己の計算において事業を行う。さらに，営業の専念義務，経営ノウハウの守秘義務などがあわせて合意されることも多い。フランチャイズ契約は，一種の継続的契約であり，有償双務の無名契約とみられるが，準委任，賃貸借，売買などの複合契約としての面も有している。

　フランチャイズ・システムにおいて，フランチャイジーたる加盟店（多くは中小の小売業者）は，個人経営では獲得に長期の努力を要する様々な

利益を開業時から享受することができる。フランチャイザーたる本部も，加盟店の資金負担によって出店時の自己のコストを削減することや，広範囲における急速な多店舗展開が可能となることなどのメリットが期待できる。

ただ，本部が加盟店を募集する際に提示する売上予測の精度，ロイヤルティの算定方法・算定根拠，加盟店と本部との間における独特の相殺・融資のしくみ（「オープンアカウント」），加盟店に対する一定の領域の商圏（テリトリー）保護，契約の途中解約に伴う清算方法などをめぐり，フランチャイザーとフランチャイジーとの間で紛争が生じることもあった。そこで，それらの点を明確にするべく契約書の改訂も進められてきた。ここに掲げたのは，その一例である。

↓ ③ フランチャイズ契約書

フランチャイズ契約書

株式会社甲山（以下，「甲」という。）と株式会社乙野（以下，「乙」という。）は，次のとおりフランチャイズ契約を締結しました。

第1条 甲は，乙を○○○○フランチャイズ店として指定する。

2 甲は乙に対して，本契約の定めに従い，甲が定めた商号，商標，マーク等および甲が開発した経営ノウハウ（以下，「ノウハウ」という。）を使用して，統一的なイメージのもとに，○○○○フランチャイズ店を経営する権利（以下，「フランチャイズ権」という。）を付与する。

第2条 本契約におけるノウハウとは，次のとおりとする。

① 甲から乙に貸与されるマニュアル（以下，「マニュアル」という。）

② ○○○○

③ ○○○○

2 乙は，ノウハウを遵守し，乙の従業員にも遵守させなければならない。

第3条 乙は，東京都○○○○○○○に○○○○フランチャイズ店の店舗（以下，「店舗」という。）を設置する。

2 乙は甲の指示に従い，乙の費用負担で，店舗の構造，内外装，店内レイアウト，看板等，乙の店舗の設置，改修，変更に関する一切の事項を行う。

第4条 店舗における備品は，乙が乙の費用負担で甲の指導で設置する。変更の場合も同様とする。

2 乙は，店内においてはノウハウに基づく制服を甲または甲の指定業者より購入，着用し，また乙は従業員にもこれを着用させるものとする。

第5条 甲は乙および乙の従業員に対して，商品の販売に関する指導をノウハウに基づき実施し，かかるその技術を習得させるものとする。

2 甲は乙の開店業務に対して，店舗設計・工事ならびに必要資材のあっ旋・供給等に関する援助を行い，店舗の開店に協力するものとする。

第6条 甲は，甲の費用負担において，その販売商品について乙に代わって広告・宣伝を行うものとする。

第7条 乙は甲または甲の指定業者より，店舗において販売するすべての商品を購入するものとする。

第9条 乙は甲に対して，前月○○日から当月○○日までに甲より納入を受けた商品の代金（甲の指定業者より納入を受けた商品の代金を含む。）を，毎月○○日までに甲の指定する銀行口座に振り込むものとする。

第11条 乙は，本件商品を甲の定める価格で現金販売するものとする。

2 乙の営業時間は午前○○時から午後○○時の間とする。ただし，店舗の改装その他の事由により，あらかじめ甲の書面による承諾を得た場合はこの限りではない。

第12条 乙は甲に対して，フランチャイズ権の付与に対して，ランニングロイヤリティのみを支払うものとし，そのロイヤリティとして第9条の期間にかかる総売上高の○○パーセントを支払わなければならない。

第13条 乙は甲に対して，本契約の締結時に，フランチャイズ加盟金として金○○○○円を現金にて支払うものとする。この加盟金は，いかなる場合においても返却しないものとする。

第15条 乙は，本契約に基づいて知り得た甲のノウハウその他秘密を厳に秘匿し，これを第三者に開示または漏洩してはならない。

2 乙は，マニュアルその他，甲より貸与もしくは提供を受けた文書，図面その他の図書を厳重に管理し，甲の事前の書面による承諾なくしてこれを複写し第三者に閲覧させ，または譲渡，転貸してはならない。

〈中略〉

以上，本契約成立の証として，本書を二通作成し，甲乙は記名押印のうえ，それぞれ1通を保管します。

令和○○年○○月○○日

（甲） 神奈川県○○○○○○○

株式会社甲山

代表取締役 甲山太郎 ㊞

（乙） 東京都○○○○○○○○

株式会社乙野

代表取締役 乙野次郎 ㊞

13　消費者取引

(1)　消費者取引の特質

　民法は，契約当事者が対等であることを想定して「契約自由」と「契約の拘束力」を原則としている。しかし，事業者と消費者の契約においては，事業者の方が消費者よりも情報力，判断力，交渉力等において優位にたち，両者は対等な関係にないのが通常である（弱者としての消費者）。そこで，消費者の利益を保護し，消費者を支援するための法制度が必要となる。消費者契約法，金融商品販売法，特定商取引法，割賦販売法，宅地建物取引業法などの特別法には，そのような法制度が含まれている（I-7(3)参照）。以下では，そのなかから特徴的な制度として，「クーリング・オフ」と「抗弁の接続」に関するMaterialを紹介する。

　なお，安全性を欠く製品による被害に関する製造物責任法についてはV-6を参照。

(2)　クーリング・オフ

　契約は，相手方に債務不履行がないかぎり，解除などによって一方的に終了させることはできないのが原則である。しかし，消費者取引においては，例えば突然自宅を訪れたセールスマンにうまくのせられたり，断りきれずに，消費者が十分な情報と熟慮に基づかずに契約を締結してしまうことがある。そこで，「頭を冷やして考え直す」時間を消費者に与える制度が設けられている。これが，いわゆる「クーリング・オフ」の制度であり，特定商取引法（9条・24条・40条・48条・58条・58条の14），割賦販売法（35条の3の10・35条の3の11），宅地建物取引業法（37条の2）など，多くの法令に規定がある。法令によって細かな違いはあるが，一般化すると，消費者は，一定の期間内に事業者に対して書面で通知することで，理由を示すことなく，契約解除等をすることができるというものである（クーリング・オフの期間は，8日間，10日間，14日間，

20日間など法令によって異なる。その期間の起算点は，これらの法令が事業者に義務づけている，契約締結にあたっての書面の交付時とされている）。Material ① は，訪問販売契約に関するクーリング・オフの通知書の例である。

⬇ ① 訪問販売契約書に関するクーリング・オフの通知書（内容証明郵便）の例

```
　　　　　　　クーリング・オフ通知書
　　　　　　　　　　　　　令和2年1月25日
東京都新宿区新宿○丁目○○番
㈱やさしいふとん
代表取締役　　○○○○殿

　　　　　　　東京都目黒区目黒○丁目○番○号
　　　　　　　　　　　　　　　　○○○○

　私は，令和2年1月20日に貴社営業部の△△△△氏
の訪問をうけ，下記契約を結びましたが，特定商取引に
関する法律第9条第1項にもとづき，下記契約を解除し
ますので，ここに通知します。
　　　　　　　　　記
　契約の目的　　○○社製高級羽毛布団1式
　契約締結日　　令和2年1月20日
```

＊内容証明郵便については，Ⅲ-3(4)，Ⅲ-6参照。

(3)　抗弁の接続

a　クレジットカード取引のしくみ

　契約代金を，購入と同時に一括払いしなければならないとすると，購入時に準備できる現金の範囲内でしか商品や役務を購入することはできない。これでは高額商品等の取引が困難となるが，代金の後払いや，分割払いができれば高額商品等の取引がしやすくなる。そのような取引の最も単純な形態は，売主と買主の2当事者間で後払いや割賦販売（自社割賦）の合意をすることであるが，金融機関や信販会社（クレジット会社）等が買主の代金債務について債務保証や立替払いをする，3当事者間の「ローン提

携販売」や「信用購入あっせん」と呼ばれる方法も広く利用されている。下の図は信用購入あっせんの一種であるクレジットカード取引（「包括信用購入あっせん」という）のしくみを示している。

↓ クレジットカード取引（包括信用購入あっせん）のしくみ

b　抗弁の接続

売主に債務不履行があった場合（目的物を引き渡さない，目的物が契約に適合しないなど），買主は売主に対して同時履行の抗弁権（533条）や契約解除（542条等）などの抗弁によって，売主に対する代金支払を拒むことができる。ところが，それは売買契約に基づく抗弁であるから，ローン提携販売や割賦購入あっせんにおいては，売主に債務不履行があっても，買主は，売買契約の当事者でない信販会社や金融機関に対してその抗弁を用いることはできず，代金の支払（図の⑤）を拒むことができないとも考えられる（抗弁の切断）。そこで，割賦販売法は，購入者が販売業者に対して有する抗弁を，信販会社や金融機関に対しても主張できることを明らかにした（割賦販売30条の4・29条の4第2項〔抗弁の接続〕）。クレジットカード会員契約にこの抗弁の接続が規定されていることもある（12bのMaterial②の第26条参照）。これらに従い，買

主は，信販会社等に対して，売主の債務不履行を理由として分割払いを停止する旨を申し出ることによって，支払を停止することができる。この申出は内容証明郵便で行うことが確実であるが，より簡便な書式としてMaterial②のようなものがある。

↓ ② 支払停止の抗弁書（一般社団法人日本クレジット協会作成のもの）

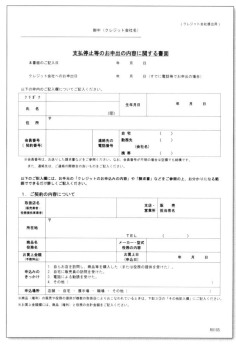

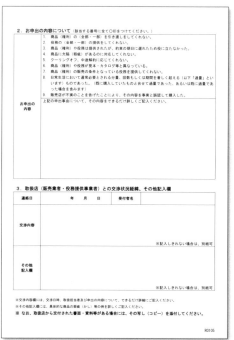

13
消費者取引

V　事務管理・不当利得・不法行為

　　民法「第3編」の第3章「事務管理」・第4章「不当利得」・第5章「不法行為」は，まとめて法定債権法・法定債権関係と呼ばれることがある。もっとも，この呼称は，契約の場合と異なり当事者の意思に基づかずに債権が発生するという消極的な意味での共通性に着眼した括り方にすぎず，三者は各々独自の内容を持つ法制度である。

　　事務管理は，他人からの依頼なしにその他人の事務を処理した場合に，関係者の利害を調整するための制度である。たとえば，他人の飼犬が自分の家の庭に迷い込んで瀕死の状態にあったのを見つけ，すぐに獣医を呼んで救命処置を施してから飼主に引き渡した場合，事務管理の要件をみたしていれば，獣医に支払った治療代を飼主に請求できる。そもそも飼主から捜索および救命等の必要行為の実施を依頼されていた場合は準委任・委任契約に基づく請求となるが，そうでない場合でも，事務管理が成立すれば，委任類似の効果が発生して，費用の償還などを本人に求めることができるのである。

　　不当利得は，法律上の原因なくおこなわれた財産的利益の移動や，法の予定するのとは異なる財産的利益の帰属を是正するための制度である。たとえば，すでに履行された売買契約が詐欺を理由に取り消された場合，売買目的物は売主に，代金は買主に，不当利得として返還されなければならない。また，他人が自分の車を無断で使用している場合，車自体の返還は所有権に基づく物権的請求権によることができるが，すでに消費されたガソリンや車の使用利益については，物権的請求権ではなく，不当利得制度によって回復されることになる。

　　不法行為とは，他人の権利・法益を侵害して損害を加えた者に対して，損害賠償義務を負わせる制度である。契約責任とともに民事責任の支柱をなし，被害者の救済を目的とする。不法行為が問題となる事件は，交通事故・医療事故から日照被害，名誉毀損など，社会生活の様々な局面に登場し，新聞記事で取り上げられることも多い。

　　以下では，公害，医療事故，交通事故，メディア被害，製品事故といった，不法行為が問題となる主要な事例の中から，不法行為の機能，要件（故意・過失，因果関係），効果（損害の金銭評価，過失相殺，原状回復）に関する Material を用意した。

1　公害事件と不法行為法・示談

不法行為法は，公害による人身被害の救済に重要な役割を果たしてきた。さらに，四大公害訴訟と呼ばれる，熊本水俣病・新潟水俣病・イタイイタイ病・四日市ぜんそくについて賠償責任が追及された訴訟は，わが国の環境問題を語るうえで欠かすことのできないものである。もっとも，環境法という法分野が確立した現在からすれば，人身被害の救済を中心課題とする発想は，環境法の前史に位置づけられてしまうのかもしれない。しかし，熊本水俣病に関する年表（Material ①）から明らかなように，水俣病患者の救済がその公式確認から65年を経た現在でも解決されていないことは，はっきり認識しておく必要がある。

水俣病とは，新日本窒素肥料（現・チッソ）株式会社の水俣工場が，有機水銀化合物を含む排水を海に流し続けたことが原因で生じた公害病である。水銀は食物連鎖を経て魚介類を汚染し，これを摂取した人間に水銀中毒の諸症状をもたらした。Material ②は，チッソと水俣病患者の間で結ばれた見舞金契約の一部である。しかし，熊本地裁は，「加害者である被告が，いたずらに損害賠償義務を否定して，患者らの正当な損害賠償請求に応じようとせず，被害者である患者ないしはその近親者の無知と経済的窮迫状態に乗じて，生命，身体の侵害に対する補償額としては極端に低額の見舞金を支払い，そのかわりに，損害賠償請求権を一切放棄させるものである」と述べて，この契約を無効としている（熊本地判昭和48・3・20判時696号15頁〔83頁以下〕）。

チッソの責任を認めた熊本地裁判決を受けて，チッソと患者の間で補償協定が結ばれた。それは，「公害に係る健康被害の救済に関する特別措置法」に基づいて，水俣病と行政上認定された者にチッソが補償金を支払う，というものだった。しかし，行政の認定基準は厳格にすぎたため，大量の未認定患者が生じ，その救済が新たな問題として生じることになった。これは現在も未解決のままである。

1956.5	水俣病の公式確認
1959.12	チッソと水俣病患者互助会，補償調停書調印（②の見舞金契約）
1969.6	チッソの不法行為責任を追及する訴訟（第一次訴訟）の提起
1969.12	公害に係る健康被害の救済に関する特別措置法。水俣病と認定された患者に医療費等を支給
1973.3	第一次訴訟についての熊本地裁判決，チッソの責任を肯定。見舞金契約は無効，死者本人の慰謝料1800万円などを認容
1988.2	刑事事件最高裁決定。チッソ元社長・元工場長の業務上過失致死罪が確定
1995.12	政府が解決策を決定（政治解決）。翌年，チッソと水俣病被害者・弁護団全国連絡協議会の間で和解が成立。
2004.10	関西訴訟最高裁判決，水俣病の拡大を防止しなかったことについて，国・県の責任を肯定。
2009.7	水俣病被害者の救済及び水俣病問題の解決に関する特別措置法（水俣特措法）が成立・施行
2013.4	水俣病の認定の判断に関する最高裁判決

⬆ ①　熊本水俣病に関する年表

⬇ ②　チッソと水俣病患者との見舞金契約書（抜粋）

　　新日本窒素肥料株式会社（以下「甲」という。）と○○○○……（以下「乙」という。但し本契約において乙は別紙添付の水俣病患者発生名簿記載の患者のうち現に生存する者については本人を既に死亡している者についてはその相続人及び死亡者の父母，配偶者，子をすべて代理するものとする）とは……次のとおり契約を締結する。

第一条　甲は水俣病患者（すでに死亡した者を含む。以下「患者」という。）に対する見舞金として次の要領により算出した金額を交付するものとする。

一　すでに死亡した者の場合　　（一）発病の時に成年に達していた者　発病の時から死亡の時までの年数を一〇万円に乗じて得た金額に弔慰金三〇万円及び葬祭料二万円を加算した金額を一時金として支払う。

　　　　　　　　……

二　生存している者の場合　　（一）発病の時に成年に達していた者

(イ)　発病の時から昭和三四年一二月三一日までの年数を一〇万円に乗じて得た金額を一時金として支払う。

(ロ)　昭和三五年以降は毎年一〇万円の年金を支払う。

第五条　乙は将来，水俣病が甲の工場排水に起因することが決定した場合においても新たな補償金の要求は一切行なわないものとする。

出典：熊本地判昭和48・3・20前掲150頁

2　過失・因果関係

不法行為の被害者が加害者の損害賠償責任を追及するには，民法709条の要件を主張・立証しなければならない。

医療過誤訴訟では，医師の行為のどこにどのような問題があったのか（過失），権利侵害・損害は医師の過失が原因で生じたものか（因果関係），の二つが争いの中心となる。もっとも，これらは医療という専門的事項に関わるだけに，患者にとって主張・立証が困難であるというだけでなく，裁判官にも判断が難しい問題である。そこで現在では，いくつかの地方裁判所に医療過誤訴訟を専門とする部が設けられ，医療過誤訴訟の特徴に応じた審理手続が工夫されている。争点整理表はその一つで，法的評価に関する両当事者の主張を整理したものである。これは，事実の側面に関して両当事者の主張を整理した「診療経過一覧表」と合わせて，医療過誤訴訟の審理の円滑な進行に役立っている。

Material は，最判平成11・2・25（民集53巻2号235頁）を参考に作成された争点整理表である。

Material の争点1は，過失の有無に関わる。ここでは，検査を実施して患者の癌を発見すべきだったかという点が，患者の容態との関係で争われている。この点が義務違反と評価されれば，医師の過失が認められることになる。

Material の争点2は，因果関係の有無を扱う。ここでは，争点1の義務が尽くされていたとしたら，死亡という結果が生じていなかったといえるか，という点が争われている。医療過誤では，不作為による不法行為が問題となることが多く，因果関係の判断もなすべきことをした場合にどうなっていたか，という仮定的事態の判断によることになる。

医療過誤訴訟で問題となる保護法益は，通常は，生命・身体・健康である。これに加えて，自己決定権も，保護に値する利益と考えられている。さらに，近時の裁判例は，生命そのものではなく，Material の争点3のような，死亡を避けることができた相当程度の可能性を，不法行為法上の保護法益と認めている。

↓ 医療過誤訴訟の争点整理表

原告らの主張	被告の主張
争点1　平成14年1月5日，肝細胞癌を疑い精密検査等をすべき義務の存否	
①患者は，遅くとも昭和55年からC型肝炎であったこと，②平成10年から被告病院で経過観察を受けており，平成13年11月5日時点では，ＡＦＰは97であって，平成14年1月5日には，156と増加しているところ，一般的に，ＡＦＰ値が急激に増加した場合には，200に達しなくとも，肝細胞癌の可能性は高いと解されること，③患者が，平成14年1月5日以前に超音波検査をしたのは，平成13年9月8日であって，約4か月前であること，④超音波検査は無侵襲で，小腫瘤の検出に優れていることからすると，被告担当医としては，平成14年1月5日の時点で，少なくとも，超音波検査をすべき義務があったのに，これを怠った。	患者の症状の経緯，超音波検査の一般論は認めるが，その余は争う。　一般に，ＡＦＰ値が200以上で肝細胞癌を疑うべきであって，平成14年1月5日の時点で，超音波検査等の検査をしなかった，被告担当医の判断が不適切とはいえない。　なお，原告らが主張するように，ＡＦＰ値の経過を考慮すべきであるとすると，超音波検査上肝細胞癌が認められなかった平成13年9月8日のＡＦＰ値が115であって，それが後に下がっていることも考慮すべきであって，そうすると，平成14年1月5日，数値が一定上がったとしても，その時点で，超音波検査をしなかった，被告担当医の判断は合理的である。
争点2　争点1の義務違反と患者の死亡との因果関係	
被告担当医が，平成14年1月5日，超音波検査を実施していれば，その頃，初期の肝細胞癌を発見することができ，手術によって根治が可能であって，少なくとも，患者の平成15年3月3日の死亡を避けることができた。	原告らの主張は，否認，ないし，争う。　平成14年1月5日，3月3日のＡＦＰ値からすると，同年1月5日の時点では，肝細胞癌は発症していない，或いは，発症していたとしても，超音波検査で発見できない程度の微細なものであったから，当時，超音波検査をしても，発見できなかった。　また，仮に，発見できたとすれば，それが初期であって，手術によって根治ないし延命が可能であったかは不明である。
争点3　争点1の義務違反がない場合の患者の死亡を避ける相当程度の可能性の有無	
争点2の場合，仮に，患者の平成15年3月3日時点の死亡を避ける蓋然性が認められないとしても，その相当程度の可能性はある。	争点2と同様の理由で，死亡を避ける相当程度の可能性もない。

出典：東京地方裁判所医療訴訟対策委員会「医療訴訟の審理運営指針」判例タイムズ1237号67頁

3　将来の逸失利益の算定方法

不法行為によって生命・身体が侵害された場合，被害者（死亡の場合はその相続人）は，積極損害（治療費など，不法行為によって生じた出費），消極損害（不法行為がなければ取得できたはずの利益の喪失），そうした財産的損害以外の損害（精神的損害）について，賠償を求めることができる。

損害賠償は金銭賠償によるのが原則なので（722条1項・417条），損害を金銭に換算する必要がある。しかし，消極損害のうち，被害者が将来稼ぐことのできた収入額（逸失利益）の計算は難しい。たとえば，幼児が被害者の場合，その子がいつ就職してどれだけの収入を得るかは，予測できないからである。

現在の裁判実務では，将来の逸失利益は，一定の式を用いて算定されている。**Material** はいずれもこれらの式に代入される数値の決定にあたり利用されるものである。

(a)　**被害者が死亡した場合**　①「被害者は，就労できた年齢（67歳）まで，一定の年収を取得し続ける」と想定してこれを計算し，②そこから，死亡によって支出不要となった生活費を控除し，③さらに，将来の全収入を現時点で一括して得ることになるので，その間に生じる利息（中間利息）を控除する，という手順で算定する（死者が得るはずの年収×就労可能年数－生活費－中間利息）。これは次のように定式化される。

［基礎収入×（1－生活費割合）］×就労可能年数に対応するライプニッツ係数

基礎収入は，現実の収入があればそれによる。これに対して，実際の収入がない児童や学生などの場合には，統計数値である賃金センサスが利用される（**Material** ①。㋐×12＋㋑で年収を算出する）。統計は社会の現実を反映するから，男女・学歴などの違いで収入額に差が出てくる。たとえば，死亡被害者が10歳の児童の場合，男女の性別に応じて学歴計・全年齢平均の数値を選ぶと，月収で10万円以上の格差が生じる（表中の①②）。そこで近時は，女児について男女を合わせた全労働者の数値（表中の③）を利用する

傾向にある。また，死亡被害者が高校1年生男子だった場合，大学進学の可能性が高ければ大学・大学院卒・全年齢平均（表中の④），そうでなければ学歴計・全年齢平均（表中の①）が利用され，ここでは学歴による格差が反映される（なお，就労開始時は，④による場合は22歳，①による場合は18歳となる）。

収入の一定割合は生活費に充当される，と考える。この割合は定型化されており，たとえば独身者の場合は50％，一家の支柱や女性の場合は30～40％，といった数値が用いられる。

中間利息の控除は，利率を民事法定利率（3％，404条2項。ただし変動しうる。同3項）として，ライプニッツ式と呼ばれる方法で計算される。「18歳（以上で死亡した場合は死亡年齢）から67歳まで就労可能」という前提の下に算出された就労可能年数に応じて，係数が定まる（**Material** ②）。

(b)　**被害者が負傷して後遺障害が残った場合**

後遺障害によって労働能力が低下した分を金銭に換算する。これは，後遺障害の程度に応じて労働能力がどれだけ失われたかを示す割合に，収入および喪失期間を掛け合わせ，そこから死亡の場合と同様に中間利息を控除して，算出される。定式化すれば次のようになる。

基礎収入×労働能力喪失割合×労働能力喪失期間に対応するライプニッツ係数

後遺障害によって低下した労働能力の程度は，労働能力喪失率表（**Material** ③）を参考にして決定される。具体的な後遺障害がどの障害等級に該当するかの判断には，通常，自賠法施行令別表第二が利用される（それによると，たとえば，両眼失明の場合の障害等級は第1級，両眼の視力が0.06以下になった場合は第4級，となる）。

将来の逸失利益の算定方法

3

↓ ① 賃金センサス平成30年（抜粋）

区　分	年収額	年　齢	勤　続年　数	所定内実労働時間数	超　過実労働時間数	きまって支給する現　金給与額 (あ)	所定内給与額	年間賞与その他特　別給与額 (い)
	千円	歳	年	時間	時間	千円	千円	千円
男女計								
学歴計	4,972.0	42.9	12.4	164	13	336.7 ③	306.2	931.6
〜　19歳	2,524.2	19.1	1.0	167	13	198.8	177.8	138.6
20　〜　24	3,214.5	23.0	2.2	165	14	235.1	209.7	393.3
25　〜　29	3,969.2	27.5	4.4	164	17	274.4	240.3	676.4
30　〜　34	4,551.6	32.5	7.2	163	17	310.5	273.5	825.6
35　〜　39	5,007.5	37.5	9.9	164	16	338.8	301.7	941.9
40　〜　44	5,400.7	42.6	12.8	164	14	361.7	327.4	1,060.3
45　〜　49	5,805.3	47.4	15.8	164	13	384.3	352.4	1,193.7
50　〜　54	6,121.2	52.4	18.6	164	12	402.8	373.8	1,287.6
55　〜　59	5,973.2	57.4	20.8	164	10	395.8	370.3	1,223.6
60　〜　64	4,177.6	62.3	18.6	163	8	294.5	278.4	643.6
65　〜　69	3,451.5	67.2	15.7	165	8	259.8	245.3	333.9
70歳〜	3,304.6	73.0	17.6	164	6	254.0	243.3	256.6
男								
学歴計	5,584.5	43.6	13.7	165	16	374.7 ①	337.6	1,088.1
〜　19歳	2,620.5	19.1	1.0	167	15	205.6	180.6	153.3
20　〜　24	3,364.5	23.0	2.3	166	18	245.1	212.6	423.3
25　〜　29	4,212.7	27.5	4.5	165	21	290.2	247.9	730.3
30　〜　34	4,941.5	32.5	7.4	165	20	335.2	289.4	919.1
‥‥‥								
大学・大学院卒	6,689.3	42.4	13.3	163	13	433.7 ④	400.5	1,484.9
〜　19歳	−	−	−	−	−	−	−	−
20　〜　24	3,425.8	23.7	1.3	164	15	256.7	230.0	345.4
25　〜　29	4,529.9	27.5	3.6	164	21	307.1	263.8	844.7
30　〜　34	5,586.0	32.5	7.1	163	20	369.2	321.1	1,155.6
女								
学歴計	3,826.3	41.4	9.7	162	8	265.6 ②	247.5	639.1
〜　19歳	2,348.6	19.1	0.9	168	9	186.4	172.6	111.8
20　〜　24	3,049.8	23.0	2.0	165	9	224.1	206.5	360.6
25　〜　29	3,623.2	27.4	4.1	162	11	251.9	229.6	600.4
30　〜　34	3,816.2	32.5	6.8	161	9	263.9	243.4	649.4
‥‥‥								
大学・大学院卒	4,625.9	35.8	7.7	160	10	312.8	290.1	872.3
〜　19歳	−	−	−	−	−	−	−	−
20　〜　24	3,278.6	23.7	1.3	162	10	243.3	223.8	359.0
25　〜　29	4,035.1	27.3	3.7	161	12	274.5	247.5	741.1
30　〜　34	4,479.8	32.4	6.8	159	11	300.7	274.7	871.4

出典：日弁連交通事故相談センター東京支部『民事交通事故訴訟損害賠償額算定基準2020年版』424・425頁。

↓ ② 就労可能年数とライプニッツ係数表（抜粋）
（令和2年4月1日以降発生した事故に適用する表）

(1)　18歳未満の者に適用する表

年齢	就労可能年数	係数
0	49	14.980
1	49	15.429
2	49	15.892
3	49	16.369
4	49	16.860
5	49	17.365
6	49	17.886
7	49	18.423
8	49	18.976
9	49	19.545
10	49	20.131
11	49	20.735
12	49	21.357
13	49	21.998
14	49	22.658
15	49	23.338
16	49	24.038
17	49	24.759

(2)　18歳以上の者に適用する表

年齢	就労可能年数	係数
18	49	25.502
19	48	25.267
20	47	25.025
21	46	24.775
22	45	24.519
（中略）		
40	27	18.327
41	26	17.877
42	25	17.413
43	24	16.936
44	23	16.444
（中略）		
67	9	7.786
68	9	7.786
69	9	7.786
70	8	7.020
（以下略）		

↓ ③ 労働能力喪失率表（労働省労働基準局長通牒昭和32年7月2日基発第551号）

障害等級	労働能力喪失率
第1級	100/100
第2級	100/100
第3級	100/100
第4級	92/100
第5級	79/100
第6級	67/100
第7級	56/100
第8級	45/100
第9級	35/100
第10級	27/100
第11級	20/100
第12級	14/100
第13級	9/100
第14級	5/100

出典：日弁連交通事故相談センター東京支部・前掲442頁

4　減額事由

民法722条2項が定める過失相殺とは，被害者の過失を考慮して損害賠償の額を減じる制度である。被害者の過失とは，自己の利益に配慮して注意深く振る舞うべきであったのにそうしなかったことであり，709条の過失とは異なる。後者は，被害者に生じた損害を加害者に転嫁するために必要とされるものであって，他者の法益に配慮して注意深く振る舞うことを前提とするものである。

交通事故訴訟は，不法行為責任が問題となる典型的な事案である。もっとも，そこでの争点の中心となるのは，責任の存否よりも，むしろ，賠償額（責任内容）である場合が多い。そのため，過失相殺による賠償額の減額が重要な意味を持つことになる。

交通事故では，同じような事案が大量に生じていることもあり，事故の態様に応じて加害者の過失と被害者の過失をある程度定型的に把握することができる。そこで，類型ごとに，過失相殺率の基準が用意されている。

Material は，歩行者と自動車の交通事故で，歩行者が赤信号を無視して横断，自動車は青信号で進入を開始したが前方注視義務違反などの安全運転義務違反があった場合に，どのような割合で過失相殺がなされるかを示す一例である（左図。参考のため，信号機の設置されていない横断歩道上の事故の場合〔右図〕も掲げた）。これによると，7割の過失相殺となるのが基本だが，被害者が幼児である場合や，運転者にかなりの制限速度違反（著しい過失）があった場合には，5割に修正されることがわかる。

↓ 交通事故訴訟における過失相殺割合の認定基準表

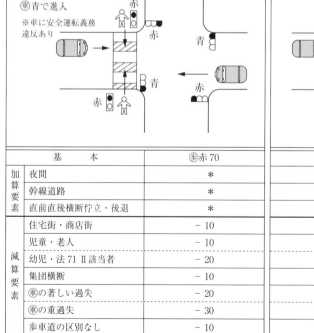

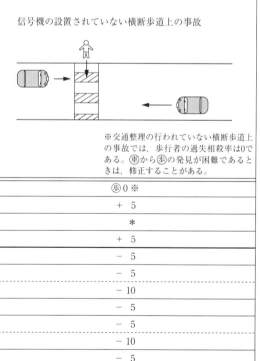

	基　　　本	㊹赤 70	㊹ 0 ※
加算要素	夜間	＊	＋ 5
	幹線道路	＊	＊
	直前直後横断佇立・後退	＊	＋ 5
減算要素	住宅街・商店街	－ 10	－ 5
	児童・老人	－ 10	－ 5
	幼児・法71Ⅱ該当者	－ 20	－ 10
	集団横断	－ 10	－ 5
	㊞の著しい過失	－ 20	－ 5
	㊞の重過失	－ 30	－ 10
	歩車道の区別なし	－ 10	－ 5

＊は修正要素として考慮しないものである。

出典：日弁連交通事故相談センター東京支部・前掲310・311頁

5　その他の救済方法

近時の不法行為訴訟では，人格権侵害，それもマスメディアによるプライバシー侵害・名誉毀損が深刻な問題となっている。

名誉毀損の場合，裁判所は，損害賠償だけでなく，名誉を回復するのに適当な処分を命じることができる（723条）。名誉回復の具体的方法として，わが国では，名誉を毀損する記事についての取消広告や，謝罪広告などが認められている。もっとも，謝罪広告については，被告の意に反して謝罪を命ずる場合には，良心の自由（憲法19条）に反するのではないか，という批判がある。また，原状回復の手段としては，記事の取消し・訂正の広告で十分であって謝罪や陳謝は不要である，とする民法学説の批判もある。しかし，わが国の判例は，最大判昭和31・7・4（民集10巻7号785頁）の合憲判断以来，不法行為の効果として謝罪広告を命じている。

Material は，ある名誉毀損事件に関して下された判決（最判平成16・7・15判例集未登載）に基づいて，ある週刊誌に掲載された謝罪広告である。最高裁が是認した原審判決（福岡高判平成16・2・23判タ1149号224頁）は，「株式会社▲▲発行の週刊誌「週刊△△」に，別紙1記載の謝罪広告を，同2記載の掲載条件で，1回掲載せよ。」と命じている。そして，別紙1にはMaterial と同内容の謝罪文があり，別紙2では謝罪広告の見出および本文に使用する活字（ポイント・字体）と掲載場所（広告・グラビアを除いて表表紙から最初の頁）が指定されている。なお，Material 上段の記事目次をみると，謝罪広告を命じることの妥当性に疑問を呈する記事があることがわかる。

⬇ 謝罪広告

6 製造物責任 (特別法)

製造物責任法は，製造物の「欠陥により他人の生命，身体又は財産を侵害したとき」に賠償責任が発生する，としている（同3条）。責任を負う根拠が過失でない点で，不法行為法の特別法と位置づけられている。この法律は，森永砒素ミルク事件，サリドマイド事件，スモン事件，カネミ油症事件など，安全性を欠いた薬品・食品によって深刻な人身被害が生じた経験を踏まえ，数十年にわたる議論を経て1994年に成立した。

Material ①は，1975年にわが国の学者グループが公表した製造物責任法の試案である。原告のために証明責任を転換する規定，自動車損害賠償保障法と同様の履行確保措置など，確実な被害者救済が構想されていたことがわかる（製造物責任法にこれらは規定されていない）。「付記」でクラス・アクションなどの制度改革に言及する点も，実質的救済の確保が強く意識されていたことを示している。

製造物責任法2条2項の定義する欠陥の種類としては，通常，製造上の欠陥（製造過程の段階で生じる欠陥），設計上の欠陥（製品の設計段階で生じる欠陥），指示・警告上の欠陥（製品の安全な使用・消費に関する適切な指示・警告を欠くこと）の3つが挙げられる。

健康を害する危険のある物については，行政上の規制で警告表示が要求されていることが多い。Material ②は，たばこ製品に義務づけられた警告表示の例である（たばこ事業法39条，たばこ事業法施行規則36条3項・別表で文言が定められている）。

↑ ② たばこ包装紙に印刷された警告表示

↓ ① 製造物責任研究会「製造物責任法要綱試案」(抜粋)

第2条 (定義)
(3) この法律において「欠陥」とは，製造物の通常予見される使用に際し，生命，身体又は財産に不相当な危険を生じさせる製造物の瑕疵をいう。
(注) 欠陥の有無の判断に際しては，製造物に関する表示及び警告を考慮する。

第5条 (欠陥の存在の推定)
(1) 製造物を適正に使用したにもかかわらず，その使用により損害が生じた場合においても，その損害が適正な使用により通常生じうべき性質のものでないときは，その製造物に欠陥があったものと推定する。
(2) 損害発生の当時存在していた製造物の欠陥は，相当な使用期間内においては，製造物が製造者の手を離れた当時すでに存在したものと推定する。

第6条 (因果関係の推定)
製造物に欠陥が存する場合において，その欠陥によって生じ得べき損害と同一の損害が発生したときは，その損害は，その製造物の欠陥によって生じたものと推定する。

第12条 (損害賠償措置の強制)
政令で定める製造物の製造者のうち，政令で定める者は，その生産に係る製造物の欠陥により生命又は身体に生ずる損害を賠償するための措置（以下，損害賠償措置という。）を講じなければ，その製造物を流通過程に置いてはならない。

第14条 (製造物損害賠償保障事業)
(1) 政府は，製造物損害賠償保障事業（以下，保障事業という。）を行なう。
(3) 政府は，損害賠償措置を要求される製造者が第3条の責任を負うに至った場合において，被害者が損害賠償措置により賠償を受けることができないときは，被害者に対し，政令で定める金額を限度としてその受けた損害を填補する。

付記
本法律の目的を貫徹するために，司法的救済手続の面においても，製造物の欠陥による被害の特質に即応した新たな制度の設置および既存の制度の改善がのぞまれる。ことに，次に列挙するような制度の導入を考慮すべきである。
一 相手方および第三者の所持する証拠方法を強制的に裁判所に提出させるための制度
三 クラス・アクション等，特定の者が多数の被害者の利益を代表して救済をはかるための制度

　既に学んだように，民法は全5編から成る。第1編から第3編までを「財産法」,「第4編　親族」と「第5編　相続」を合わせて「家族法」と呼ぶ。では,「家族法」とは何か。

　狭義の家族法は,「第4編　親族」のみを指す。婚姻や離婚といった夫婦関係の形成や解消,認知や養子縁組といった親子関係の成立や効果,後見や扶養といった家族の保護に関する規定である。人の身分の形成・変動に関わることから,古くは「身分法」とも称された。欧米の family law は狭義の家族法に相当する。

　通常の意味の家族法は,上述の通り,民法の「親族」と「相続」である。相続は,人の死を契機に同人が有していた《財産》を他人に移転する法制度だから,欧米では財産法とされる。しかし,わが国では,明治民法が「家制度」を採用したため,相続は家族法の一部とされた。家制度とは,「家」には家長である戸主がおり,戸主が死亡するとその地位が原則として長男子に相続され（家督相続）,地位に付随して家の財産（家産）も相続されるというものである。身分が主で,財産が従だったことから,相続は財産法ではなく家族法と捉えられたのである。

　第二次大戦後,日本国憲法の制定に伴い,憲法に適合しない家制度は解体され,民法第4編・第5編は改正されほぼ現在の形になった。その際,憲法13条・14条・24条に由来する民法1条ノ2（現行2条）が追加された。同条の「個人の尊厳」と「両性の本質的平等」が家族法の理念である。

　広義の家族法には,任意後見契約に関する法律などの特別法,戸籍法,家事事件手続法や人事訴訟法などが含まれる。婚姻するには婚姻の届出をしなければならないが（民739条）,届出の詳細は戸籍法にある。戸籍は日本国民の出生から死亡までを記録し公示するものであり,日常生活に深く関わっている。

　最広義の家族法には,配偶者からの暴力の防止及び被害者の保護等に関する法律（DV防止法）,児童虐待の防止等に関する法律（児童虐待防止法）など,家族の中の弱者を保護するための制度や,女子に対するあらゆる形態の差別の撤廃に関する条約（女子差別撤廃条約）や児童の権利に関する条約（子どもの権利条約）などの国際条約までもが入ってくる。

　次頁以下では,広義の家族法を念頭に Material を集めた。

1　親族・親等

(i)　親族とは

　民法には「家族」の定義・範囲に関する規定がなく，一定の範囲・関係にある者を親族として，さまざまな効果を定めている。民法が親族とするのは6親等内の血族，配偶者，3親等内の姻族である（725条）。

　(a)　6親等内の血族　自然的血縁関係にある者を自然血族という。養子縁組によって親族関係に入った者を法定血族という（727条）。6親等は非常に広範であり，現実に5親等や6親等の直系血族が存在する例はないと思われる。

　(b)　配偶者　夫から見て妻，妻から見て夫のことである。

　(c)　3親等内の姻族　一方配偶者は他方配偶者の一定範囲の血族との間で親族関係に入る。婚姻を媒介にする親族関係なので姻族という。

(ii)　親等の計算

　(a)　計算方法　自分の両親は自分から1世代上だから1親等である。自分の祖父母は，自分から両親までが1親等，両親から祖父母までが1親等だから1＋1＝2親等である。自分の子は1親等，孫は2親等である（726条1項）。

　自分の兄弟姉妹は，まず自分から両親までが1親等，つぎに両親から兄弟姉妹までが1親等だから1＋1＝2親等である。甥姪（兄弟姉妹の子）は1＋1＋1＝3親等，いとこは4親等である（同条2項）。配偶者は±ゼロと考える。

　(b)　呼称　祖父母－両親－自分－子－孫というような直線的な関係を直系，兄弟姉妹やいとこなどの横に広がる関係を傍系，祖父母・両親・おじおばなど自分より上の世代を尊属，子・

孫・甥姪など自分より下の世代を卑属という。なお，尊属卑属に実年齢は関係ない。

(iii)　親族関係の効果

　親族関係により発生する法的効果は，近親者間の婚姻禁止（734条以下），扶養義務（877条），相続人の範囲（887条以下）など，具体的制度に委ねられている。

(iv)　親族関係の終了

　親族関係は，離婚・婚姻の死亡解消・離縁（728条・729条）や特別養子縁組（817条の9）などの事由により終了するが，親族関係終了後も近親婚禁止の効果は存続する（735条・736条）。

⬇ 親族・親等図

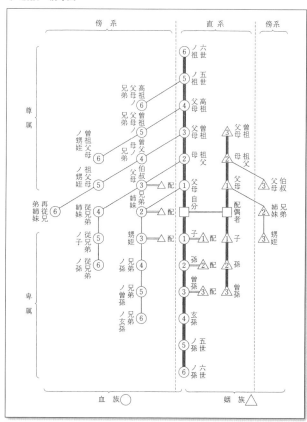

出典：泉久雄『親族法』（有斐閣，1997年）6頁

2 婚　姻

a　婚姻届

(i)　婚姻とは

　婚姻は，一組の男女の永続的・排他的な性的結合で，子を産み育てるという次世代の再生産機能を備え，また，経済活動の一単位でもある。結婚は日常用語だが，婚姻は法律用語である。

　わが国の婚姻制度は，法律婚主義・民事婚主義・届出婚主義を採用している。法律婚主義とは，法律の定める要件を満たして初めて婚姻が成立するもので，反対概念として事実婚主義がある。民事婚主義とは，婚姻は世俗の私人間の関係であり，私法（民法）によって規律されるとの趣旨で，反対概念として宗教婚主義がある。届出婚主義とは，法律に定められた一定の届出を履践することで婚姻が成立するとの方式で，反対概念として儀式婚主義がある。

(ii)　婚姻の成立要件

　婚姻の成立要件は，実質的要件と形式的要件の二つに分けられる。

(a)　**婚姻の実質的要件**　　婚姻の実質的要件は，婚姻の当事者に①婚姻意思が存在することと，②婚姻障害事由が存在しないことである。

①　婚姻意思の存在　　判例によると，婚姻意思とは，婚姻の「当事者間に真に社会観念上夫婦であると認められる関係の設定を欲する効果意思」である（最判昭和44・10・31民集23巻10号1894頁）。要するに，共同生活，排他的な性交渉，子の出産・成育など社会的に男女が夫婦として行うとされているような生活関係の形成を望むことである。民法は，当事者間に婚姻意思がない場合には，当該婚姻を無効とする（742条1号）。婚姻意思のない当事者から婚姻の届出（**Material** 参照）が行われ，婚姻が成立したかに見える場合であっても，当事者は婚姻意思の不存在を理由として，裁判上，当該婚姻の無効確認を求めることができる（婚姻無効確認請求訴訟，人訴2条1号）。

②　婚姻障害事由の不存在　　当事者の婚姻適齢，当事者が重婚や近親婚でないことなど（731条以下），婚姻が禁止される場合の要件（婚姻障害事由）に該当しないことが必要である。婚姻障害事由に該当するにもかかわらず，婚姻の届出が受理され婚姻が成立した場合には，当該婚姻は取消しの対象となる（743条以下）。

(b)　**婚姻の形式的要件：婚姻の届出**　　婚姻の実質的要件をすべて満たした上で，当事者は婚姻の届出をしなければならない。前述の通り，わが国は届出婚主義を採用しているので，届出をしない限り，婚姻は成立しない（742条2号）。

　婚姻届をはじめとして，離婚届・出生届・養子縁組届などの各種届出の書式や記載事項は，戸籍法および同法施行規則が規定している。

　なお，婚姻届や出生届の用紙については，近時，地方自治体がイラストなどを添えた独自の用紙を作成するようになっている（京都市，神戸市などのウェブサイト参照）。

(iii)　婚姻の効果

　婚姻が成立すると，当事者（夫婦）には様々な法的効果が生じる。また，婚姻の解消には離婚手続が必要となる（763条以下→4）。

①　身分上の効果　　夫婦同氏（750条），同居協力扶助義務（752条），貞操義務（770条1項1号）などの身分上の効果が発生する。

②　財産上の効果　　婚姻費用分担義務（760条），日常家事債務の連帯責任（761条）などの夫婦間に特有の財産関係が生じる。

③　夫婦以外の者に対する効果　　婚姻によって姻族関係が生じる（→1）。また，婚姻中の夫婦から生まれた子は嫡出子の

身分を取得し（772条→5a），婚姻中の夫婦は共同親権者として未成年の子に対して権利を有し義務を負う（818条以下）。

(ⅳ) 婚姻法の動向

民法の親族編および相続編は，第二次大戦後の大改正以来，今日まで基本的な枠組みはほとんど変わっていない。他方で，この間，社会は大きく変化した。そこで，1996（平成8）年に，民法の親族編および相続編の改正案（の案）が検討された（法制審議会民法部会「民法の一部を改正する法律案要綱」法務省ウェブサイト参照）。この案の実現は頓挫したものの，婚姻に関する法制度（婚姻法）の今後進むべき一つの方向を示していると思われるので，その一部を紹介しておこう。

① 婚姻できる年齢（婚姻適齢）を男女とも18歳とする（731条）。

② 女性の再婚禁止期間（待婚期間）を6か月から100日とする（733条）。

③ 選択的夫婦別氏（夫婦別姓）を導入する（750条）。

④ 夫婦間の契約取消権の規定を削除する（754条）。

などである。

これらのうち，①婚姻適齢については，2018（平成30）年に民法731条が改正され，男女とも18歳とされた。また，②再婚禁止期間（待婚期間）については，一部違憲判決（最大判平成27・12・16民集69巻8号2427頁）を受けて，2016（平成28）年に民法733条が改正され，6か月から100日に短縮された。他方，③選択的夫婦別氏（夫婦別姓）については，夫婦同氏（夫婦同姓）が合憲とされたため（最大判平成27・12・16民集69巻8号2586頁），未だ実現していない。

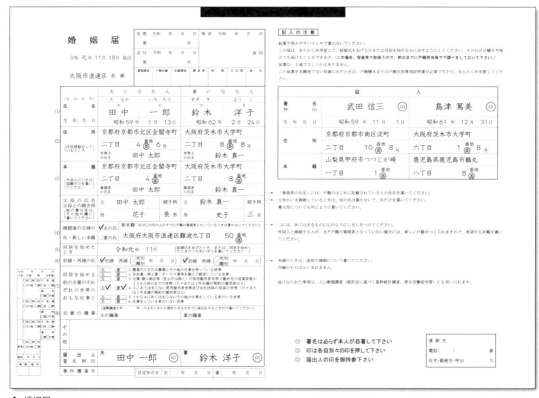

↑ 婚姻届

b 戸　籍

(i)　戸籍とは

戸籍は，日本国民の出生・死亡・身分関係等を登録・公証する書面である。西欧の身分登録制度が，個人単位かつ事項（出生・婚姻・死亡）単位で作成されるのに対し，わが国の戸籍は，まさに「戸」籍であり，一定範囲の親族が同一の書面上に表記され，かつ，その構成員について出生から死亡までの各種事項が一書面上に表記される点に特徴がある。なお，個々の戸籍が編綴されたものを戸籍簿という。

(ii)　戸籍の記載事項と公証事項

(a)　記載事項　戸籍に記載される事項としては，本籍地，氏名，出生年月日および場所，親子関係，性別，夫婦関係，死亡年月日および場所，未成年後見（839条1項，戸81条）などの親族法に関わる事項，推定相続人廃除（892条，戸97条）などの相続法に関わる事項がある（戸13条参照）。

(b)　公証事項　戸籍の記載によって公証されるのは，日本国籍，年齢，親子・夫婦・兄弟姉妹の身分関係，親族法・相続法上の一定の事項である。例えば，取引をしようとする相手方が，未成年者かどうかを知りたければ，相手方に戸籍の写し（「謄本」あるいは謄本を簡略化した「抄本」）の提示を求め，それによって相手方の年齢を確認すればよい。もっとも，現代社会においては，運転免許証や健康保険証などによる年齢の確認が一般的であろう。

(iii)　戸籍編製の原則と編製手順

(a)　原則　戸籍の編製にあたっては，3つの原則がある。

① 　夫婦および同氏の子は同一戸籍　夫婦とその間の未婚の子で（後述②③参照），しかも氏を同じくする者だけが同一の戸籍に記載されるという原則である。例えば，戸籍中の子が誰かの養子となったような場合には，養子は養親の氏を称する

こととなり（810条），実親とは氏を異にするようになる。そのため，戸籍上は，氏を異にする実親の戸籍を出て，氏を同じくする養親の戸籍に入ることになる。

② 　三代戸籍の禁止　戸籍の記載範囲は親とその子の二代までであり，祖父母－親－子というような三代にわたる記載は禁止されるという原則である。ただ，各Material にあるように，夫婦の父母の表示がされるので，実質的には三世代分の情報が明らかになる。

③ 　一夫婦一戸籍　戸籍は一組の夫婦に対して編製されるという原則である。例えば，戸籍中の子が婚姻した場合には，その子について新たな戸籍が編製されることになる。

(b)　編成手順　Material を見ながら，戸籍の編製手順を見てみよう。

Material ①は，田中太郎と斎藤花子が婚姻し，田中太郎を筆頭者とする新戸籍が作られたというものである。太郎が筆頭者となるのは，花子が太郎の氏を称する婚姻をしたからである（750条，戸16条）。原則①③に従って，太郎も花子も親の戸籍を出て，一つの新たな戸籍を有することになった。

本籍地とは，戸籍編製の基準となる場所のことで，婚姻に際して夫婦が本籍地として届け出た場所である（→a 婚姻届の「新しい本籍」）。その後，太郎と花子の間に長男一郎が生まれ，一郎の出生が届けられ（→5 a 出生届），太郎を筆頭者とする戸籍に一郎が記載された。

ところで，戸籍は，かつては手書きであったが，1990 年代から徐々に電子化が進められ，2020（令和2）年までに，すべての地方自治体で電子化が完了している。

Material ②は，田中一郎が鈴木洋子と婚姻し，太郎を筆頭者とする戸籍から出て，新戸籍が編製された後，田中一郎・洋子夫婦に長女花恋が出生したというものである。

① 戸籍

籍 本　京都府京都市北区金閣寺町弐丁目四番
名 氏　田中太郎

昭和五拾四年六月七日編製

【夫】
昭和六年壱月壱日京都府京都市で出生同月
拾四日父届出入籍㊞
昭和五拾四年六月七日斎藤花子と婚姻届出京
府京都市中京区本能寺町七拾八番地田中博士戸籍
から入籍㊞

夫　太郎
父　田中博士
母　信子
出生　昭和弐拾六年壱月壱日
長男

【妻】
昭和参拾弐年弐月四日京都府京都市で出生同月
七日父届出入籍㊞
昭和五拾四年六月七日田中太郎と婚姻届出京
府京都市中京区寺町四拾九番地斎藤忠一戸籍から
入籍㊞

妻　花子
父　斎藤忠一
母　松子
出生　昭和参拾弐年弐月四日
三女

昭和五拾九年壱月拾三日京都府京都市で出生同
月弐拾日父届出同日同市長から送付入籍㊞
令和元年拾壱月拾八日鈴木洋子と婚姻届出大阪
府大阪市浪速区難波九丁目五拾番九号新戸籍編製
につき消除

一郎
父　田中太郎
母　花子
出生　昭和五拾九年壱月拾三日
長男

この謄本は、戸籍の原本と相違ないことを
認証する。
昭和五拾九年壱月拾三日
京都府京都市長　河原町　武　㊞

↑ ① 戸籍

全 部 事 項 証 明 書	
本籍	大阪府大阪市浪速区難波 9 丁目 50 番
氏名	田中一郎
戸籍事項	令和元年 11 月 18 日編製
戸籍に記載されている者	【名】田中一郎 【生年月日】昭和 59 年 1 月 13 日　【配偶者区分】夫 【父】田中太郎 【母】　花子 【続柄】長男
身分事項	昭和 59 年 1 月 13 日京都府京都市で出生同月 20 日父届出入籍
	令和元年 11 月 18 日鈴木洋子と婚姻届出京都府京都市北区金閣寺町 2 丁目 4 番 6 号田中太郎戸籍から入籍
戸籍に記載されている者	【名】　洋子 【生年月日】昭和 62 年 2 月 24 日　【配偶者区分】妻 【父】鈴木真一 【母】　史子 【続柄】三女
身分事項	昭和 62 年 2 月 24 日大阪府茨木市で出生同月 28 日父届出入籍
	令和元年 11 月 18 日田中一郎と婚姻届出大阪府茨木市大学町 2 丁目 8 番 8 号鈴木真一戸籍から入籍
戸籍に記載されている者	【名】　花恋 【生年月日】令和 2 年 6 月 6 日 【父】田中一郎 【母】　洋子 【続柄】長女
身分事項	令和 2 年 6 月 6 日京都府京都市で出生同月 10 日父届出同日同市長から送付入籍

これは，戸籍に記載されている全部の事項を証明した書面である。
令和 2 年 11 月 18 日　　　　　　　　　　　大阪市長　織田信三郎　職印

↑ ② 戸籍（電子化されたもの）

c　住民票

（i）　住民票とは

地方自治法（13条の2）は，別の法律の定めによって，地方自治体に対して住民の正確な記録の常備を求めている。この別の法律が住民基本台帳法である。そして，市町村長は世帯ごとに個人を単位とする住民票を編成し，この住民票が集積されたものが市町村の備える住民基本台帳である。

（ii）　住民票の記載

住民票は戸籍と連動しており，記載事項も氏名，生年月日，性別など戸籍の記載を基礎としている。ただ，住民票は行政サービスに用いられるものなので，選挙権や国民健康保険等の情報なども記載される（住民台帳7条）。

住民としての地位は，自治体から転出することで失われ（住民台帳24条），新たな自治体に転入することで得られる（同22条）。転出転入の手続は届出で行う。

一郎と洋子は，婚姻に際して住所を決め，そこで住民登録をした。その住所が一郎・洋子夫婦の本籍地となる。本籍地の変更（転籍，戸108条）もできるが，転籍しないかぎり，本籍地は変わらないのが原則である。一郎・洋子夫婦が転居し，新たな住所で住民登録をすれば，そこが住民票の住所となるが，本籍地は変わらない。

一郎・洋子夫婦の間に花恋が生まれたが，花恋の本籍地は両親と同じになる。また，花恋の住民票は両親の住所と同じになる。

↑　住民票

住　民　票

	住所 大阪府大阪市浪速区難波9丁目50番9号	世帯主 田中　一郎
1	氏名 田中　一郎	生年月日　昭和59年1月13日 性別　男　続柄　世帯主	住民となった年月日　令和元年11月18日 住民票コード（省略）
	本籍 大阪府大阪市浪速区難波9丁目50番		筆頭者
	令和元年11月18日　京都府京都市北区金閣寺町2丁目4番6号　田中太郎世帯から転入　令和元年11月18日届出		

	住所 大阪府大阪市浪速区難波9丁目50番9号	世帯主 田中　一郎
2	氏名 田中　洋子	生年月日　昭和62年2月24日 性別　女　続柄　妻	住民となった年月日　令和元年11月18日 住民票コード（省略）
	本籍 大阪府大阪市浪速区難波9丁目50番		筆頭者　田中　一郎
	令和元年11月18日　大阪府茨木市大学町2丁目8番8号　鈴木真一世帯から転入　令和元年11月18日届出		

	住所 大阪府大阪市浪速区難波9丁目50番9号	世帯主 田中　一郎
3	氏名 田中　花恋	生年月日　令和2年6月6日 性別　女　続柄　子	住民となった年月日　令和2年6月10日 住民票コード（省略）
	本籍 大阪府大阪市浪速区難波9丁目50番		筆頭者
	令和2年6月6日　京都府京都市で出生　令和2年6月10日届出		

1／1枚目

この写しは、世帯全員の住民票の原本と相違ないことを証明する。

令和2年12月1日

浪速区長　天保山　一夫　　[浪速区長印]

VI　親族・相続

147

a　内縁・事実婚

(i)　内縁・事実婚とは

　内縁とは，婚姻の届出（739条，戸74条）をしていないが，夫婦のような関係にある男女のことである。従来，「内縁」が専ら用いられてきたが，近時，法律婚（法律上の婚姻）に対する意味で，「事実婚」と称されることも多くなっている（以下では，「内縁」を用いる）。

(ii)　内縁の発生原因

　婚姻は，届出によって成立する（→2a参照）。共同生活を営み，外見的には夫婦同然の関係にありながら，婚姻の届出がされないのは，何かの事情から届出ができないか，あえて届出をしないかであろう。前者の例として，当事者が叔父と姪であり，禁止される近親婚（734条）に当たるので，そもそも届出ができないというような男女がいる。また，後者の例として，婚姻による夫婦同氏（750条）を望まず，従来の氏を統称するために，届出をしないという男女がいる。

(iii)　内縁の法的保護

　民法は法律婚主義・届出婚主義を採用した。しかし，民法制定時に，国民には婚姻を届け出る習慣がなく，かつ，届出が容易でなかった。内縁は民法によって生み出されたのである。そのため，当事者が法律上の関係にないからといって，法的保護を一切否定するわけにもいかなかった。判例・学説は，内縁当事者（特に妻）に法的保護を与える解釈を展開した。判例は，当初，内縁を「婚姻予約」と解し，内縁の不当破棄を債務不履行構成で保護した。その後，法律婚の効果の相当部分を内縁に類推適用する「内縁準婚理論」が採用され，現在に至っている（最判昭和33・4・11民集12巻5号789頁）。法律婚の制度が内縁にも類推適用される例として，同居協力扶助義務（752条）や財産分与（768条）などがある。他方，前出の夫婦同氏や配偶者相続権（890条）などは内縁に類推適用されない。その他，配偶者からの暴力の防止及び被害者の保護等に関する法律1条3項，借地借家法36条1項，厚生年金保険法3条2項などでは，内縁が明文で規定されている。

　内縁は民法の条文にない制度なので，届出は存在しないし，戸籍にも現れない。住民票（→2c）や健康保険証では，夫（未届）／妻（未届）という記載がされる場合があり，これらによって当事者が内縁関係にあると判明することがある。

↑　内縁夫婦の住民票

b　パートナーシップ制度

(i)　同性カップルをめぐる動き

2010年代半ばから，欧米諸国を中心に，同性婚を認める動きが生じている。例えば，フランス（2013年），英国（2014年），米国（2015年），ドイツ（2017年）などである。わが国においても，同性婚を求める動きは顕在化しており，親族法（婚姻法）における今後の重要な課題のひとつとなっている。

(ii)　地方自治体による対応

もっとも，国レベルでは，立法化の動きには，未だ至っていない。他方で，各地の地方自治体において，もっぱら同性カップルを念頭に置いた「パートナーシップ宣誓制度」が相次いで導入されるようになっている。そのような地方自治体は，東京都渋谷区（2015〔平成27〕年3月条例制定）を皮切りに，全国に拡大しつつある。

Materialは，京都市が2020（令和2）年9月1日から開始した「京都市パートナーシップ宣誓制度」において，京都市（長）から同制度を利用する性的少数者に対して交付される「パートナーシップ宣誓書受領証カード」である（デザインは無地のほかに，右の2種類がある。同市ウェブサイト参照）。

⬇ パートナーシップ宣誓書受領証カード

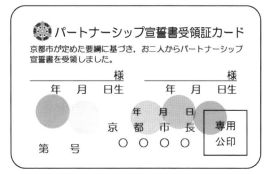

4 離 婚

a 離婚届

(i) 離婚とは

夫婦が離婚する理由としては,「性格の不一致」,「異性関係」,「夫から妻に対する暴力（DV）」や「妻と夫の親族の不仲」などが上位を占める。離婚は往々にして平和裏に行われず,親族,特に夫婦の間の（未成年）子を巻き込んで激しい争いになることがある。

(ii) 離婚の方法

民法は離婚の方法として協議上の離婚（協議離婚, 763 条）と裁判上の離婚（裁判離婚, 770 条）を用意している。また,協議離婚と裁判離婚の間に家事事件手続法による調停離婚（家事 244 条）と審判離婚（同 284 条）がある。したがって,離婚の方法は合計 4 種類である。

利用頻度の高い協議離婚,調停離婚,裁判離婚の順に概説する。

(a) **協議離婚** 夫婦が協議して離婚に合意し,離婚届（ Material 参照）に必要事項を記入して,市区町村の戸籍窓口に提出して離婚する。離婚届は窓口で無料で配布されている。

離婚届を見れば分かるように,離婚の理由や夫婦の財産について記入する欄は存在しない。つまり,窓口で離婚の理由や夫婦の離婚後の身の処し方等について何も聞かれることなく離婚できる。このように行政手続だけで簡単に離婚が成立する制度は,世界でも類例がない。

協議離婚の際に決めなければならないのは,夫婦の間に未成年子がいる場合に,父母のどちらが子の親権者になるかという点だけである（819 条 1 項, 離婚届の左側(5)）。

離婚届の右側下方に「面会交流」と「養育費の分担」について,夫婦間の取決めの有無を問う欄が設けられているが,これらへの記入は任意であり,離婚の成立とは関係がない。

(b) **調停離婚** 夫婦が協議で離婚できない場合,離婚を求める側が家庭裁判所に夫婦関係調整（離婚）の調停を申し立てる。調停は裁判所を交えた話し合いだから,その意味では協議離婚の一種であるとも言える。詳細は後の項目に譲る（→ c）。 Material は調停離婚の場合である（離婚届の左側(3)(4)）。

(c) **裁判離婚** 協議はもとより,家庭裁判所の調停でも夫婦が離婚の合意に至らない場合,離婚を望む当事者が原告となって家庭裁判所に離婚の訴えを提起する（人訴 2 条 1 号）。家庭裁判所の調停を経ずに,いきなり離婚訴訟を起こしても,家庭裁判所は調停に付すので,注意が必要である（調停前置主義, 家事 257 条）。

裁判離婚では,不貞行為や悪意の遺棄などの民法 770 条 1 項の離婚原因の存否が問題になる。一定の要件を満たせば,離婚原因を自ら作った配偶者（有責配偶者）からの離婚請求も認められる場合がある（最大判昭和 62・9・2 民集 41 巻 6 号 1423 頁）。

(iii) 離婚の効果

婚姻の効果が消滅し,姻族関係も終了する（728 条 1 項）。婚姻に際して氏を改めた配偶者は婚姻前の氏に復する（→ d）,再婚できる（733 条参照）など,様々な効果が生じる。

離婚に際して,養育費や面会交流（面接交渉）など未成年子の監護に必要な事項（766 条）や財産分与など夫婦の財産関係（768 条）について決定されることが望ましいが,これらは離婚成立の要件ではないから,離婚後に協議や調停で決めることもできる。

(iv) 離婚法の動向

離婚に関する法制度（離婚法）についても,1996（平成 8）年に,改正案（の案）が示されている（→ 2 a(iv)）。主要な点を紹介する。

① 親子の面会と交流（766 条） 婚姻中は父母が共同して親権を行使するが,離婚後は父または母単独で親権を行使する

ことになる（818条・819条）。ほとんどの場合，子と同居する親（同居親）が親権者となり，同居しない親（非同居親）は非親権者となる。子と非同居親の離婚後の連絡・面談・宿泊などは従来「面接交渉」と呼ばれていたが，法律上の明確な規定が存在しなかった。それを「面会と交流」として，条文化する。

② 財産分与（768条）　離婚の際の夫婦財産の清算割合については明確な規定が置かれていないところ，清算割合を原則半分（2分の1）ずつというように明文化する（2分の1ルールと呼ばれる）。

③ 離婚原因（770条）　離婚原因から精神病（770条1項4号）を削除し，新たな離婚原因として5年以上の別居を新設する（5年別居離婚という）。また，離婚原因

があっても，配偶者や子を過酷な状況に置くような場合には，裁判所は離婚を認めないことができるという規定を置く（過酷条項という）。

などである。

これらのうち，①親子の面会と交流については，2011（平成23）年に民法766条が改正され，「父又は母と子との面会及びその他の交流」が明文化された。その結果，家庭裁判所は，子の福祉に反しない限り，別居親と子の面会交流を原則的に認めるようになった。しかし，面会交流の実施をめぐり，多くの紛争が生じている現実がある（最決平成25・3・18民集67巻3号864頁など）。

他方，②③については，未だ改正に至っていない。

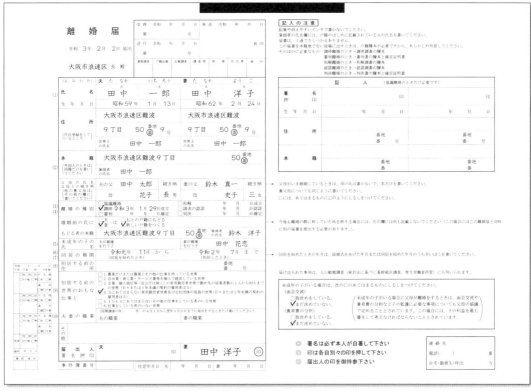

↑ 離婚届

b （離婚届の）不受理申出書

（i） 届出主義の問題点

婚姻・協議離婚・養子縁組・養子離縁等に基づく身分関係は届出により創設される。実は，これらの届出を提出する場合，身分行為の両当事者が市区町村の戸籍窓口に出頭する必要はない。例えば，協議離婚届は，夫婦の一方が提出しても構わない。その際，窓口の担当者は夫婦双方の離婚意思を確認できないので，形式的な審査で受理せざるを得ない。そのため，妻と離婚し，他の女性と再婚を望む夫が，妻の意思を無視して，一人で勝手に離婚届を記入して提出してしまうようなことが起こる。

このような離婚届は，妻の離婚意思を欠くので，法的には無効である。しかし，この無効の確認は訴訟で争わねばならず，妻の負担は重い。

その結果，妻が一方的な離婚を受け入れてしまうような事態が生じる。

（ii） 不受理申出制度

このような事態を未然に防止するため，1976（昭和51）年に，法務省民事局長の通達によって戸籍実務に不受理申出制度が設けられた。望まない届出の提出を防止したい者（申出人）は，不受理申出書に必要事項を記入して，本籍地の市区町村長に提出する。

（iii） 戸籍法の改正

不受理申出制度は，長年，通達に基づいて運用されてきたところ，2007（平成19）年に戸籍法が改正され，明文化されるに至った（戸27条の2第3項・4項・5項）。

認知，養子縁組・離縁，婚姻，離婚の届出について，知らない間に届出がされてしまうおそ

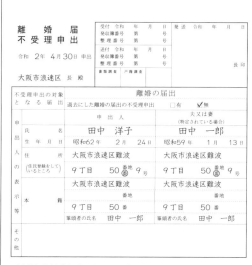

↑ 離婚届の不受理申出書

れがあるような場合，本籍地の市区町村長に不受理申出書を提出する（**Material**は「離婚届不受理申出」である。他に，「認知届」「婚姻届」「養子縁組届」「養子離縁届」の各不受理申出が用意されている）。

c　夫婦関係調整事件調停申立書・調停離婚の調書

（i）　家事調停とは

裁判所が行う調停には，民事調停法に基づく民事調停と家事事件手続法に基づく家事調停がある。「家庭に関する事件」（家事244条）が，家事調停の対象とされるが，法律上の身分関係が成立していない婚約や内縁から生ずる問題も範囲とされている。そして，家族関係に関する人事訴訟や家事審判を家庭裁判所に申し立てても，原則として調停に付される（調停前置主義，同257条）。調停は裁判官と民間人の男女各1名から選ばれた家事調停委員の合計3名で調停委員会を構成し，当事者から話を聴いて，当事者と共に妥当な解決を模索する。家事調停委員の資格等は最高裁判所の「民事調停委員及び家事調停委員規則」で定められている。

（ii）　離婚調停（調停離婚）

厳密には離婚調停（調停離婚）は存在せず，正確には「夫婦関係調整（円満）の調停」と「夫婦関係調整（離婚）の調停」の2種類がある。

前者では，夫婦の一方の申立てを受けて，悪化した夫婦関係が円満に転じるよう，調停委員会が介入する。

後者では，離婚するかしないか，離婚するのであれば，未成年子の親権者の決定（819条1項），離婚によって住居が別になる親子間の面会交流や養育費（766条），夫婦間の財産分与（768条）などの事項について，調停委員会が当事者の言い分を調整して当事者を妥当な解決に導く。

調停が成立し，調書が作成されると，調停で

VI
親族・相続

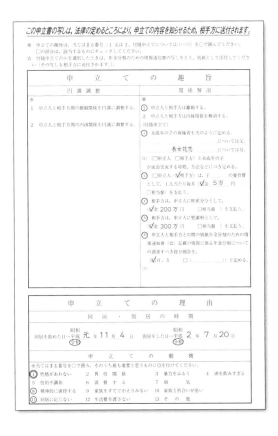

↑①　夫婦関係調整申立書

決められた内容は確定判決と同一の効力を有する（家事268条1項）。当事者が離婚に合意せず，離婚調停が成立しない場合，家庭裁判所は審判で離婚を命じることができるが（調停に代わる審判，同284条），当事者の異議によって失効するため（同286条），審判がされることは稀である。この場合，離婚を望む当事者は，原告となって家庭裁判所に離婚の訴え（人訴2条1号）を別途提起することになる。

(iii) 家庭裁判所

家事事件と少年事件を専門とする家庭裁判所には様々な特徴がある。まず，紛争当事者や触法少年の心理状態や家族関係の調査等を行う専門職として家庭裁判所調査官が配置されている（裁61条の2）。また，精神科の医師等が技官として勤務している（同61条）。

家庭裁判所の多くは地方裁判所と同一建物内にあるが，東京・名古屋・大阪・京都などでは，別な場所に独立した庁舎を構えている。調停室には窓があり，絵画が飾られるなど，通常の法廷とはかなり違った雰囲気を醸し出す努力がされている。

京都家庭裁判所　令和2年（家イ）第3232号
夫婦関係調整（離婚）調停
令和3年1月12日調停成立

　申立人　京都市北区金閣寺町2丁目4番6号
　　　　　　　田中のぞみ
　相手方　京都市伏見区稲荷町864番地キツネ荘102号
　　　　　　　田中真治

調停条項

第1項　申立人と相手方は離婚する。
第2項　申立人と相手方の長女あすかの親権者を申立人とする。
第3項　相手方は申立人に対し財産分与として下記の財産を分与する。
　京都市北区金閣寺町2丁目4番　宅地　175平方メートル
　京都市北区金閣寺町2丁目4番6号　住宅　木造平屋建60平方メートル
第4項　申立人および相手方は，本調停条項に定めるものの他，何ら債権債務の無いことを確認する。

　　　　　　　　　　　　　　　裁判官　山城乙訓

↑ ② 調停離婚の調書

↓ ④ 家庭裁判所の調停室

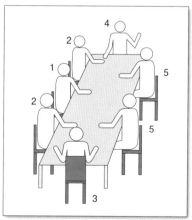

1．裁判官
2．調停委員
3．裁判所書記官
4．家庭裁判所調査官
5．当事者

↑ ③ 京都家庭裁判所

d　離婚の際に称していた氏を称する届

(i)　氏名の基本原理

(a)　氏　嫡出子は父母の氏を，嫡出でない子は母の氏を称する（790条→5a参照）。古来，氏は変わらないものとされたが（「氏不変」の原則），今日，氏は婚姻（750条→2a参照）や縁組（810条→6a参照）という民法上の身分行為により変動する。また，やむを得ない事由等があれば，家庭裁判所の許可を得て氏を変更することもできる（戸107条）。

(b)　名　出生に際して命名され，届けられた名を称する。ただし，正当な事由がある場合は，家庭裁判所の許可を得て名を変更することもできる（戸107条の2）。

(ii)　夫婦の氏

夫婦同氏　夫婦は，婚姻に際し，夫婦の氏としてどちらか一方の氏を称することを決めなければならない（750条）。例えば，田中という男性と鈴木という女性が婚姻する。夫婦の氏は，婚姻届の「(4)婚姻後の夫婦の氏・新しい本籍」欄で「夫の氏」を選択すれば田中に，「妻の氏」を選択すれば鈴木になる。いわゆる「夫婦別氏」（夫婦別姓）は認められていない（最大判平成27・12・16民集69巻8号2586頁→2a）。

(iii)　離婚と氏

(a)　婚氏続称　田中夫婦が離婚すると，妻は婚姻前の氏＝鈴木に復する（767条）。「離婚復氏」という。離婚後，妻（母）が子を監護することが多く，離婚復氏によって母の氏と子の氏が異なってしまい様々な問題を生じたため，1976（昭和51）年に民法を改正して離婚後も婚姻中の氏を継続して使用できるようにした。離婚によって民法上の氏としては鈴木に復するが，離婚日から3か月以内にこの届を提出すれ

ば（Material），呼称上の氏として田中を称することができる（767条2項，戸77条の2）。この届に際して，元夫の同意等は不要である。なお，一方配偶者の死亡による婚姻の解消（死亡解消）では，自動的に復氏とはならないので，復氏には別の届出が必要である（751条1項，戸95条）。

(b)　子の氏　両親が離婚しても，子の氏は変わらない。親が離婚復氏をした結果，親と子の氏が異なってしまった場合には，家庭裁判所の許可を得て子の氏を変更することもできる（791条，戸98条）。

(c)　民法上の氏と呼称上の氏　民法上の氏とは，出生および婚姻・縁組等の民法上の身分の変動（身分行為）に伴い取得する氏である。これに対して，呼称上の氏とは身分行為を伴わず称する氏である。(ii)の女性の氏は，①鈴木（出生）→②田中（婚姻）→③鈴木（離婚）→④田中（婚氏続称）となったが，④の氏は民法上の身分行為（婚姻や縁組）によって取得されたのではない

▲　離婚の際に称していた氏を称する届

から民法上の氏ではなく，呼称上の氏ということになる。

e　婚姻費用・養育費の算定表

(i)　婚姻中の財産関係

(a)　**婚姻費用分担義務**　夫婦は，各自の負担能力に応じて，婚姻生活に必要な費用を分担しなければならない（760条）。これを婚姻費用（婚費）分担義務という。婚姻費用には，被服費・食費・住居費（家賃）・光熱費・未成年の子の教育費など，通常の家庭生活に必要な全費用が含まれる。夫婦関係が良好であれば婚姻費用分担義務は表面化しない。しかし，夫婦関係が破綻して，夫婦が別居状態になれば，婚姻費用の分担が問題となる。紛争の多くは，夫が婚姻住居を出て別居し，妻が未成年の子と共に生活している場合に，妻（権利者）が夫（義務者）に婚姻費用分担請求をするという形で現れる。

(b)　**婚姻費用の算定**　従来，家庭裁判所は，婚姻費用分担請求の調停・審判が申し立てられると（家事別表第二2項→a参照），個々の夫婦の経済状況を審査し，義務者が分担すべき婚姻費用の額を定めていた。しかし，計算手法が必ずしも確立されておらず，また，計算が煩雑になるという難点があった。

2003（平成15）年4月，裁判官らによって構成された東京・大阪養育費等研究会が「簡易迅速な養育費等の算定を目指して――養育費・婚姻費用の算定方式と算定表の提案」（判タ1111号285頁以下）を公表した。この算定表は，別居中の婚姻費用および離婚後の子の養育費について簡便な算定を可能にしたものであり，現在では，全国の家庭裁判所において，婚姻費用・養育費の算定の標準となった。

そして，同算定表は，社会・経済情勢の変化を受けて，2019（令和元）年に改定された（改定算定表）。

Material①は，0歳から14歳までの子が1人いる場合の婚姻費用の改定算定表である。

例えば，夫（義務者）は給与所得者で年収600万円とする。夫と別居している妻（権利者）は，子（小学生）と暮らしており，パート勤務で年収100万円とする。縦軸の「給与　義務者の年収」600万円と，横軸の「給与　権利者の年収」100万円とが交差する「10～12万円」が，義

（表11）婚姻費用・子1人表（子0～14歳）

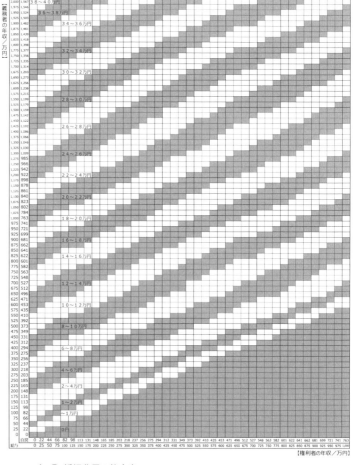

↑ ① 婚姻費用の算定表

4
離婚

務者から権利者に支払われるべき婚姻費用の標準的な月額となる。家庭裁判所の調停・審判においては，この額を基準にして，夫婦の状況を斟酌し，具体的な婚姻費用分担額を定めている。

(ii) 離婚後の財産関係

(a) **養育費**　離婚すれば夫婦間の婚姻費用分担義務は消滅する。離婚後，困窮する可能性のある元配偶者の生活費は，財産分与（768条）によって考慮されるに過ぎない。

しかし，夫婦間に出生した未成年の子の養育に要する費用（養育費）は，離婚後も父母（元夫婦）が双方の資力に応じて負担すべきものとされている（766条）。

(b) **養育費の算定**　かつては養育費も婚姻費用と同じように，個々の事件ごとに算定されており様々な問題を生じていた。しかし，この算定表の登場によって簡便な算定が可能となった（婚姻費用の算定表と同時に，養育費の算定表も改定された）。

Material ②は，0歳から14歳までの子が1人いる場合の養育費の改定算定表である。

例えば，父（義務者）は給与所得者で年収600万円，離婚後，小学生の子と同居している母（権利者）はパート勤務で年収100万円とする。縦軸の「給与　義務者の年収」600万円と，横軸の「給与　権利者の年収」100万円とが交差する「6〜8万円」が，義務者から権利者に支払われるべき養育費の標準的な月額となる。家庭裁判所の調停・審判では，この額を基準にして，父母の状況を斟酌し，具体的な養育費を定めている。

（表1）養育費・子1人表（子0〜14歳）

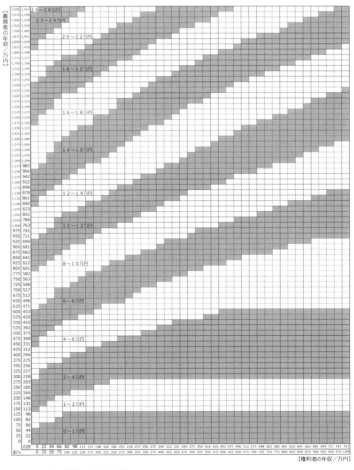

↑ ② 養育費の算定表

5　実親子関係

a　出生届

(i)　出生届とは

　自然人は出生によって権利能力を取得し（3条1項），権利義務の帰属主体となる。日本人についてであるが，出生した子は，戸籍法に従い，命名され，出生を届け出られることで戸籍に公示され，社会的な存在となる。

　もっとも，法理論的には，自然人は出生しさえすれば，出生の届出といった手続がされなくとも権利能力を取得する（3条1項）。しかし，現実の問題として，出生の届出に連動して住民票が調製され（住民台帳5条・7条），住民票（住民基本台帳）に基づいて義務教育（学教16条）や選挙権（公選21条）といった各種の行政サービスが提供されるから，人が社会生活を営む前提として，出生の届出は必須である。そこで，法は出生届の届出義務者を定め（戸52条），出生の届出を義務としている（同49条）。

(ii)　出生届の内容

　届出義務者は，出生子の父母等である（戸52条）。届出義務者は子の出生から原則として14日以内に出生を届け出なければならない（同49条1項）。届出は，本籍地・住所地・出生地のいずれかで行う（同25条・51条）。

　出生届の記載事項は法定されている。まず，子に命名し，子の氏名を記載する。子の名には法務省令で定める常用平易な文字を用いなければならない（戸50条）。具体的には，常用漢字と人名用漢字を用いることができる。

　その他の記載事項として，子の性別，嫡出子または嫡出でない子の別，出生の年月日時分，出生の場所，父母の氏名，父母の本籍等を記載しなければならない。さらに，医師・助産師等が出産に立ち会った場合には，出生証明書を添付しなければならない（戸49条2項・3項）。**Material**にある通り，出生届と出生証明書は同一の用紙となっている。

　なお，出生届や婚姻届の用紙については，近時，地方自治体がイラストなどを添えた独自の用紙を作成するようになっている（京都市，神戸市などのウェブサイト参照）。

(iii)　出生届をめぐる問題

(a)　虚偽の出生届　　かつては，出生届に医師等による出生証明書が付されていなかったので，虚偽の出生届が横行した。すなわち，A夫婦の間に生まれた新生児Cについて，A夫婦がCの出生を届け出ず，B夫婦にCをあげてしまい，B夫婦が嫡出子としてCの出生を届け出ることが行われていた。生まれたての子を貰ってくることから，「藁の上からの養子」と呼ぶ。このような出生の届出は，虚偽の届出であって，公正証書原本不実記載罪・同行使罪（刑157条・158条）に該当する。虚偽の届出だから，B夫婦とCが戸籍上実親子（嫡出子）と記載されていても，実体法上の親子関係はB・C間に存在しないと評価される。

(b)　無戸籍児　　出生子の親（届出義務者）が，何らかの理由・意図に基づいて，子の出生を届け出ないため子の戸籍が無く，子がパスポートの発給を受けることができない（旅券3条1項2号）といった問題が起きている。無戸籍問題については，戸籍制度を所管する法務省が様々な取組みをするとともに（同省ウェブサイト参照），立法的な解決に向けた検討が続けられている。

(c)　棄児　　棄児とはいわゆる「捨て子」である。棄児の発見者は市町村長に申し出なければならず，市町村長は棄児に氏名をつけ，本籍を定めるなどして調書を作成する。同調書は出生届とみなされる（戸57条）。

(d)　生殖補助医療　　生殖補助医療は不妊治療ともいい，妊娠や出産に人為的に介入することで，内科的・外科的な様々な治療が行われている。

　そのうち，法律上の親子関係を考える上で問

題になるのが，夫婦が

①夫以外の他の男性から精子の提供を受ける（提供精子）

②妻以外の他の女性から卵子の提供を受ける（提供卵子）

③妻以外の他の女性に妊娠・出産を依頼する（代理懐胎）

の3つの態様である（①から③の組み合わせもありうる）。

①提供精子では，妻が妊娠し，子は夫婦の婚姻中に生まれるものの，夫と子の間には血縁関係がない。民法772条（嫡出推定）によって，出生子が夫の嫡出子として推定されるのかどうか，要するに法律上，夫の子なのかどうかが問題となる。

②提供卵子では，妻が子を分娩しているので，判例（最判昭和37・4・27民集16巻7号1247頁）・通説では，法律上の母子関係は妻と子の間に発生する。しかし，卵子を提供した女性と子の間に遺伝的な母子関係が存在すると見ることもできる。

③代理懐胎では，上記②の最高裁判例によれば，子を妊娠・出産した代理母が法律上の母になる。しかし，代理母は法律上の親になるつもりがなく，代理懐胎を依頼した夫婦が親になることを望んだり（最決平成19・3・23民集61巻2号619頁），代理母が依頼者に子を引き渡すことを拒絶するというような問題が起こりうる。

これらのうち①②については，2020（令和2）年に，生殖補助医療の提供等及びこれにより出生した子の親子関係に関する民法の特例に関する法律（同年法律76号）が制定され，一定の解決が示された（同法9条・10条）。しかし，③や「子の出自を知る権利」などについては，今後の課題とされている（同法附則3条）。

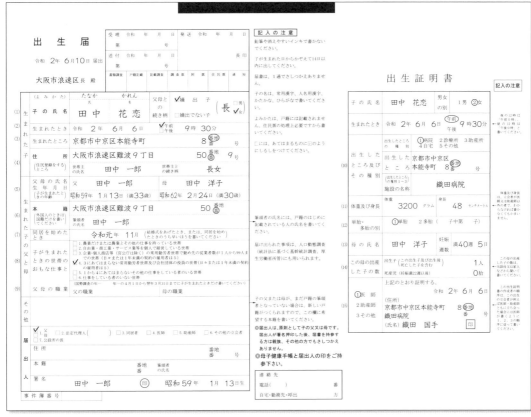

↑ 出生届

b 認知届

(i) 認知とは

母子関係は，母が子を分娩した事実により決定されると解されている。他方，父子関係は，父母が婚姻していれば嫡出推定（772条以下）により，父母が婚姻していなければ認知（779条）により，決定される。つまり，認知とは非嫡出父子関係の決定方法である。条文上，母の認知も想定されているが（同条），非嫡出母子関係は分娩の事実で決定されるとした判例（最判昭和37・4・27民集16巻7号1247頁）により，母の認知は空文化している。

(ii) 認知の種類

(a) **任意認知** 父が自ら子を認知する場合を任意認知という。任意認知は届出で行う（781条1項，戸60条以下）。また，父は，死後に遺言（→9）によって認知することも可能である（781条2項）。この場合には，遺言執行者（1006条，戸64条）が届出を行う。

(b) **成年子認知・胎児認知・死亡子認知** もっとも，父による任意認知が制約される場合がある。①成年に達した子の認知にはその子の承諾を要し，②胎児の認知にはその母（妊婦）の承諾を要する。また，③死亡した子の認知には，その子に直系卑属が存在しなければならない（782条・783条）。

(c) **強制（裁判）認知** ところで，認知しようとしない／できない父に対して，子やその母等は家庭裁判所に認知の調停を申し立てることができる。調停で父子関係の存在について合意が成立すれば，合意に相当する審判（家事277条）により，認知される。合意が不成立の場合，子やその母等は，家庭裁判所に認知の訴えを提起することができる（人訴2条2号）。裁判所がDNA鑑定等を経て認知を命じるので，強制（裁判）認知という。ただし，父

の死亡日から3年以内に訴えを提起しなければならないという出訴期間の制限がある（787条ただし書）。

(iii) 認知の効力

認知がなされると，父子関係は子の出生時に遡及して発生していたことになる（784条）。被認知子については，子の氏（791条1項），子の親権者（819条4項），相続権（887条1項）等の効力を生じる。

(iv) 準 正

準正とは，嫡出でない子に嫡出子の身分を取得させる方法である（789条）。未婚の女性が産んだ子を男性が認知し，その後，男性と女性が婚姻したような場合が典型である。

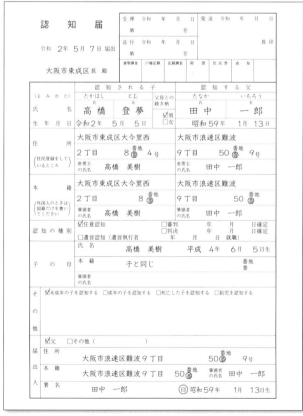

↑ 認知届

6 養親子関係

a 養子縁組届・養子離縁届

(i) 養子縁組とは

縁組とは，養親と養子の間に法定血族関係（727条）および嫡出親子関係（809条）を発生させる法律上の制度である。そして，縁組の解消を離縁という。

また，民法792条〜817条の手続による縁組を普通養子縁組，同817条の2〜817条の11の手続による縁組を特別養子縁組という（→ b）。

(ii) 普通養子縁組の成立

普通養子は，養子の年齢・養親と養子の間の親族関係の有無により，要件を異にする。

	非親族間	親族間
養子＝成年者	①	
養子＝未成年者	②	③

①については，尊属・年長者養子の禁止（793条），成年後見人が成年被後見人を養子にする場合の家庭裁判所の許可（794条），配偶者の同意（796条）以外の制約がなく，届出で成立する。

②については，養子が15歳未満の場合は法定代理人（親権者）の代諾により，15歳以上であれば本人の意思により届出で成立するが，未成年者の福祉の観点から家庭裁判所の許可を必要とする（797条・798条）。

③については，養親が自分の孫を養子にしたり，配偶者のいわゆる連れ子を養子にしたりする場合であれば，家庭裁判所の許可は不要である（798条ただし書）。

(iii) 普通養子縁組の解消：離縁

縁組の当事者の合意による協議離縁（811条），家庭裁判所の調停ないし審判による離縁（家事284条），裁判上の離縁（814条）がある。

Material は，未成年者について非親族間の縁組が家庭裁判所の許可を得てされたところ，養子の成年到達後に協議離縁したというものである。

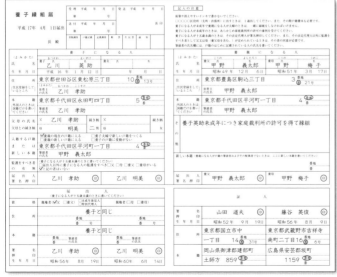

↑ ① 養子縁組届

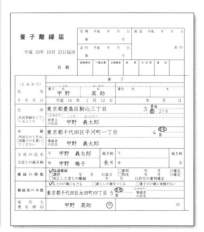

↑ ② 養子離縁届（部分）

b　特別養子の戸籍

(i)　特別養子縁組とは

普通養子（→a）は，家業の承継・節税対策・介護者確保など様々な目的で行われている。いわば契約的な親子関係である。これに対して，特別養子は，子の養育が実親によって適切に実現されない場合に，その子に対して法が家庭的な養育環境を与えるという制度である。したがって，同じ縁組と言っても，普通養子と特別養子とでは根本的に異なる。

(ii)　普通養子と特別養子の比較

両縁組の主な違いは以下の点である。

	普通養子	特別養子
①養親	20歳以上（792条）	原則25歳以上（817条の4）
②夫婦共同縁組	一定の場合（795条）	原則必須（817条の3）
③養子	尊属・年長者不可（793条）	原則15歳未満（817条の5）
④成立方法	当事者の届出（799条）	家庭裁判所の審判（817条の2）
⑤実方との関係	存続	断絶（817条の9）
⑥離縁	原則当事者の協議（811条）	原則不可（817条の10）

特別養子は，実親に代わり養親に子の適切な養育環境を作らせる制度である。そのため，①②の要件を通じて，養親と養子の間に年齢差を要求し，養親を夫婦に限定する。また，特別養子は子の福祉のための制度だから，④家庭裁判所を関与させて子の福祉の実現を担保するとともに，⑤特別養子縁組の成立によって実方との親族関係を断絶し，⑥原則として離縁ができないなど，重大な法的効果が発生するので，同裁判所の判断にかからせる。なお，③の要件は，2019（令和元）年の民法改正で，原則15歳未満（例外的に18歳未満）に引き上げられたものである。

(iii)　戸籍の記載

戸籍制度の下では，全国民の親族関係が公示される。しかし，特別養子制度は，実親子関係に限りなく近い親子関係を創設するものだから，子が特別養子であることが容易に判明するのは好ましくない。そこで，特別養子については，実親の戸籍 α から子の単独の戸籍 β を作成し，β から養親の戸籍 γ に入籍させるという処理をして，縁組の事実を簡単にたどれないようにしている。養親の戸籍には，「養子」という文言も実親についての情報も一切現れない。

▲ ① 普通養子の戸籍　　　　　　　　　　　　　　　　　▲ ② 特別養子の戸籍

7 親 権

児童虐待への対応

(i) 親権とは

親権とは，親権者が未成年の子を監護教育し，子の財産を管理する権利かつ義務である（820条～824条）。法律用語としては親〈権〉であるものの，今日では，親が子を適切に養育しなければならないという義務の要素が大きいと理解されている。大多数の親権者は，監護教育および財産管理を適切に行うはずだし，子が管理を必要とするほどの財産を有することは稀である。しかし，親権者が子を虐待したり，子の財産を流用したりするなど，親権が適切に行使されない場合もある。

(ii) 親権の不適切な行使

親から子への暴力は，親権の不適切な行使であるが，民法が親権者に懲戒を認めているため（822条），「しつけ」と称して暴力を正当化する親権者は少なくない。そこで，2000（平成12）年に「児童虐待の防止等に関する法律」（児童虐待防止法）が制定され，児童虐待に対処することになった。

(iii) 児童虐待

児童虐待には，身体的虐待・性的虐待・保護の懈怠（ネグレクト）・心理的虐待がある（児童虐待2条）。当初の立法は，とにかく子を親から離し（親子分離），子を保護する（危機介入）ことを目指した。つづく2004（平成16）年の改正では，子の自立支援と家族の再統合が掲げられた。しかし，その後も虐待で生命を失う子は減少せず，むしろ虐待が拡大激化している様相があることから，2007（平成19）年の改正では，懸案であった強制調査が可能とされた。虐待が疑われる場合に，裁判所の許可を得た都道府県の児童相談所（児福12条）に対して住居等の立ち入り調査（臨検）と子の捜索をする権限が与えられたのである（児童虐待9条の3）。

さらに，2019（令和元）年の改正では，親権者が，「児童のしつけに際して，体罰を加えること」が禁止された（児童虐待14条）。

Materialは児童虐待への対応の概略図である。

(iv) 民法の対応

児童虐待等の親権の不適切な行使に対応するため，民法には親権喪失（834条），親権停止（834条の2），管理権喪失（835条）という制度がある。これらのうち，親権停止は，2011（平成23）年の改正で設けられた制度である。

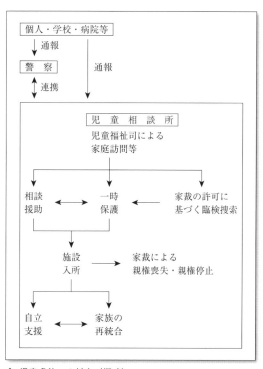

↑ 児童虐待への対応（概略）

8 法定相続

a 相続関係図

(ⅰ) 死亡と財産の帰属

人は，死亡により（882条参照），財産の帰属主体でなくなる。その財産（遺産／相続財産）は，遺言（→9）があれば遺言に基づき（遺言による財産承継），無遺言であれば法律の規定に基づき承継される（法定相続）。死者を被相続人，相続する者を相続人という。相続人が複数の場合を共同相続（人）という。また，相続開始前だが，将来，相続が開始したら相続するであろう者を推定相続人という。

(ⅱ) 相続人

(a) **配偶者相続人**　法律婚の配偶者は，常に相続人となる（890条→3）。

(b) **血族相続人**　被相続人の血族は以下の順に相続人となる。第1順位：子ないし直系卑属，第2順位：直系尊属で親等の近い者，第3順位：兄弟姉妹ないしその子（被相続人の甥姪）。第1順位がいれば，第2・第3順位の者は相続しない。第1順位がいなければ第2順位が，第1・第2順位がいなければ第3順位が相続する（887条・889条）。

(c) **代襲相続人**　直系卑属（第1順位），甥姪（第3順位）が相続する場合を代襲相続という。

(ⅲ) 法定相続分

共同相続人の組み合わせによって，各相続人の法定相続分が決定される（900条）。同順位の相続人が複数いれば，各人の相続分は等しいが（均分相続），同順位でも全血の兄弟姉妹と半血の兄弟姉妹では相続分が異なる（同条4号）。

血族相続人＋配偶者相続人の場合の法定相続分		
第1順位（子ほか）	1／2	配偶者1／2
第2順位（直系尊属）	1／3	配偶者2／3
第3順位（兄弟姉妹ほか）	1／4	配偶者3／4

(ⅳ) 例

Material で説明しよう。

① 被相続人A➡相続人B（配偶者）・D（嫡出でない子）・EF（嫡出子）
　　→法定相続分B 1/2・DEF各1/6
② 被相続人B（AEはBより先に死亡）➡相続人F（子）・IJ（代襲相続人）
　　→法定相続分F 1/2・IJ各1/4
③ 被相続人J➡相続人EG（直系尊属）
　　→法定相続分EG各1/2
④ 被相続人J（ABEGはJより先に死亡）➡相続人I（兄弟姉妹）
　　→Iの単独相続（1/1）

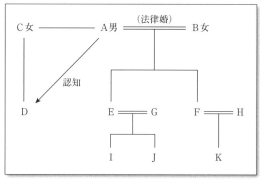

⬆ 相続関係図

b 遺産分割協議書

(ⅰ) 遺産分割とは

遺言による財産の処分等が無い場合には，一部の例外を除いて，被相続人に属した一切の権利義務はすべて相続人に帰属する。これを包括承継（主義）と言う（896条）。例えば，相続財産（遺産）が，ⅰ居住用土地建物，ⅱ家具等動産，ⅲ預貯金債権で構成されており，共同相続人が配偶者(法定相続分1/2)・長男(1/4)・長女(1/4)

の場合には，次のようになる。

　①②については，土地・建物・動産それぞれについて，とりあえず相続分の割合で共同相続人の共有となる（遺産共有，898条）。③について，最高裁判所は預貯金債権（金銭債権＝可分債権）が遺産分割の対象にならないと解してきたところ（最判昭和29・4・8民集8巻4号819頁），近時，判例が変更されたことから，預貯金債権は遺産分割の対象に含まれることとなった（最大決平成28・12・19民集70巻8号2121頁）。したがって，①②③について，共同相続人は，遺産分割手続を経て共有状態を解消しなければならない。

(ⅱ) 遺産分割の方法

　①　現物分割　　民法は，遺産分割を含めた共有物分割に関し，現物分割を原則とする。だが，相当な面積の土地なら現物分割（分筆）は可能としても，一般には困難であろう。また，建物についてはほとんど不可能であろう。家具（動産）を切り分けるのも意味がない。これらの財産を分割せず共有のままにもできるが，それは問題の先送りに過ぎない。

　②　換価分割　　共同相続人の中に上記①の単独取得を望む者がいなければ，①を売却し，代金を相続分の割合で共同相続人間で分配すればよい。これを換価分割という。

　③　代償分割　　共同相続人の一人が①の単独取得を望み，他の共同相続人も同意するのであれば，単独取得者から他の共同相続人に①の相続分に相当する金銭（代償金）を支払わせればよい。これを代償分割という。

　現実の相続事件では，様々な相続財産が存するので，①②③を組み合わせて分割することが多い。

(ⅲ) 遺産分割の手続

　遺産分割は共同相続人の協議で行うのが原則であるが，協議が調わない場合には，家庭裁判所の調停・審判で行う（907条，家事別表第二12項）。遺産分割協議（協議分割）にあたって作成されるのが，「遺産分割協議書」である。遺産分割協議書には法定の様式等があるわけではなく，書式は自由である。

　Material は，被相続人（夫）の相続財産のすべてを配偶者（妻）が取得し，他の共同相続人（長男・長女）に代償金を支払う趣旨の遺産分割協議書である。なお，私文書なので，実印は必須ではないが，当事者の真意を明らかにし，かつ，不動産の移転登記に実印が要求されるので，実印を用いるのが望ましい。

c　相続放棄申述書

(ⅰ) 相続人の選択

　相続が開始すると，相続財産は原則として相続人に包括承継される（896条）。相続財産は積極財産（不動産・現金・預貯金債権など）と消極財産（債務・義務）で構成される。消極財産が積極財産を超過する債務超過状態であれば，通常，

遺産分割協議書

被相続人　田中太郎（令和2年7月10日死亡）

　被相続人田中太郎の共同相続人3名は，下記の遺産につき，以下の通り分割協議をした。
　一　京都市北区金閣寺町2丁目4番　宅地　175平方メートル
　一　京都市北区金閣寺町2丁目4番6号　住宅　木造平屋建60平方メートル
　一　京都北信用金庫の田中太郎名義の普通預金および定期預金
　一　その他，現金，動産等一切の財産
　上記遺産については，相続人田中花子が全部を単独で取得するものとし，同人は相続人田中一郎および同田中春子に代償金として各500万円を令和2年12月末日限り支払うものとする。
　相続人間において，以上の通り遺産分割協議が成立したので，成立の証として本協議書正本3通を作成し，各相続人が1通ずつ保管するものとする。

令和2年10月23日

　　　　　　　　　　　　　　被相続人田中太郎　相続人
京都市北区金閣寺町2丁目4番6号　　　　　　田中花子　（実印）
大阪市浪速区難波9丁目50番9号曽根崎荘8号室　田中一郎　（実印）
京都市中京区本能寺町300番カーサノブナガ201号　田中春子　（実印）

▲ 遺産分割協議書

相続人は承継を望まない。また，相続人に被相続人の債務を強制的に承継させることは，近代法の建前からも許されない。そこで，民法は，包括承継としての単純承認（920条）を標準形としながら，単純承認・限定承認（→d）・相続放棄（938条）の3つを設け，相続人の選択にかからせることにした。

(ii) 相続放棄の申述

相続財産の承継を望まない相続人は，相続開始を知った時から3か月以内に相続放棄を家庭裁判所に申述しなければならない。この3か月を熟慮期間という。相続財産の調査に3か月で足りなければ，家庭裁判所に期間の伸長を請求できる（915条）。

申述は口頭ではなく，**Material** のように，家庭裁判所に備付けの申述書に必要事項を記入して，家庭裁判所に提出する（家事201条）。

問題は，熟慮期間経過後に，被相続人の過大な債務が判明し，急遽，相続人が相続放棄の申述をする場合である。家庭裁判所は熟慮期間経過後でも相続放棄の申述を受理する。しかし，申述が受理されても，債権者が熟慮期間経過後にされた申述の効力を争うことも少なくない（最判昭59・4・27民集38巻6号698頁，最判令和元・8・9民集73巻3号293頁）。また，相続人が，相続財産を取得し，その後に債務の存在が判明してから申述するような場合には，家庭裁判所が申述を却下することもある。

(iii) 相続放棄の効果

相続を放棄すると，その相続に関し，最初から相続人でなかったとみなされる（939条）。例えば，被相続人＝母，相続人＝長男・長女・二女の場合，長男が母の相続を放棄すれば，長男は相続人でなくなり，長女と二女が各1/2の割合で相続することになる。

(iv) 相続放棄が認められない場合

相続人が，放棄前に相続財産の全部または一部を処分したり，放棄後に相続財産の全部または一部を隠匿・消費したような場合には，単純

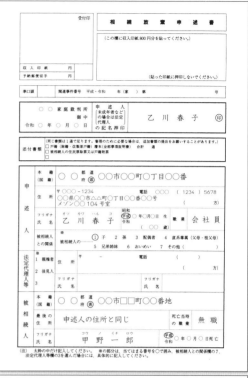

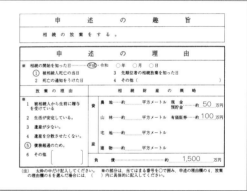

↑ 相続放棄申述書

承認したものとして扱われるので注意が必要である。これを法定単純承認という（921条）。

d 限定承認申述書

(i) 限定承認とは

相続に関し，相続人には，単純承認・限定承認・相続放棄（→c）の3つの選択肢がある（915条）。これらのうち，単純承認では相続人は被相続人の権利義務を包括承継し（896条），相続

放棄では相続人は初めから相続人でなかったものとみなされる（939条）。

限定承認とは，相続人は被相続人の権利義務を一応包括承継するが，承継した積極財産の限度で消極財産（債務）を相続債権者に弁済しさえすれば，相続人は超過債務分について責任を免れるという制度である。

例えば，相続財産が積極財産1000万円および消極財産2000万円であるとする。単純承認では，相続人は差し引き1000万円の消極財産を承継し，相続人の固有財産から相続債権者にこの1000万円を弁済しなければならない。相続放棄では，相続人は相続人でなくなるから，積極・消極いずれの財産も承継せず，相続に無関係となる。相続人が限定承認を選択すると，承継した積極財産1000万円は全額債務の弁済に充てられる。それでもなお，消極財産1000万円が残るが，相続人は固有財産で相続債権者に弁済する責任を負わないのである。

(ii) 限定承認の申述

限定承認が選択されるのは，相続財産が債務超過かどうか明らかでない場合や，中小企業の経営者が被相続人で，相続人が経営を承継しないような場合であろう。

限定承認も，相続放棄と同様に，家庭裁判所に備付けの限定承認申述書に必要事項を記入して行う（924条）。相続人が複数いる共同相続の場合には，限定承認は相続人全員で行わなければならないので，注意が必要である（923条）。

(iii) 限定承認の効果

限定承認がされると，限定承認をした相続人が相続財産を管理し，相続債権者に公告を行い，相続債権者に対して相続債務を弁済していく。相続財産に対して担保権等を有する相続債権者に対して優先的に弁済が行われ，弁済期前の債権も弁済の対象となるなど破産手続に類似の清算が行われる。また，被相続人が遺贈（→9）をしていた場合には，相続債権者に弁済を終えてなお残余財産があれば，遺贈が履行されることになる（926条以下）。

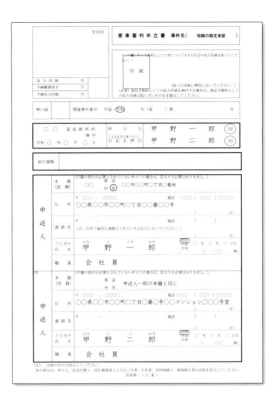

↑ 限定承認申述書

e 特別受益証明書

(i) 相続分の調整

法定相続分（→a）は，相続分の一応の基準に過ぎず，法定相続分で遺産分割が行われるとは限らない。公平な遺産分割には，相続開始前に被相続人から一部の相続人に贈与された財産や，被相続人の相続財産に含まれているものの，実は一部の相続人の寄与・貢献によって形成・維持された財産に配慮しなければならない。前者を特別受益（903条），後者を寄与分（904条の2）といい，これらによって調整された相続分を具体的相続分という。

(ii) 計算方法

(a) **特別受益**（903条） 相続人＝配偶者・長男・長女，相続財産3000万円で，長男が被相続人から生前に開業資金として1000万円贈与されていた。この1000万円は長男の特別受益となる。具体的相続分は，(1)相続財産に1000万円を計算上算入して（持ち戻し）3000万円＋1000万円＝4000万円と考える。この4000万円を「みなし相続財産」という。(2)みなし相続財産を各相続人の法定相続分で分配する。配偶者＝4000万円×1/2＝2000万円，長女4000万×1/4＝1000万円，長男4000万円×1/4＝1000万円となる。(3)長男については贈与された1000万円を控除して4000万円×1/4－1000万円＝0円とする。具体的相続分は，配偶者2000万円（2/3），長女1000万円（1/3），長男0円（0）となる。

(b) **寄与分**（904条の2） 相続人＝配偶者・長男・長女，相続財産3000万円で，長女が長期間無償で被相続人を在宅で介護した。被相続人が介護施設に入居したり，訪問ヘルパーを頼んだりしたら，それらの費用で相続財産が減少したであろう。長女が無償で介護したので相続財産3000万円が維持されたと考えられる。このような場合に，長女の寄与を認め，寄与に相当する分の財産を長女に優先的に取得させる。寄与分は，相続人間の協議で定めるが，協議で

定められなければ，家庭裁判所が定める。長女の寄与分が300万円に決まったとする。具体的相続分は，(1)3000万円－300万円＝2700万円（みなし相続財産），(2)配偶者2700万円×1/2＝1350万円（9/20），長男2700万円×1/4＝675万円（9/40），長女2700万円×1/4＋300万円＝975万円（13/40）となる。

(iii) 特別受益証明書

上記(ii)(a)のような場合，相続財産3000万円に対する長男の取得分は0である。「配偶者2/3，長女1/3，長男0」という内容の遺産分割協議もできるが，実務ではこのような場合にMaterialにある「特別受益証明書」を長男に作成してもらい，長男を相続手続から実質的に離脱させる。特別受益証明書は私文書で，他にも「相続分皆無証明書」，「相続分不存在証明書」，「相続分なきことの証明書」などの名称で作成される。長男が相続財産3000万円に対して権利を主張しないに等しいので，「事実上の相続放棄」とも称される。

しかし，あくまでも「事実上の相続放棄」に過ぎず，法律上の相続放棄（→c）とはならず，相続人とならなかったものとはみなされないため，事実上の相続放棄をした相続人も，相続債権者から相続債務の追及を受ける可能性があるので，注意が必要である。

特別受益証明書

　私は，被相続人田中太郎（父）から生計の資本として私の相続分に相当する財産について贈与を受けましたので，同人の死亡による相続について，私の相続分が存在しないことを認めます。
　令和2年10月23日
　　大阪市浪速区難波9丁目50番9号曽根崎荘8号室
　　被相続人　田中太郎　相続人　田中一郎　（実印）

↑ 特別受益証明書

f　相続人の捜索の公告

(i)　相続人不存在

わが国の相続制度は包括承継主義なので（→b），相続財産を承継すべき相続人がいないのは，不規則な事態である。とはいえ，相続人の範囲は限られているから（→a），親族であっても相続人になれない場合が生じる。例えば，いとこ同士は，親戚づきあいがあっても，互いに相続人ではない。そして，被相続人が日本人なら戸籍に基づいて（→2b），ほぼ100％の確率で相続人の存否が分かるから，戸籍上，相続人が皆無なような場合には，相続財産の処理を考える必要が生じる。

(ii)　手　続

相続人の存在が不明な場合，相続財産自体に法人格が付与され，家庭裁判所が相続財産管理人を選任し，相続財産を保護する。その際，家庭裁判所は，Material ①の「相続財産管理人の選任」を官報で公告する。この公告後から2か月以内に相続人が明らかにならなければ，相続財産管理人が，相続債権者等に対して一定期間内（2か月以上）に債権等を申し出るよう公告する。同期間の満了後，なお相続人が明らかにな

らなければ，家庭裁判所は相続人に対して一定期間内（6か月以上）に申し出るよう Material ②の「相続権主張の催告」を官報で公告する。これでも相続人が明らかにならなければ，実際にはどこかに相続人がいたとしても，その相続人は相続する権利（相続権）を失う。相続財産管理人は，相続債権者等に対して弁済をするが，その結果，相続財産が残存した場合に問題となる（951条～958条の2）。

(iii)　特別縁故者

いとこなど相続人になれない親族，内縁配偶者，隣近所の住民など，被相続人と特別の縁故があった者の請求に基づいて，家庭裁判所がそれらの者に残余財産を分与する。これを特別縁故者制度という（958条の3）。

なお，相続財産中に共有不動産の持分がある場合（255条）であっても，特別縁故者が他の共有者に優先して分与を受けることができる（最判平成元・11・24民集43巻10号1220頁）。

(iv)　国庫帰属

特別縁故者からの請求がなかったり，特別縁故者に分与した後になお残余財産があれば，残余財産は国庫に帰属する（959条）。

次の被相続人について、相続人のあることが明らかでないので、その相続財産の管理人を次のとおり選任した。
令和2年（家）第2007号
　京都市北区金閣寺町2丁目4番6号
　申立人　田中　花子
　本籍京都市北区金閣寺町2丁目4番7号、最後の住所本籍に同じ、死亡の場所京都市北区、死亡年月日令和2年1月10日、出生の場所本籍に同じ、出生年月日昭和13年1月1日、職業無職
　被相続人　亡　衣笠　まつ
　京都市中京区本能寺町4番5ノブナガビル2階
　相続財産管理人　弁護士　桑田耕太郎
　　　　　　　　　　　　　　京都家庭裁判所

↑ ①　相続財産管理人の選任

次の被相続人の相続財産に対し相続権を主張する者は、催告期間満了の日までに当裁判所に申し出てください。
令和2年（家）第3007号
　京都市中京区本能寺町4番5ノブナガビル2階
　相続財産管理人　弁護士　桑田耕太郎
　本籍京都市北区金閣寺町2丁目4番7号、最後の住所本籍に同じ、死亡の場所京都市北区、死亡年月日令和2年1月10日、出生の場所本籍に同じ、出生年月日昭和13年1月1日、職業無職
　被相続人　亡　衣笠　まつ
　催告期間満了日　令和2年12月15日
　　　　　　　　　　　　　　京都家庭裁判所

↑ ②　相続権主張の催告

(i)　相続税とは

相続税とは，相続によって被相続人から相続人に財産の移転が発生することに着目して課される財産税である。相続人が相続という労働によらない方法で財産を取得するので，不労所得に対する課税である。相続税は，家族による富の独占を排し，貧富の格差を是正して，社会的公平を確保する装置の役割を担っている。

しかし，わが国の相続税制度は，本来の目的を必ずしも達成できていない。

まず，相続税が課税される相続は，相続全体の10%弱に過ぎない。相続は死亡によって開始するので（882条），わが国では1年間に約140万人が死亡するから，約140万件の相続が発生しているはずである。ところが，これらのうち，相続税の課税対象となる相続は約12万件に留まっている。

つぎに，税額の控除項目が多数用意されており，富裕層を様々な方法で優遇しているようにも見える。

さらに，課税方式が，遺産取得税方式を基礎にしながらも遺産税的な要素が組み込まれているという折衷的な方式であり，税額の計算が複雑で非常に分かりにくいものになっている。

(ii)　相続税の申告手続

税務署に備付けの「相続税の申告書」に必要事項を記入して申告しなければならない。申告期限は，相続開始（被相続人の死亡）から10か月である（相税27条）。

その他，国税庁ウェブサイト（タックスアンサー，http://www.nta.go.jp/）および財務省ウェブサイト（http://www.mof.go.jp/）で詳しい情報が得られる。相続税の申告書は膨大なので，ここでは Material として「相続税の申告書　第1表」と「同　第2表　相続税の総額の計算書」の記入例を掲げる。

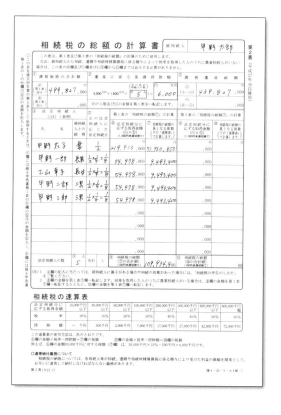

↑　相続税の申告書，相続税の総額の計算書

9 遺 言

a 自筆証書遺言

(i) 遺言の方式

人の死亡を原因とする財産承継は，同人が遺言をしていれば，遺言で行われるのが原則である（→8a）。遺言を作成するか否か，何度・何通作成するか，遺言の内容をどうするかは，基本的に遺言者の自由に委ねられる（遺言自由の原則）。とはいえ，遺言は遺言者の死亡により効力を生じるから（985条），遺言が遺言者の真意に基づくものか，改竄や変造がされていないかなどの疑問が生じても，遺言者本人に確認できない。そこで民法は，遺言を厳格な要式行為とすることで（960条），遺言の真正を担保することにした。

(ii) 普通方式と特別方式

遺言の方式は，普通方式と特別方式に大別される。

普通方式には自筆証書遺言・公正証書遺言（→b）・秘密証書遺言（970条）の3種が，特別方式には，死亡危急遺言・伝染病隔離者遺言・在船者遺言・船舶遭難者遺言の4種（976条以下）がある。計7種のうち，現実に用いられているのは自筆証書遺言と公正証書遺言であり，他はほとんどあるいはまったく利用されていない。

(iii) 自筆証書遺言

遺言の最も基本的な方式である。遺言者は，すべての内容（全文），日付，署名をすべて自分の手で書くことが原則である。そして，押印をしなければならない（968条）。一見簡単なようだが，そうではない。例えば，日付を「平成19年1月吉日」と記載したら，年月日が特定できないので無効になる（最判昭和54・5・31民集33巻4号445頁）。また，筆跡が明らかに遺言者のものでも，押印がなければやはり無効である。

他方，用紙や筆記具の種類は法定されていないので，自由である。印もいわゆる実印でなく，いわゆる三文判で構わない。条文上，自筆証書を封筒に入れることは求められていないが，封入されていた場合には，勝手に開封することは許されない（1004条・1005条）。

Material ①の遺言は，遺言者が妻に全財産を承継させる趣旨の遺言である。このように特定の相続人に特定（あるいは全部）の財産を承継させる遺言を〈「相続させる」旨の遺言〉というが（最判平成3・4・19民集45巻4号477頁），2018（平成30）年の民法改正によって，そのような遺言を「特定財産承継遺言」と呼ぶこととなった（1014条）。

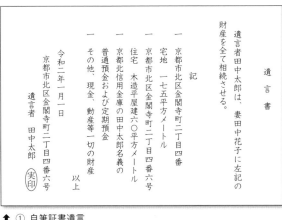

↑ ① 自筆証書遺言

⑷ 自筆証書遺言の保管制度

2020（令和2）年7月から，全国約300か所の法務局において，自筆証書遺言を保管する制度が開始された（法務局における遺言書の保管等に関する法律）。Material ②は，遺言者が法務局に遺言書の保管を申請する際の「保管申請書」の一部である。また，Material ③は，遺言者が法務局に遺言書の保管を依頼した際に，法務局から遺言者に交付される「保管証」である（法務省ウェブサイト参照）。

↑ ② 遺言書の保管申請書

↑ ③ 自筆証書遺言の保管証

b 公正証書遺言

⒤ 公正証書とは

公正証書とは，公証人によって作成される書面であり，契約関係や事実の存在を公的に証明する書面のことである。公証人は，公証人法に基づいて法務大臣から任命されるが，国から給与を受けず，依頼者からの手数料を収入にしている，特殊な公務員である。公証人が勤務している場所を公証（人）役場と呼ぶ。公証人のほとんどは元検察官・元裁判官である。

公証人の職務は，遺言証書の作成（969条），株式会社の定款の認証（会社30条），確定日付の付与（民施5条），保護命令の申立書に添付する書面の認証（配偶者暴力12条2項），尊厳死宣言公正証書（日本公証人連合会ウェブサイト https://www.koshonin.gr.jp/ 参照）など多岐にわたる。

(ii) 公正証書遺言の作成

174頁の **Material** の公正証書遺言の作成は，条文によると以下のような手順となる（969条）。

① 遺言者が証人2人以上を連れて，公証役場を訪れる。証人の欠格事由（974条）に注意しなければならない。

② 遺言者が遺言の趣旨を公証人に口授する。

③ 公証人は遺言者の言葉を筆記し，筆記した内容を遺言者と証人に読み聞かせる。

④ 遺言者と証人は③の筆記が正確にされたことを確認し，それぞれ署名押印する。

⑤ 公証人が①から④の方式に従って作成した旨を付記して，署名押印する。

以上で遺言公正証書の完成である。

もっとも，一般の市民がいきなり公証役場に行き，公正証書遺言の作成を公証人に嘱託することは考えにくい。多くの場合，遺言者は弁護士・司法書士・税理士等に遺言の作成について相談し，公正証書遺言を勧められて，同遺言の作成を選択していると思われる。その場合，遺言者と弁護士等，弁護士等と公証人との間で，遺言の内容について事前に打ち合わせが入念に行われて同遺言が作成される。

↑ 公証役場

(iii) 公正証書遺言と自筆証書遺言の比較

公正証書遺言は，自筆証書遺言と異なり，自書要件（968条1項）がないので，手が不自由で筆記ができない者も，会話ができれば作成可能である。また，会話ができない者でも，手話通訳等を介して作成することもできる（969条の2）。

また，遺言者が病気・高齢等によって，公証役場に出向くことができない場合には，公証人が自宅・病院等に出張することも可能である。

公証役場には遺言の原本が保存されるので，遺言者に交付された遺言が滅失したり紛失されたりしたような場合でも，保存されている原本に基づいて再製することができる。

普通方式の遺言のうち，実際に利用されている自筆証書遺言（→a）と公正証書遺言には，次表のような特徴がある。遺言者は，それぞれの遺言の長所短所を理解して，選択をするとよいだろう。

	自筆証書遺言	公正証書遺言
作成	容易	役場に行く必要有
費用	無	手数料必要
正確な記述	難しい	公証人が関与するので曖昧にならない
紛失・改竄	起こりうる	起こりえない
秘密保持	秘密にできる	役場に行ったことや証人から知られる可能性有
遺言の発見	発見されない可能性有	遺言検索システムにより発見可能

令和２年　第２０５号

遺　言　公　正　証　書

本公証人は，遺言者田中太郎の嘱託により，証人桑田耕太郎，同織部悠の立会のもとに，次のとおり，遺言者の口述を筆記して，この証書を作成する。

遺　言　事　項

第１条　遺言者は先に平成３０年１月９日京都地方法務局所属公証人御所繁雄に対してなした公正証書による遺言（平成３０年第９号）を全部取消す。

第２条　遺言者は自己の所有する一切の財産をつぎの者に相続させる。

〔相続人の表示〕

（住所）京都市北区金閣寺町２丁目４番６号

（職業）なし

（続柄）遺言者の妻

（氏名）田　中　花　子

（生年月日）昭和３２年２月４日

第３条　遺言者は本遺言の執行者としてつぎの者を指定する。

（住所）京都市中京区本能寺町４番５ノブナガビル２階

（職業）弁護士

（氏名）桑田耕太郎

（生年月日）昭和３０年９月１０日

以上

本　旨　外　要　件

〔遺言者の表示〕

（住所）京都市北区金閣寺町２丁目４番６号

公証人役場

（職業）なし

（氏名）田中太郎

（生年月日）昭和２６年１月１日

遺言者は本公証人と面識がある。

〔証人の表示〕

１（住所）京都市中京区本能寺町４番５ノブナガビル２階

（職業）弁護士

（氏名）桑田耕太郎

（生年月）平成５年９月

２（住所）京都市中京区寺町５００番１

（職業）事務員

（氏名）織部悠

（生年月）平成５年７月

前記遺言事項を遺言者及び証人に読み聞かせたところ，各自その筆記の正確なことを承認し次に署名押印する。

遺言者　　田　中　太　郎　㊞

証人　　桑　田　耕　太　郎　㊞

証人　　織　部　　悠　㊞

この証書は，令和２年１０月１日本公証人役場において，民法９６９条１号ないし４号の方式に従って作成し，本公証人次に署名押印する。

京都市中京区烏丸御池町１番１号

京都地方法務局所属

公証人　御　所　繁　雄　公証人印

公証人役場

↑ 公正証書遺言

c 相続財産目録

（i） 相続財産目録と遺産目録

民法では，「相続財産」と「遺産」という用語が厳密に使い分けられていない。そのため，被相続人（遺言者）の残した財産のリストの名称として，法文上は「相続財産目録」が用いられているものの，実務では「遺産目録」が用いられることも多い。他方，「相続財産分割」とは決して言わず，この場合には「遺産分割」が法文上も実務上も用いられており，注意が必要である。

（ii） 相続財産目録（遺産目録）が作成される場合

相続財産目録が作成されるのはどのようなときだろうか。大略，次の①から⑥のような場合に相続財産目録が作成される。

① 遺産分割協議書に添付する場合　　共同相続人が遺産分割協議書（→8b）を作成する際に，遺産が少なければ同協議書中に相続財産（遺産）を列挙すればよいが，財産が多数に及ぶ場合は別紙として相続財産目録を作成し，同協議書に添付する。また，相続人が家庭裁判所に遺産分割調停・同審判（家事191条・244条）を申し立てる際にも必要である。

② 限定承認の場合（924条）・③ 財産分離の場合（943条2項）　　これらの場合には，民法上，相続財産目録の作成が相続人に義務付けられている。

④ 相続人不存在の場合（953条）　　家庭裁判所に選任された相続財産管理人は相続財産目録を作成しなければならない。

⑤ 遺言に添付する場合　　相続財産が多いとか，財産関係が複雑な場合には，遺言者が遺言本体とは別に，相続財産目録を作成し，遺言に添付することがある（968条2項）。

⑥ 遺言執行者が就職した場合（1011条）　遺言執行者は相続財産目録を作成し相続人に交付しなければならない。

Material ①は，④の相続人不存在の場合に，相続財産管理人として家庭裁判所から選任された弁護士が，相続財産目録を作成した例である。Material ②は，⑤の遺言者が自筆証書遺言に別紙として添付した例である。

相続財産目録

被相続人衣笠まつ（令和元年12月10日死亡）の相続財産は下記の通りである。

記

I　積極財産
1．京都市北区金閣寺町2丁目4番　宅地　470平方メートル
2．京都市北区金閣寺町2丁目4番7号　木造2階建住宅　150平方メートル
3．㈱鴨川銀行北支店　普通預金（口座№7855211）188万2301円
4．同　定期預金（口座№2998989）　4233万円
5．鴨川工業㈱　普通株式（額面50円）　2万株
6．上記2の住宅内に存する衣類・日用品等の動産一式

II　消極財産
1．令和2年度固定資産税　12万6800円
2．京都北病院入院・手術費用　4万2500円
3．京都在宅給食サービス㈱給食代金　9450円

以上

令和2年5月1日
被相続人衣笠まつ相続財産管理人
京都市中京区本能寺町4番5ノブナガビル2階
弁護士　桑田耕太郎

↑ ① 相続財産目録

別紙

遺産目録

遺言者田中太郎の遺産は下記の通りである。

記

一　京都市北区金閣寺町2丁目4番　宅地175平方メートル
一　京都市北区金閣寺町2丁目4番6号　住宅　木造平屋建60平方メートル
一　京都北信用金庫　普通預金（口座№446691）
一　京都北信用金庫　定期預金（口座№298924）
一　㈱おこしやすコーポレーション　普通株式（額面5万円）100株

以上

令和2年1月1日
遺言者　田中太郎　（実印）

↑ ② 遺産目録

10 遺留分

遺留分権利者と遺留分割合

(i) 遺留分とは

遺言者には遺言の自由があるので（→9a），例えば，相続人でない者に全財産を包括的に承継させることも可能である（遺贈）。しかし，このような財産処分が行われると，相続を期待していた相続人にとっては生活に困窮するような事態が生じる。そこで，民法は，遺言の自由を一定の範囲で制限し，遺言者が処分した財産について，一部の相続人に取り戻す権利を与えることにした。この権利を遺留分権，遺留分を有する相続人を遺留分権利者，遺留分権の行使を遺留分侵害額請求権という。なお，遺留分の制限を受けない部分を講学上「自由分」という。

(ii) 遺留分侵害額の算定

遺留分侵害額請求権の対象となる財産の範囲は，相続財産（遺産）の範囲と同じではない。遺留分算定の基礎となる財産の範囲は，次のように算定する。

まず，被相続人（遺言者）が相続開始時に有していた財産の価額に，被相続人が生前に贈与した財産の価額を加え，そこから被相続人の債務（相続債務）を控除する（1043条1項）。

積極財産＋生前贈与−消極財産
　＝遺留分算定の基礎財産（価額で表示する）

生前贈与を加えるのは，生前贈与された財産は，贈与がされなければ相続財産に含まれていたはずだと考えるからである。しかし，被相続人が相当前にした贈与を遺留分権利者による取戻しの対象にしてしまうと，取引の安全を害するので，原則として相続開始前1年間の贈与に限って基礎財産に含める（1044条）。

(iii) 遺留分権利者と遺留分割合

(a) 遺留分権利者　遺留分権利者と相続人の範囲も同じではない。第3順位の相続人（兄弟姉妹）は遺留分権利者ではない。配偶者，第1順位・第2順位の相続人が遺留分権利者である（1042条）。

(b) 遺留分割合（1042条）　例えば，被相続人が母校に全財産を遺贈してしまった。遺留分権利者は配偶者・長男・長女であるとする。配偶者は，生活に困窮するので，同校に対して遺留分侵害額請求権を行使する。この場合，(ii)で算定した価額の1/2を遺留分割合という。遺留分割合は，遺留分権利者の組み合わせによって全体の1/2の場合と1/3の場合がある。

遺留分権利者	遺留分割合
直系尊属のみ	基礎財産の1/3
その他の場合	基礎財産の1/2

(c) 各遺留分権利者の遺留分　遺留分権利者は(b)の遺留分割合に対して，法定相続分に応じた各自の遺留分を有する。法定相続分と遺留分割合（各遺留分権利者の遺留分）はおおよそ図のような関係になる。

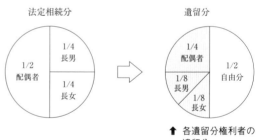

↑ 各遺留分権利者の遺留分

遺留分侵害額請求権を行使するかどうかは，遺留分権利者の自由なので，配偶者だけが遺留分侵害額請求権を行使し，他の遺留分権利者が行使をしなければ，被相続人の全財産の3/4が母校に遺贈されたことになる。

また，遺留分には短期1年・長期10年の消滅時効があるので（1048条），遺留分権利者が遺留分侵害額請求権を行使しなければ，時効によって消滅する。

編著者・著者紹介（執筆順，[ ]内は担当部分）

池 田 真 朗（いけだ まさお）［総論］
　　　1949年生れ　　武蔵野大学教授，慶應義塾大学名誉教授

石 田　　剛（いしだ たけし）［第Ⅰ章］
　　　1967年生れ　　一橋大学教授

田 髙 寛 貴（ただか ひろたか）［第Ⅱ章］
　　　1969年生れ　　慶應義塾大学教授

北 居　　功（きたい いさお）［第Ⅲ章］（第3版改訂は池田真朗担当）
　　　1961年生れ　　慶應義塾大学教授

曽 野 裕 夫（その ひろお）［第Ⅳ章1〜4, 13］
　　　1964年生れ　　北海道大学教授

笠 井　　修（かさい おさむ）［第Ⅳ章5〜12］
　　　1957年生れ　　中央大学教授

小 池　　泰（こいけ やすし）［第Ⅴ章］
　　　1969年生れ　　九州大学教授

本 山　　敦（もとやま あつし）［第Ⅵ章］
　　　1964年生れ　　立命館大学教授

民法 Visual Materials〔第 3 版〕
Visual Materials on Civil Law, 3rd ed.

2008年7月25日　初　版第1刷発行
2017年4月20日　第2版第1刷発行
2021年3月20日　第3版第1刷発行
2023年2月10日　第3版第3刷発行

編 著 者　　池　田　真　朗
著　　者　　石　田　　　剛
　　　　　　田　髙　寛　貴
　　　　　　北　居　　　功
　　　　　　曽　野　裕　夫
　　　　　　笠　井　　　修
　　　　　　小　池　　　泰
　　　　　　本　山　　　敦
発 行 者　　江　草　貞　治

郵便番号 101-0051
東京都千代田区神田神保町2-17
発 行 所　　株式会社　有　斐　閣
http://www.yuhikaku.co.jp/

印　刷　　萩原印刷株式会社
製　本　　大口製本印刷株式会社

© 2021, M.Ikeda, T.Ishida, H.Tadaka, I.Kitai,
H.Sono, O.Kasai, Y.Koike, A.Motoyama.
Printed in Japan
落丁・乱丁本はお取替えいたします。
★定価はカバーに表示してあります。

ISBN 978-4-641-13857-5